So funktioniert das Internet

Ein visueller Streifzug durch das Internet

D1662120

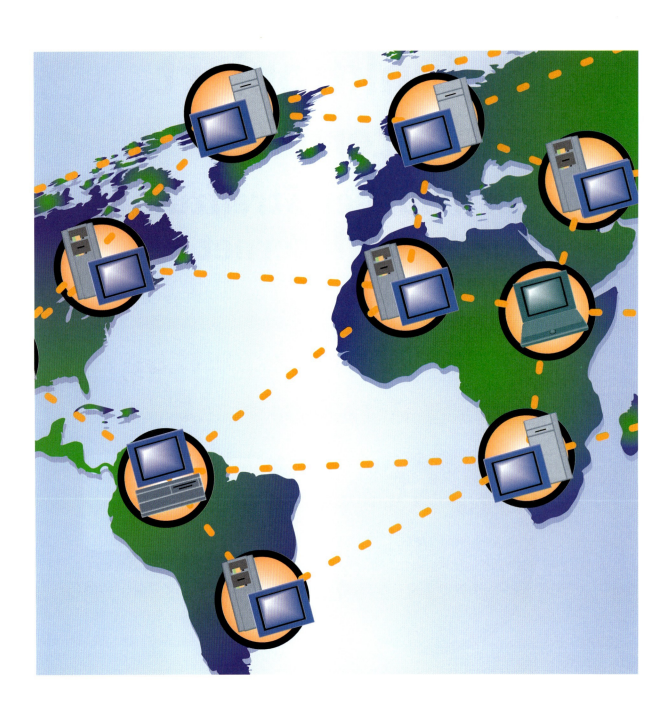

So funktioniert das Internet

Ein visueller Streifzug durch das Internet

Preston Gralla

Illustrationen: Sarah Ishida, Mina Reimer & Stephen Adams
Übersetzung: Tania Leuschner, Marcus Linke, Karin Drewnitzki
Überarbeitung: Frank Neps

Markt+Technik
Verlag

Die Deutsche Bibliothek – CIP-Einheitsaufnahme

Ein Titeldatensatz für diese Publikation ist bei Der Deutschen Bibliothek erhältlich.

Autorisierte Übersetzung der amerikanischen Originalausgabe:
How the Internet Works © 1998 by Que
Que, an imprint of Macmillan Computer Publishing, USA
Unter Verwendung von Teilen aus:
Special Edition: How the Internet Works © 1997 by Ziff-Davis Press
Ziff-Davis Press, an imprint of Macmillan Computer Publishing, USA

Umwelthinweis:
Dieses Buch wurde auf chlorfrei gebleichtem Papier gedruckt.
Die Einschrumpffolie – zum Schutz vor Verschmutzung – ist aus
umweltverträglichem und recyclingfähigem PE-Material.

10   9   8   7   6   5   4   3   2   1

03   02   01   00

ISBN 3-8272-5973-8

© 2001 by Markt+Technik Verlag,
ein Imprint der Pearson Education Deutschland GmbH
Martin-Kollar-Straße 10-12, 81829 München/Germany
Alle Rechte vorbehalten
Lektorat: Cornelia Karl, ckarl@pearson.de, Markt+Technik
Übersetzung: Monika Ratnamaheson, Karin Drewnitzki
Herstellung: Anja Zygalakis, azygalakis@pearson.de
Druck: Bawa-Print, München
Dieses Produkt wurde mit Desktop-Publishing-Programmen erstellt
Printed in Germany

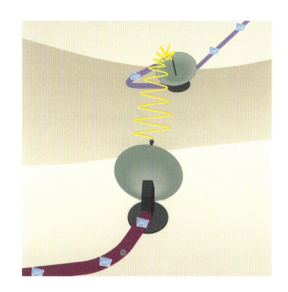

Teil 6: Internet-Werkzeuge für Fortgeschrittene 149

Teil 7: Multimedia im Internet 167

Teil 8: Die Möglichkeiten des Internet nutzen 195

Teil 9: Sicherheit im Internet 209

WIE das Internet ist auch dieses Buch ein Gemeinschaftswerk. Mein Name steht zwar auf dem Buchdeckel, aber ich bin keineswegs der Einzige, der am Entstehen dieses Werkes beteiligt war.

Development Editor Noelle Gasco verstand es, alle Fäden und Elemente dieses komplexen Projektes zu koordinieren, Verbesserungsvorschläge für Illustrationen zu machen, sein Wissen und seine Hilfe als Editor einzubringen und dabei doch noch kühlen Kopf zu bewahren. Renee Wilmeth half auch diesmal bei der Gestaltung und spielte eine wichtige Rolle bei der Umsetzung dieses Buches in die Realität.

Ohne die Illustratoren Mina Reimer, Sarah Ishida und Stephen Adams wäre dieses Buch gar nicht möglich gewesen, weil es von den visuellen Darstellungen lebt. Vielen Dank auch dem gesamten Team des Que-Verlags, das an der Herausgabe dieses Buches beteiligt war, insbesondere Karen Walsh als Projekteditor und Barbara Hacha als Copyeditor.

Bedanken möchte ich mich auch bei den vielen Menschen, mit denen ich Interviews für dieses Buch führte. Mit Mitarbeitern der Quarterdeck Corporation, Chaco Communications, Progressive Networks, White Pine Software, Microsoft, Netscape, Headspace, SurfWach Software, WebTV, Accrue, VDONet Corporation, AOL, Yahoo!, Hilgraeve und Nuborn Technologies, um nur einige zu nennen. Sie widmeten mir ihre Zeit, um mir die Grundlagen und Funktionsweisen verschiedener Internet-Technologien zu vermitteln. Tim Smith und Jonathan Spewak von ZDNet waren mir ebenfalls eine große Hilfe.

Ich fand viele Informationen in FAQs und ähnlichen Dokumenten, die im Internet weite Verbreitung finden. In diesem Zusammenhang danke ich den anonymen Autoren dieser Dokumente.

Herzlichen Dank an Doug Klippert, dem technischen Editor dieses Buches, der hervorragende Arbeit geleistet hat und mir eine große Hilfe war, alle Informationen auch richtig herüberzubringen.

Schließlich möchte ich mich auch bei meiner Frau Lydia sehr bedanken. Sie nahm es mir nicht krumm, wenn ich auf ganz einfache Fragen wie: „Hast Du Deine Schlüssel schon wieder im Kühlschrank abgelegt?" nur mit einem verschwommenen Blick reagierte. Sie ertrug auch meinen Zustand geistiger Abwesenheit, während ich darüber nachgrübelte, wie ich die Funktionsweise von Firewalls, ISDN oder Web-Robotern am besten erklären könnte, und dabei unmittelbar anstehenden Problemen keinerlei Beachtung schenkte.

SICHER haben Sie sich schon oft gefragt – wenn Sie durchs World Wide Web gesurft sind, einen Link angeklickt haben, eine Datei mittels FTP auf Ihren Computer übertragen haben, eine Newsgruppennachricht gelesen haben oder wenn Sie zum ersten Mal von Technologien wie Spam, Cookies und Firewalls gehört haben: Wie funktioniert das eigentlich?

Wie kann eine Nachricht, die Sie von Ihrem Computer absenden, durch die ungeheure Weite des Cyberspace reisen und im richtigen Briefkasten am anderen Ende der Welt landen? Wie benutzt man Suchmaschinen und findet aus Millionen von Informationen im Internet exakt das, was man gesucht hat? Wie kann man gleichzeitig im WWW surfen und dabei Musik hören oder Animationen ansehen?

Dieses Buch ist für jeden bestimmt, der sich für das Internet interessiert. Das Leitmotiv heißt: Egal, ob Sie ein Internet-Profi sind oder ein Anfänger, es gibt vieles, was Sie nicht wissen. Nur ein kleines Beispiel: Ein Freund von mir, der seit vielen Jahren für Firmen arbeitet, die mit dem Internet zu tun haben – ein echter Cyber-Profi also – flüsterte mir einmal zu: „Ich gebe es nicht gerne zu, aber ich weiß nicht, was ein Proxy-Server ist. Wie funktioniert das eigentlich?"

Er ist kein Einzelfall. Das Internet verändert sich so schnell, und die Technologie entwickelt sich mit einer solchen Geschwindigkeit, daß es manchmal fast unmöglich scheint, mit allen Neuerungen Schritt zu halten. Wenn Sie das Internet benutzen wie die meisten anderen, werden Sie ähnliche Fragen haben. Die Antworten finden Sie hier.

T E I L

WAS IST DAS INTERNET?

ZUM allerersten Mal in der Geschichte öffnet Ihnen eine Tastatur wirklich das Tor zur Welt. Von Ihrem Computer aus können Sie Informationen über alle nur erdenklichen Dinge finden. Sie können mit Menschen auf der anderen Seite der Welt kommunizieren. Sie können eine Telekonferenz aufbauen, weltweit die Ressourcen von gewaltigen Computern anzapfen, die besten Bibliotheken durchforsten und die tollsten Museen der Welt besuchen. Sie können sich Videos anschauen, Musik hören und spezielle Multimedia-Magazine lesen.

Sie können all dies tun, indem Sie das größte Computernetz der Welt nutzen: das Internet.

Das Internet ist kein einzelnes Netzwerk, es ist ein ausgedehntes, weltweites Netz von Netzwerken. Keine Einzelperson, Gruppe oder Organisation führt das Internet. Statt dessen ist es die reinste Form einer „elektronischen Demokratie". Die einzelnen Netzwerke kommunizieren mittels bestimmter Protokolle, wie dem Transmission Control Protocol (TCP) und dem Internet Protocol (IP). Immer mehr Netzwerke und Computer werden tagtäglich dem Internet zugeschaltet. Es gibt Zehntausende dieser Netzwerke, vom Universitäts-Netzwerk über gemeinschaftliche regionale Netzwerke bis hin zu großen Online-Diensten wie America Online und T-Online. Jedesmal wenn Sie sich dem Internet zuschalten, erweitert Ihr Computer dieses Netzwerk.

Im ersten Teil dieses Buches werden wir uns anschauen, was das Internet ist. Wir werden Aufbau, Protokolle und die allgemeine Konzeption, die das alles ermöglicht, genau untersuchen.

Wir werden uns anschauen, wer die Hochgeschwindigkeitsverbindungen (Backbones) bezahlt, die einen Großteil des Internet-Verkehrs befördern, und wie bestimmte Organsiationen Netzwerk-Standards setzen, damit das Internet reibungslos läuft. Außerdem werden wir uns die verschiedenen Netzwerk-Typen ansehen.

Wir werden uns ansehen, wie sich Informationen im Internet bewegen. Es wird erläutert, wie Hardware wie Router, Repeater und Bridges die Daten über Netzwerke weitergeben. Wir werden uns mit den für die Kommunikation grundlegenden Protokollen beschäftigen und etwas aus dem Internet-Jargon lernen: TCP/IP (Abkürzung für Transmission Control Protocol und Internet Protocol). Im Internet gibt es eine Menge solcher Abkürzungen. Das Kapitel wird dessen Funktion erläutern und verdeutlichen, wie Software, z.B. Winsock, es Personalcomputern ermöglicht, sich mit Netzwerken zu verbinden, die eigentlich für Großrechner gedacht waren.

Dann lüften wir das Geheimnis um das oftmals verwirrende Adreß-System. Sie lernen alles über Internet-Domains und Adressen und werden sich anschließend einen Reim darauf machen können.

Zum Schluß gibt es eine Einführung über die gebräuchlichsten Dateitypen, die Sie im Netz antreffen: komprimierte Dateien, Videodateien, Grafikdateien und andere.

In diesem ersten Teil des Buches lernen Sie die Grundlagen, egal ob Sie ein Neuling oder ein Internet-Fachmann sind.

KAPITEL 1
Die verkabelte Welt des Internet

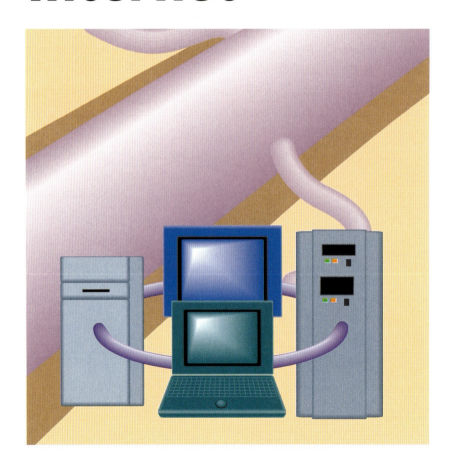

WER betreibt das Internet? So lautet eine der am häufigsten gestellten Fragen zum Internet. Für die meisten Menschen ist es unvorstellbar, daß keine Firma oder Organisation dieses riesige Netzwerk leitet. Tatsächlich gibt es kein zentrales Management. Statt dessen ist das Internet eine Sammlung tausender individueller Netzwerke und Organisationen, welche alle einzeln betrieben und bezahlt werden. Zum Weiterleiten von Daten arbeitet jedes Netzwerk mit anderen zusammen, so daß sich die Informationen ihren Weg bahnen. In der Summe bilden all diese Netzwerke die verkabelte Welt des Internet. Damit diese Netzwerke und Computer kommunizieren können, muß es grundsätzliche Vereinbarungen über Dinge wie Internet-Arbeitsweisen und -Standards für Protokolle geben. Diese Standards sind in „RFCs" (Request for Comment) festgelegt, auf die sich Internet-Nutzer und Organisationen geeinigt haben.

Verschiedene Gruppen steuern das Internet-Wachstum, indem sie helfen, Standardisierungen zu etablieren und Nutzern den richtigen Gebrauch des Internet beizubringen. Die vielleicht wichtigste dieser Gruppen ist die private und nichtkommerzielle Internet Society. Sie unterstützt die Arbeit des Internet Activity Boards (IAB), welches sich mit dem Internet-Aufbau und mit Hintergrundaktivitäten befaßt. Deren Techniktruppe, die Engineering Task Force, beobachtet die Entwicklung der TCP/IP-Protokolle. Die Forschungsabteilung des IAB, Internet Research Task genannt, entwickeln Netzwerk-Technologien. Das IAB ist außerdem für die Verteilung von IP-Adressen im Netzwerk durch die Internet Assigned Numbers Authority verantwortlich. Das IAB führt die Internet-Registration, ist verantwortlich für das System der Domain-Namen und verbindet Domain-Namen mit IP-Adressen. Das World Wide Web Consortium (W3 Consortium) entwickelt Standards für die Entwicklung des World Wide Web.

Während diese Organisationen für den Zusammenhalt des Internet wichtig sind, besteht das Herz des Internet aus individuellen regionalen Netzwerken. Diese Netzwerke finden sich in Privatfirmen, Universitäten, Regierungsorganen und bei Online-Diensten, und sie sind auf unterschiedliche Weise miteinander verbunden. Um effizienter zu arbeiten, schließen sich örtliche Netzwerke zu regionalen zusammen. Eine Anzahl von gemieteten Leitungen verbindet örtliche und regionale Netze. Diese Verknüpfungen können simple Telefonleitungen sein, oder so komplex wie Glasfaserkabel. Hochleistungsstarke Breitbandkabel (Backbones) befördern einen enormen Anteil des Verkehrs im Internet.

In den letzten Jahren sind immer mehr kommerzielle Firmen in das Internet gegangen und der Netzverkehr ist so stark angestiegen, daß die Infrastruktur des Internet verbessert werden muß. Damit Schulen, Universitäten, Büchereien usw. nicht mit langsamen Zugängen und schlechten Verbindungen auskommen müssen, weil sie nicht wie private Firmen erstklassigen Zugang bezahlen können, gibt es Pläne, ein Internet 2 oder ein „Next Generation Internet" („Internet der nächsten Generation") zu errichten.

Wie das Internet arbeitet

1 Da das Internet eine lockere Vereinigung von Netzwerken ist, gibt es keine einzelne Gruppe, die es leitet oder finanziert. Statt dessen betreiben Privatunternehmen, Universitäten und staatliche Organe Bereiche des Internet und zahlen anteilig dafür. Sie alle arbeiten gemeinsam in einer demokratischen, losen Allianz. Das Spektrum der privaten Betreiber reicht vom kleinen, heimischen Netzwerk über kommerzielle Online-Dienste wie America Online (AOL) und T-Online bis hin zu privaten Internet-Providern, die Internet-Zugang verkaufen.

2 Die US-Regierung fördert hochleistungsstarke Backbones, die das Datenaufkommen durch das Land und die Welt befördern, über Organisationen wie die National Science Foundation. Die extrem schnelle vBNS (very high-speed Backbone Network Services) stellt beispielsweise durch den Zusammenschluß von Großrechner-Zentren eine Hochgeschwindigkeits-Infrastruktur für das Erziehungs- und Bildungswesen bereit. Große Gesellschaften oder Organisationen wie die NASA sind mit Backbones ausgestattet, um Standorte landes- und weltweit miteinander zu verbinden. In Deutschland wurden Backbones lange Zeit vernachlässigt. Für das nationale Internet bilden die Datennetze der Internet-Anbieter Eunet, NTG und des DFN, das Wissenschaftsnetz WiN, den Backbone. Verbreitung findet auch das ISDN-Netz der Telekom.

Regionales Netzwerk

vBNS Backbone

3 Regionale Netzwerke ermöglichen und unterhalten Internet-Zugang innerhalb eines geographischen Bezirks. Regionale Netze können aus kleineren Netzwerken und Organisationen zusammengesetzt sein, die sich zusammengeschlossen haben, um in ihrer Region bessere Leistungen zu erbringen.

Großrechner-Zentrum

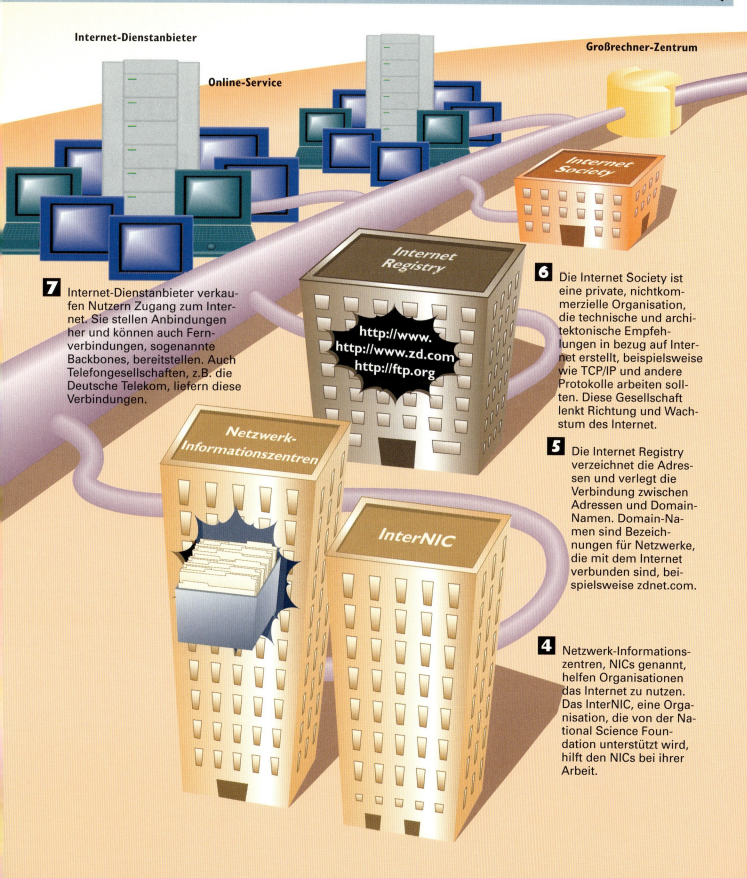

Internet-Dienstanbieter

Online-Service

Großrechner-Zentrum

Internet Society

Internet Registry

http://www.
http://www.zd.com
http://ftp.org

Netzwerk-Informationszentren

InterNIC

7 Internet-Dienstanbieter verkaufen Nutzern Zugang zum Internet. Sie stellen Anbindungen her und können auch Fernverbindungen, sogenannte Backbones, bereitstellen. Auch Telefongesellschaften, z.B. die Deutsche Telekom, liefern diese Verbindungen.

6 Die Internet Society ist eine private, nichtkommerzielle Organisation, die technische und architektonische Empfehlungen in bezug auf Internet erstellt, beispielsweise wie TCP/IP und andere Protokolle arbeiten sollten. Diese Gesellschaft lenkt Richtung und Wachstum des Internet.

5 Die Internet Registry verzeichnet die Adressen und verlegt die Verbindung zwischen Adressen und Domain-Namen. Domain-Namen sind Bezeichnungen für Netzwerke, die mit dem Internet verbunden sind, beispielsweise zdnet.com.

4 Netzwerk-Informationszentren, NICs genannt, helfen Organisationen das Internet zu nutzen. Das InterNIC, eine Organisation, die von der National Science Foundation unterstützt wird, hilft den NICs bei ihrer Arbeit.

KAPITEL

2

Wie Informationen über das Internet ausgetauscht werden

SIE können sicher sein, daß, wann immer Sie ein Stück Information ins Internet schicken, es seinen Bestimmungsort auch erreicht. Doch der Sendeprozeß ist bemerkenswert komplex.

Wenn Sie Informationen durch das Internet schicken, werden diese zunächst vom Transmission Control Protocol (TCP) in einzelne Pakete aufgeteilt. Diese Pakete werden von Ihrem Computer zu Ihrem lokalen Netzwerk, Internet-Provider oder Online-Dienst gesendet. Von dort aus wandern sie über viele Ebenen von Netzwerken, Computern und Kommunikationsverbindungen, bis sie ihren Bestimmungsort erreichen – egal ob dieser in ihrer Nachbarschaft oder am anderen Ende der Welt liegt. Verschiedene Arten von Hardware bearbeiten diese Pakete und leiten sie zu ihrem Zielort. Diese Hardware wurde entwickelt, um Daten zwischen einzelnen Netzwerken zu vermitteln und hält das Internet wie eine Art Klebstoff zusammen. Die wichtigsten heißen Hubs, Bridges, Gateways, Repeater und Router. Hubs sind wichtig, weil sie Gruppen von Computern miteinander verbinden und kommunizieren lassen. Bridges verbinden örtliche Netzwerke (LANs) miteinander. Sie veranlassen die Weitergabe von Daten, die an ein anderes örtliches Netz adressiert sind, während sie gleichzeitig lokale Daten in ihrem Netzwerk zurückhalten. Gateways arbeiten ähnlich wie Bridges, nur daß sie auch Daten von anderen Netzwerk-Typen übersetzen können.

Wenn Daten durchs Internet gleiten, überbrücken sie oft gewaltige Entfernungen, was zum Problem werden kann, wenn sich die Signale aufgrund der Distanz abschwächen. Um dieses Problem zu lösen, verstärken sogenannte Repeater diese Signale in Intervallen, so daß diese nicht verlorengehen.

Router spielen eine zentrale Rolle im Internet-Verkehr. Ihre Aufgabe ist es, dafür zu sorgen, daß die Pakete ihren Bestimmungsort erreichen. Wenn Daten zwischen Computern ausgetauscht werden, die auf ein und demselben lokalen Netzwerk stehen, werden Router nicht benötigt, weil das Netzwerk selbst in der Lage ist, den internen Austausch zu regeln. Werden die Daten jedoch zwischen zwei verschiedenen Netzwerken verschickt, kommen Router ins Spiel. Router überprüfen die Pakete auf ihre Empfängeradresse und schicken diese zu einem anderen Router, der näher am endgültigen Bestimmungsort des Paketes ist.

LANs werden von sogenannten Mid-Level-Netzwerken durch schnelle Telefonverbindungen, Ethernet und Mikrowellenverbindungen zusammengeschlossen. Ein Mid-Level-Netzwerk in einem geographischen Gebiet nennt sich Regionales Netzwerk, während eine Organisation mit vielen miteinander verbundenen Standorten eine andere Art des Mid-Level-Networks darstellt – meist als WAN (Wide Area Network) bezeichnet.

Wie Netzwerke mit dem Internet verbunden werden

1 Die Netzwerke im Internet sind durch Pfade verbunden, die den Austausch von Informationen, Daten und Dateien ermöglichen. Jeder, der dem Internet zugeschaltet ist, hat Zugang zu diesen Pfaden. Ihr Computer kann diese Pfade nutzen, um Datenpakete an jeden anderen Computer im Internet zu versenden.

2 Sie kommen in das Internet entweder über ein regionales Netzwerk an Ihrem Arbeitsplatz, über einen Online-Provider oder indem Sie sich in einen Großrechner über einen Online-Dienst einwählen. Viele verschiedene Netzwerktypen, beispielsweise Ethernet, Token-Ring und andere, können dem Internet angeschlossen werden. Im Token-Ring-Netzwerk werden Daten als Kontrollnachrichten, sogenannte „Token", von Computer zu Computer weitergeleitet, die kreis- oder sternförmig angeordnet sind. Auch Ethernet-Netzwerke übermitteln Daten von einem Rechner zu einem anderen. Die Rechner können entweder eine Kette bilden oder sternförmig angeordnet sein.

3 Router, die Netzwerke verbinden, verrichten den größten Teil ihrer Arbeit beim Lenken von Verkehr im Internet. Router überprüfen die Daten-Pakete auf ihren Zielort. Entsprechend der Zieladresse werden diese Pakete auf dem schnellsten Weg weitergeleitet, meist zu einem anderen Router, der die Pakete zum nächsten Router schickt und so weiter.

4 Netzwerke sind auf unterschiedliche Weise miteinander verbunden. Es gibt eigene Telefonleitungen, die Daten in einer Geschwindigkeit von 64 Kilobit pro Sekunde übertragen können. Es gibt eine wachsende Zahl von gemieteten Standleitungen, die Daten zwischen Netzwerken transportieren. Eine solche Verbindung kann zwischen zwei und mehreren Hundert Megabit pro Sekunde übertragen.

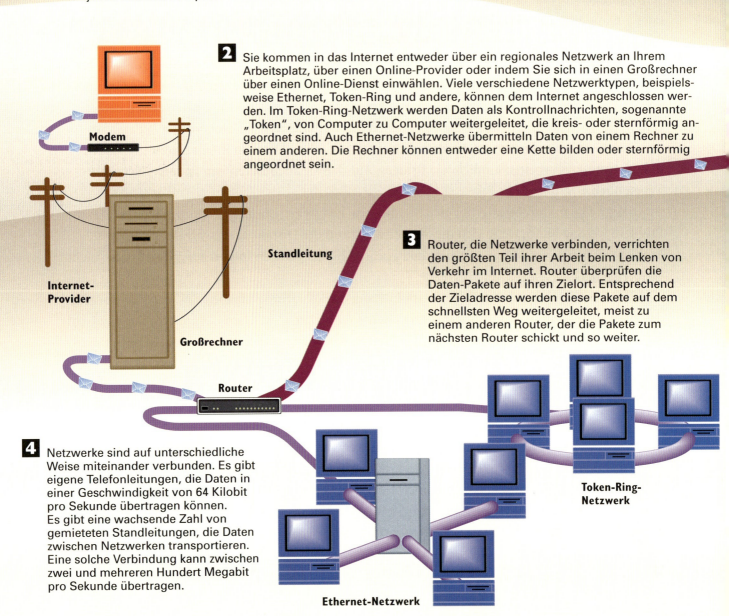

Modem

Internet-Provider

Großrechner

Standleitung

Router

Token-Ring-Netzwerk

Ethernet-Netzwerk

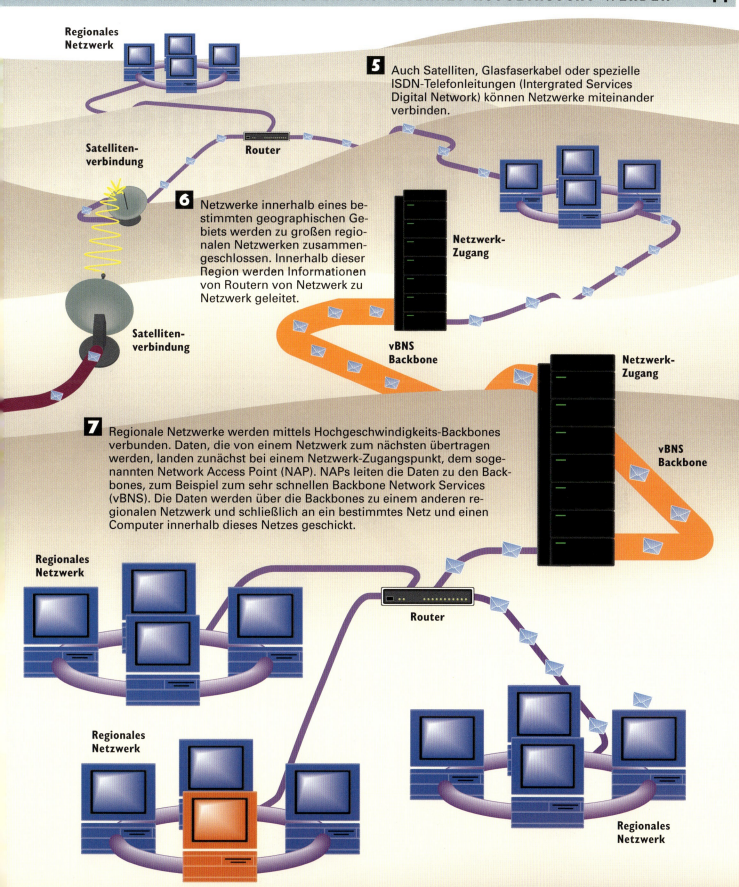

Regionales Netzwerk

5 Auch Satelliten, Glasfaserkabel oder spezielle ISDN-Telefonleitungen (Intergrated Services Digital Network) können Netzwerke miteinander verbinden.

Satelliten-verbindung

Router

6 Netzwerke innerhalb eines bestimmten geographischen Gebiets werden zu großen regionalen Netzwerken zusammengeschlossen. Innerhalb dieser Region werden Informationen von Routern von Netzwerk zu Netzwerk geleitet.

Netzwerk-Zugang

Satelliten-verbindung

vBNS Backbone

Netzwerk-Zugang

7 Regionale Netzwerke werden mittels Hochgeschwindigkeits-Backbones verbunden. Daten, die von einem Netzwerk zum nächsten übertragen werden, landen zunächst bei einem Netzwerk-Zugangspunkt, dem sogenannten Network Access Point (NAP). NAPs leiten die Daten zu den Backbones, zum Beispiel zum sehr schnellen Backbone Network Services (vBNS). Die Daten werden über die Backbones zu einem anderen regionalen Netzwerk und schließlich an ein bestimmtes Netz und einen Computer innerhalb dieses Netzes geschickt.

vBNS Backbone

Regionales Netzwerk

Router

Regionales Netzwerk

Regionales Netzwerk

KAPITEL

3

So funktionieren TCP/IP, Winsock und MacTCP

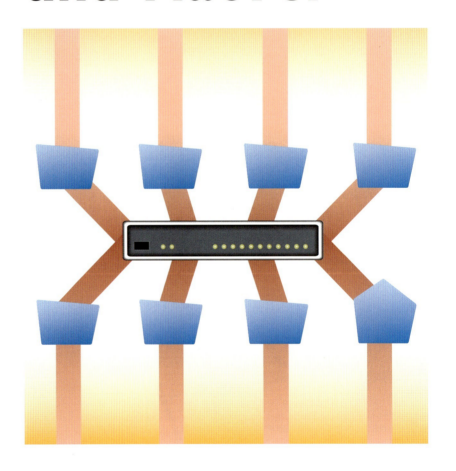

DIE Fähigkeit von Computern und Netzwerken, auf der ganzen Welt Informationen und Nachrichten im Internet auszutauschen, ist einer relativ simplen Idee zu verdanken: Teile jede Information und jede Nachricht stückchenweise in Pakete auf, schicke diese Pakete zu ihrem Bestimmungsort und setze die Pakete dort wieder zu ihrer ursprünglichen Form zusammen, so daß sie vom Empfänger angesehen und verwendet werden können. Das ist es, was die beiden wichtigsten Kommunikationsprotokolle des Internet tun – das Transmission Control Protocol (TCP) und das Internet Protocol (IP). Sie werden kurz TCP/IP genannt. TCP teilt die Päckchen auf und setzt sie wieder zusammen, während IP für die Zustellung der Pakete an ihren Zielort verantwortlich ist.

TCP/IP ist der Internet-Standard, da Daten paketweise (packet-switched) versendet werden. In einem solchen Netzwerk gibt es keinen zusammenhängenden Datenstrom zwischen Sender und Empfänger. Statt dessen wird die Information beim Sendevorgang in kleine Pakete aufgeteilt, die gleichzeitig auf verschiedenen Pfaden weitergeleitet und am Zielort wieder zusammengesetzt werden. Im Gegensatz dazu ist das Telefonnetz ein kreisgeschaltetes (circuit-switched) Netzwerk. Werden in einem solchen direkten Netzwerk Verbindungen hergestellt, wie z.B. bei einem Telefonanruf, widmet sich dieser Teil des Netzes ausschließlich der einen Verbindung.

Personalcomputer, die die Vorzüge des Internet voll nutzen möchten, brauchen spezielle Software, die das TCP/IP-Protokoll verstehen und auswerten kann. Diese Software ist als Socket- oder TCP/IP-Stack bekannt. Bei Personalcomputern heißt die erforderliche Software Winsock. Es gibt verschiedene Versionen von Winsock. Für Macintosh-Rechner heißt sie MacTCP. In beiden Fällen dient die Software als Vermittler zwischen Internet und PC. Personalcomputer können Abschnitte des Internet auch ohne Winsock und MacTCP nutzen, jedoch nur die einfachsten und rudimentärsten Teile. Für einen vollständigen Zugang werden TCP/IP-Stacks benötigt.

Ein Computer kann mit einer Netzwerkkarte an ein lokales Netzwerk angebunden werden. Um mit dem Netzwerk zu kommunizieren, benötigt die Netzwerkkarte einen Hardware-Treiber – eine Software, die zwischen Netzwerkkarte und Netzwerk vermittelt. Falls ein Computer nicht mit einer Netzwerkkarte an ein lokales Netz angeschlossen ist, kann statt dessen auch ein Modem oder eine ISDN-Karte benutzt werden, mit dem, bzw. mit der man sich dort einwählt. Trotzdem wird auch hier ein TCP/IP-Stack gebraucht, damit der Computer die TCP/IP-Protokolle nutzen kann. Dafür ist keine Netzwerkkarte erforderlich und auch kein Hardware-Treiber. In diesem Fall wird eines der folgenden Software-Protokolle benötigt: entweder SLIP (Serial Line Internet Protocol) oder PPP (Point-to-Point Protocol). Diese Protokolle verschaffen den Zugang über eine laufende Verbindung mit einem Modem oder einer ISDN-Karte. Generell ermöglicht das neuere PPP-Protokoll eine fehlerfreie Verbindung als das ältere SLIP. Computer können sich auch ohne TCP/IP-Stacks, SLIP oder PPP ins Internet einwählen, aber sie sind dann nicht in der Lage, dessen Leistungsfähigkeit zu nutzen.

Wie TCP/IP funktioniert

1 Das Internet basiert auf der Packet-Switching-Technologie. Das heißt, daß die Daten, die Sie über das Internet verschicken, in einzelne Pakete gepackt werden. Jedes Paket wird unabhängig voneinander über eine Serie von Schaltstellen geleitet, die Router genannt werden. Sind alle Pakete an ihrem Zielort angekommen, werden sie in ihre ursprüngliche Form zurückgebracht. Zwei Protokolle teilen die Daten in Pakete auf, lenken sie durch das Internet und setzen sie am Ende wieder zusammen: das Internet Protocol (IP), das sich um die Zustellung kümmert, und das Transmission Control Protocol (TCP), das die Daten in Pakete aufteilt und beim Empfänger wieder zusammensetzt.

2 Aus mehreren Gründen, einschließlich der begrenzten Hardware-Möglichkeiten, müssen gesendete Daten in Pakete mit weniger als 1.500 Zeichen gepackt werden. Diese Verteilung der Daten in Pakete erledigt TCP. Jedes dieser Pakete erhält einen Header, der bestimmte Informationen beinhaltet, beispielsweise in welcher Reihenfolge dieses Paket mit anderen Paketen zusammengesetzt werden soll. Da TCP diese Pakete zusammenstellt, berechnet das Protokoll auch eine Prüfsumme, mit der am Empfangsort festgestellt werden kann, ob Übertragungsfehler aufgetreten sind. Diese Prüfsumme ergibt sich aus der präzisen Datenmenge des Pakets.

Header

| 23,578 | 12,333 | 14,132 | 17,136 |

3 Jedes Paket wird in einen „Briefumschlag" gesteckt. Dieser Umschlag wird mit einer Adresse versehen, die dem Internet mitteilt, wohin es die Daten zu senden hat. Alle Umschläge haben die gleiche Adresse, um sicherzustellen, daß alle Datenpakete am Zielort ankommen und dort wieder zusammengesetzt werden können. Diese IP-Briefumschläge enthalten Header, die mit Informationen wie der Absenderadresse, der Zustelladresse und dem Zeitraum, in dem die Pakete weitergeleitet oder verworfen werden sollen, versehen sind.

IP-Briefumschläge

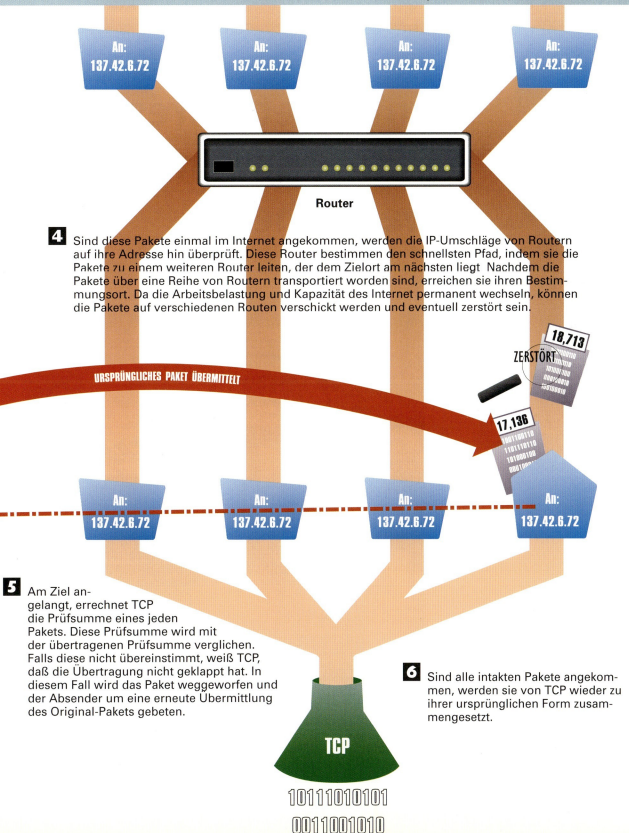

An:
137.42.6.72

An:
137.42.6.72

An:
137.42.6.72

An:
137.42.6.72

Router

4 Sind diese Pakete einmal im Internet angekommen, werden die IP-Umschläge von Routern auf ihre Adresse hin überprüft. Diese Router bestimmen den schnellsten Pfad, indem sie die Pakete zu einem weiteren Router leiten, der dem Zielort am nächsten liegt. Nachdem die Pakete über eine Reihe von Routern transportiert worden sind, erreichen sie ihren Bestimmungsort. Da die Arbeitsbelastung und Kapazität des Internet permanent wechseln, können die Pakete auf verschiedenen Routen verschickt werden und eventuell zerstört sein.

18,713
ZERSTÖRT

URSPRÜNGLICHES PAKET ÜBERMITTELT

17,136

An:
137.42.6.72

An:
137.42.6.72

An:
137.42.6.72

An:
137.42.6.72

5 Am Ziel angelangt, errechnet TCP die Prüfsumme eines jeden Pakets. Diese Prüfsumme wird mit der übertragenen Prüfsumme verglichen. Falls diese nicht übereinstimmt, weiß TCP, daß die Übertragung nicht geklappt hat. In diesem Fall wird das Paket weggeworfen und der Absender um eine erneute Übermittlung des Original-Pakets gebeten.

6 Sind alle intakten Pakete angekommen, werden sie von TCP wieder zu ihrer ursprünglichen Form zusammengesetzt.

TCP

10111010101
0011001010
1001000111
1011000101

K A P I T E L

4

Internet-Adressen und Domains verstehen

UM überhaupt irgend etwas im Internet zu verrichten – und insbesondere um elektronische Post zu versenden – ist es wichtig, Internet-Adressen zu begreifen. Das Internet Protocol (IP) benutzt Internet-Adressen, um Post und andere Informationen von Computer zu Computer zu überbringen. Jede IP-Adresse im Internet besteht aus vier Zahlengruppen, die durch Punkte (dots) getrennt sind, beispielsweise 163.52.128.72. Es wäre schwierig, sich diese numerischen Adressen zu merken, um mit jemandem in Verbindung zu treten. Zudem ändern sich diese IP-Adressen manchmal, und es wäre nicht machbar, jede numerische Adresse auf eine mögliche Änderung zu verfolgen. Deshalb wurde das Domain-Name-System (DNS) entwickelt.

Dieses Domänen-System führt eine Hierachie von Domänen, eingeteilt in Computer-Gruppen auf dem Internet. Es gibt jedem Computer im Internet einen Domain-Namen oder eine Internet-Adresse mit leicht verständlichen Buchstaben und Wörtern anstelle von Zahlen. Die Domänen auf dem obersten Level der Hierarchie beinhalten Listen und Adressen der Sub-domänen. Diese Subdomänen verwalten wiederum Listen für die darunterliegenden Domänen usw. Das DNS hilft Internet-Computern, Post an die richtige Adresse zu verschicken, indem die Textadressen in numerische IP-Adressen übersetzt werden.

Als Beispiel für die Funktion von DNS, sei hier die Spacelink-Internet-Adresse der NASA aufgeführt: spacelink.msfc.nasa.gov. Die Top-Level-Domäne ist gov, das für das amerikanische Wort für Regierung (government) steht. Die Subdomäne ist nasa, also die Domäne der NASA. Die nächste Ebene, msfc (Marshall Space Flight Center), bezeichnet eines der zahlreichen Netzwerke der NASA. Spacelink ist die Kennung des NASA-Computers, auf dem Spacelink läuft. Die numerische IP-Adresse von Spacelink hat über die Jahre gewechselt, der Domain-Name ist derselbe geblieben. Das DNS-System kann mit diesen Veränderungen umgehen, d.h., solange der Domain-Name benutzt wird, kann sich die IP-Adresse ändern, und die Post kommt trotzdem immer am richtigen Ort an. Computer, sogenannte Name-Server, halten sich über Änderungen von Adressen auf dem laufenden und vermitteln zwischen IP- und Domain-Adressen.

Nachdem wir uns mit den Domänen vertraut gemacht haben, werfen wir nun einen Blick auf die E-Mail-Adressen. E-Mail-Adressen benutzen das Symbol @ (at/bei), um die Adresse einer Person an einem bestimmten Computer im Internet zu identifizieren. Jede Person mit einem elektronischen Briefkasten ist mit ihrem Namen bezeichnet, dann folgt das @-Symbol und schließlich der Standort des Rechners. Der System-Administrator des Computers richtet die E-Mail-Namen für die einzelnen Nutzer ein. Um eine E-Mail an Fred Pfizer auf dem oben genannten Rechner zu schicken, müßten Sie entweder `fpfizer@spacelink.msfc.nasa.gov` eingeben oder `fred_pfizer@spacelink.msfc.nasa.gov` – je nachdem, welchen Namen der System-Administrator eingerichtet hat. Nachdem Sie die E-Mail abgeschickt haben, landet sie auf dem Rechner von spacelink.msfc.nasa-gov, und er erhält die Post, wenn er sich anmeldet.

Internet-Adressen und Domains verstehen

1 Das Internet-Protocol (IP) liefert Post an eine spezifische E-Mail-Adresse. Die Adresse wird durch vier Nummernfolgen ausgedrückt, die periodisch durch Punkte (dots) unterbrochen werden, z.B. 163.52.128.72. Da es mühsam wäre, sich solche komplexen Adressen zu merken, können Sie statt dessen Internet-Adressen benutzen, die aus Wörtern und Buchstaben bestehen. Sogenannte Name-Server übersetzen die Klartext-adresse in eine numerische und sorgen dafür, daß die E-Mail den richtigen Empfänger erreicht.

2 Eine Internet-Adresse setzt sich aus zwei Teilen zusammen, die durch das Zeichen @ (ausgesprochen „at") getrennt werden. Die Adresse verrät viel über die adressierte Person. Der erste Teil der Adresse, der links vom @ steht, ist der Name des Nutzers (user name), zu dem im allgemeinen der Internet-Zugang gehört, und meistens auch dessen Login-Name. Der zweite Teil der Adressse, rechts vom @, benennt den Host-Name, gefolgt vom Domain-Name, welche zusammen die Kennung des spezifischen Computers ausmachen, auf dem die Person den Mailbox-Anschluß hat.

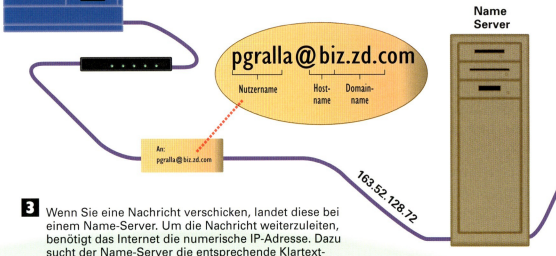

Name Server

pgralla@biz.zd.com

Nutzername   Host-name   Domain-name

An:
pgralla@biz.zd.com

163.52.128.72

3 Wenn Sie eine Nachricht verschicken, landet diese bei einem Name-Server. Um die Nachricht weiterzuleiten, benötigt das Internet die numerische IP-Adresse. Dazu sucht der Name-Server die entsprechende Klartext-adresse und ersetzt sie durch die numerische IP-Adresse, so daß die Post korrekt weitergeleitet werden kann.

4 Das Domain-Name-System unterteilt das Internet in klar verständliche Gruppen oder Domänen. Der ganz rechts stehende Teil bezeichnet die Top-Domäne und zeigt an, bei welcher Art von Organisation sich die Adresse der Person befindet.

5 Links von der Top-Domäne finden sich spezifische Informationen über die jeweilige Organisation, die den Routern verraten, an welches Netzwerk die Post geschickt werden soll. Das kann ein einzelner Domain-Name wie zd (für Ziff-Davis) sein oder eine Gruppe von Domänen und Subdomänen, beispielsweise mfsc.nasa.

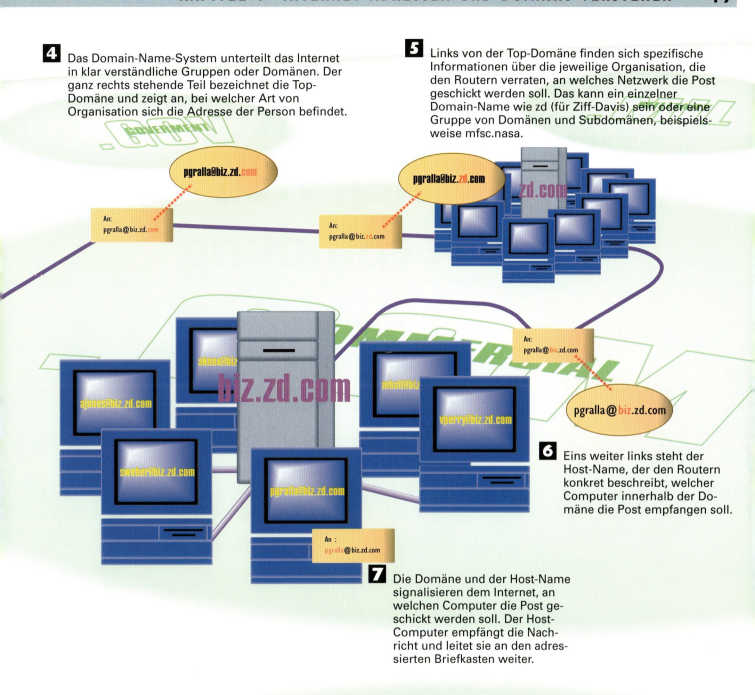

6 Eins weiter links steht der Host-Name, der den Routern konkret beschreibt, welcher Computer innerhalb der Domäne die Post empfangen soll.

7 Die Domäne und der Host-Name signalisieren dem Internet, an welchen Computer die Post geschickt werden soll. Der Host-Computer empfängt die Nachricht und leitet sie an den adressierten Briefkasten weiter.

ANMERKUNG Gebräuchliche Domänen in den USA sind com für commercial (Kommerzielles), edu für education (Bildung), gov für government (Behörde), mil für military (Militär), net für Network (Firmen und Gruppen, die sich mit der Organisation des Internet befassen), und org für organization (Organisationen). Außerhalb der USA sind oft nur zwei Buchstaben gebräuchlich, wie au für Australien, ca für Kanada, uk für Großbritannien, fr für Frankreich oder de für Deutschland.

KAPITEL
5
Die Anatomie einer Web-verbindung

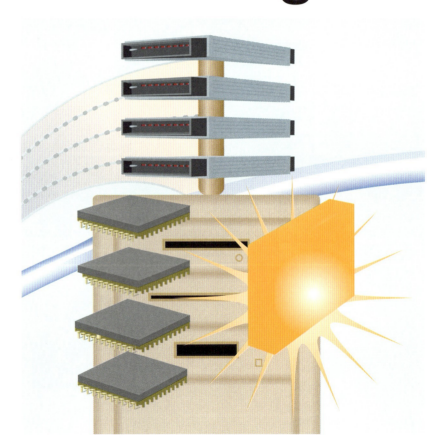

EINE typische Web-Verbindung besteht aus vier Grundkomponenten: einem Client-Computer, dem Internet-Provider, dem Host- oder Server-Computer auf der anderen Seite der Verbindung und einem Kommunikationsnetz, das die ersten drei Komponenten miteinander verbindet. Der Client ist die Kommando- und Steuerzentrale, von der aus Sie Ihren Navigationskurs im Web steuern. Wollen Sie über einen PC und ein Modem ins Internet gelangen, benötigen Sie am Anfangspunkt der Verbindung einige grundlegende Hardware-Komponenten – den PC, ein schnelles Modem oder eine ISDN-Karte, eine Telefonverbindung, Web-„Browser"-Software und ein integriertes Kommunikationsprogramm. Der Browser sendet Anweisungen an das Kommunikationsprogramm mit der Mitteilung, einen bestimmten Computer im Web zu kontaktieren und ein bestimmtes Web-Dokument oder eine Webseite abzurufen. Das Kommunikationsprogramm wählt das Modem an, so daß der Browser die Anforderung über TCP/IP weiterleiten kann. Um ins Internet zu gelangen, nehmen die meisten Desktop-Computer Verbindung mit dem Vermittler-Computer einer Firma auf, die als Internet-Provider oder ISP (Internet Service Provider) fungiert. Der Internet-Provider dient als Anschlußvermittler, in den sich der Anwender einwählt und der dann die Verbindung zum Internet herstellt.

Sie können auch zu Hause auf verschiedene Art und Weise ins Internet gelangen, ohne ein traditionelles Modem zu verwenden – Sie können ein Kabelmodem verwenden oder ganz auf Ihren Computer verzichten und statt dessen über Ihr Fernsehgerät mit einem Dienst wie WebTV ins Internet gelangen. Kabelmodems oder der Zugang über das Fernsehgerät mit Hilfe sogenannter Settop-Boxen haben sich aufgrund der starken Verbreitung von PCs noch nicht so sehr durchgesetzt. Und sogar digitale Handcomputer oder Organizer können Sie heutzutage ins Internet bringen. Wenn Sie mit dem Internet verbunden sind und eine bestimmte Website aufsuchen wollen, müssen Sie die spezifische Domäne dieser Website kennen, wie zum Beispiel zdnet.com. Haben Sie den Namen der Domäne eingegeben und dabei www. vorangestellt, so wird die Verbindung zu dieser Site hergestellt. Sie können es nicht sehen, aber sobald Sie diese Buchstaben eintippen, findet fast unmittelbar ein elektronischer Zauber statt. Computer im Internet können Buchstaben und Namen wie zdnet.com nicht verstehen, und darum werden die Buchstaben in eine Internet-IP-Adresse verwandelt (wie zum Beispiel 205.181.112.65), bevor Sie an die Site weitergeleitet werden. Die Namen werden unter Verwendung des Domain Name System (DNS) (siehe Kapitel 4 „Internet-Adressen und Domains verstehen") in IP-Adressen umgewandelt. Im übrigen kann jeder über eine Domäne im Internet verfügen. Man muß nur eine geringe Gebühr an die Vergabestelle für Internet-Adressen entrichten, und wenn der gewünschte Namen noch nicht vergeben ist, bekommt man ihn zugesprochen. Um eine Site mit dem zugesprochenen Domänennamen zu erstellen, benötigt der neue Adressenbesitzer einen Internet-Provider, der den Server im Internet bereitstellt.

Host-Computer sind überall im Internet anzutreffen und enthalten die Webseiten. Hosts unterscheiden sich von Desktop-Computern, da sie mehrere Telekommunikationsverbindungen gleichzeitig handhaben können. In der Regel verfügen sie über einen Festplattenspeicher von vielen Gigabyte, über beträchtliche Arbeitsspeicherkapazitäten und einen Hochgeschwindigkeitsprozessor.

So funktionieren Webverbindungen

 Schnelle Verbindungen sind für das Navigieren im Web sehr wichtig. Vielleicht arbeiten Sie mit einem Modem mit einer Übertragungsrate von 56 Kbit pro Sekunde oder noch schneller, das die digitalen Informationen des Computers in die analogen Signale konvertiert, die von normalen Telefonleitungen übertragen werden. ISDN-Leitungen übertragen digitale Daten mit einer Geschwindigkeit von bis zu 128 Kbit pro Sekunde. Noch schneller sind ADSL (Asynchronous Digital Subscriber Line)-Leitungen, die digitale Daten mit einer Übertragungsrate von 1,5 Mbit pro Sekunde und schneller übertragen und empfangen. Die in den USA teilweise verwendeten Kabelmodems können ebenfalls Daten bei einer Übertragungsgeschwindigkeit von 1,5 Mbit pro Sekunde empfangen.

2 Verwenden Sie das Telefonleitungssystem, um ins Internet zu gelangen, so läuft Ihre Telekommunikationsverbindung zunächst über das normale Telefonleitungssystem oder eine ISDN- oder ADSL-Leitung, bis die Zentrale der Telefongesellschaft erreicht ist. Die Zentrale leitet die Anrufe entweder über das eigene Kupferdraht- oder Glasfaserkabelnetz oder über eigene Satellitenverbindungen weiter, oder es schickt die Anrufe zu einem weit entfernten POP (Point Of Presence) eines Netzanbieters. (Der POP ist der Punkt, an dem ein lokaler Anruf an einen entfernten Anbieter übergeben wird). Der Anruf wir dann an eine Zentrale der Telefongesellschaft weitergeleitet, die in nächster Entfernung zu Ihrem Internet-Provider liegt.

Örtliche Telefon-gesellschaft

Seite 3

Seite 2

Seite 1

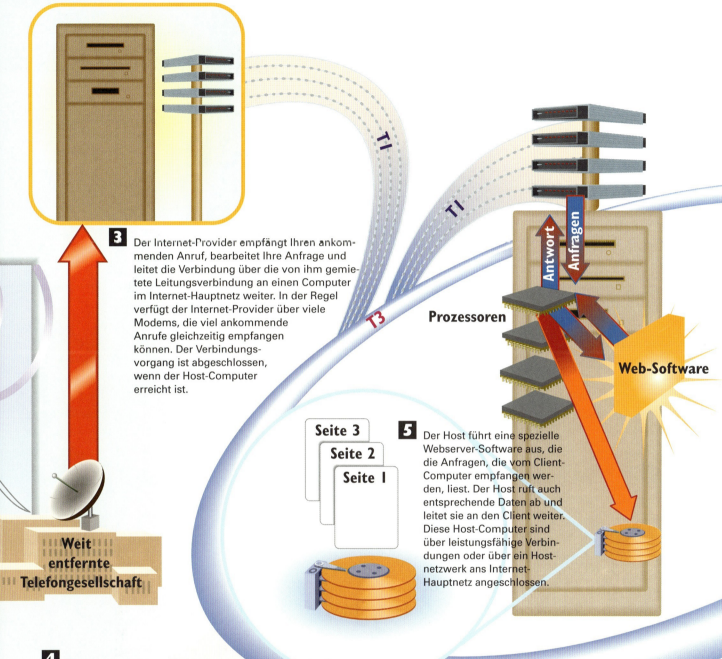

3 Der Internet-Provider empfängt Ihren ankommenden Anruf, bearbeitet Ihre Anfrage und leitet die Verbindung über die von ihm gemietete Leitungsverbindung an einen Computer im Internet-Hauptnetz weiter. In der Regel verfügt der Internet-Provider über viele Modems, die viel ankommende Anrufe gleichzeitig empfangen können. Der Verbindungsvorgang ist abgeschlossen, wenn der Host-Computer erreicht ist.

T1

T1

T3

Prozessoren

Antwort

Anfragen

Web-Software

Seite 3

Seite 2

Seite 1

5 Der Host führt eine spezielle Webserver-Software aus, die die Anfragen, die vom Client-Computer empfangen werden, liest. Der Host ruft auch entsprechende Daten ab und leitet sie an den Client weiter. Diese Host-Computer sind über leistungsfähige Verbindungen oder über ein Hostnetzwerk ans Internet-Hauptnetz angeschlossen.

Weit entfernte Telefongesellschaft

4 Computer mit festen Verbindungen in das Internet müssen immer angeschaltet sein, und die Verbindung muß immer offen sein. Diese Computer verfügen über eine permanente IP (Internet Protocol)-Adresse, die aus einer mehrstelligen Zahl besteht. Über diese Adresse können andere Computer mit ihnen Verbindung aufnehmen. Wenn Sie über einen Internet-Provider Verbindung zum Internet aufnehmen, wird die Verbindung zum Internet-Hauptnetz geöffnet, und Ihr Computer erhält eine temporäre IP-Adresse – einige Internet-Provider vergeben auch eine permanente IP-Adresse, die Ihnen immer zugesprochen wird, sobald Sie Verbindung mit dem Internet aufnehmen.

BEACHTE Um ins Web zu gelangen, benötigen Sie eine IP-Adresse. Wenn Sie an Ihrem Arbeitsplatz über ein lokales Netzwerk ins Web gelangen, so verfügen Sie über eine einzelne IP-Adresse, die jedesmal wieder verwendet wird, wenn Sie ins Internet gehen. Wenn Sie sich jedoch von zu Hause aus einwählen, kann Ihre IP-Adresse bei jeder Verbindung variieren. Häufig ordnet der Internet-Provider Ihnen eine temporäre IP-Adresse zu, die bei jeder Neuverbindung wechselt. Auf diese Weise reduziert der Internet-Provider die Anzahl IP-Adressen, die er zu verwalten hat.

KAPITEL
6

Internet-
Dateitypen

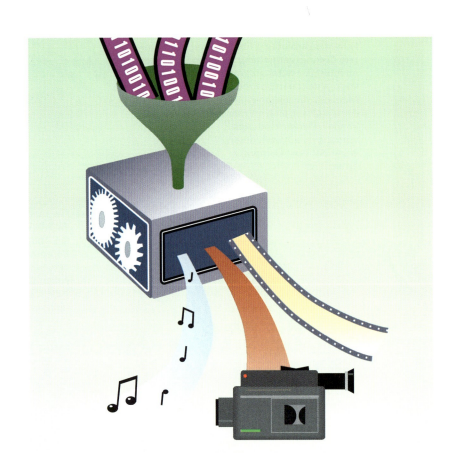

IM Internet gibt es Millionen von Dateien mit Bildern, Musik und Videos, Texten und Software für Ihren Computer. Einige dieser Dateien kann jeder Computer laden, egal ob es sich um einen Macintosh oder einen PC handelt. Grafikdateien, Sound- und Videodateien können beispielsweise auf vielen verschiedenen Computern laufen, solange diese die benötigte Software (Player) besitzen, die die Dateien abspielen können. Für manche Dateien ist zur Übertragung spezielle Hardware erforderlich. Andere Dateien, z.B. Software-Programme, die Sie herunterladen können, können nur auf ganz bestimmten Rechnertypen laufen.

Grundsätzlich gibt es im Internet drei verschiedenen Dateiarten: ASCII (American Standard Code for Information Interchange), EBCDIC (Extended Binary Coded Decimal Interchange Code) und binäre Dateien. ASCII und EBCDIC übersetzen Daten in eine uns verständliche Sprache. Der ASCII-Modus arbeitet mit Zeichen, wie sie auf Ihrem Bildschirm erscheinen, z.B. dem Großbuchstaben A oder dem Symbol $. ASCII-Textdateien bestehen ausschließlich aus einfachem Zeichensatz. Im Gegensatz zu Textverarbeitungsprogrammen oder Desktop-Publishing-Programmen verstehen sie keine anspruchsvollen Formatierungsbefehle. EBCDIC verfährt genau wie ASCII, wird aber hauptsächlich auf Großrechnern eingesetzt. Der Binär-Modus verschlüsselt die Daten in einen speziellen Code, der nur von bestimmten Computern und spezieller Software verstanden wird.

Im Gegensatz zum einfachen ASCII-Zeichensatz gibt es Dateien, die komplexe Informationen wie Grafiken oder Formatierungen enthalten (Dateien, die z.B. auf der PostScript-Seitenbeschreibungssprache basieren). Diese Dateien sind eigentlich ASCII-Dateien, aber sie können zusätzlich Formatierungs- und Drucker-Befehle ausführen. Es gibt noch andere Dateien, die Grafiken und Formatierungen enthalten, wie die im Adobe-Acrobat-Format. Um diese Dateitypen zu sehen oder auszudrucken, brauchen Sie eine spezielle Software. Wollen Sie PostScript-Dateien ausdrucken, brauchen Sie einen PostScript-Drucker, der die Sprache umsetzen kann. Diese Dateitypen können sowohl online, d.h., wenn Sie im Internet sind, oder offline, wenn Sie keine Verbindung haben, geladen werden. Wenn Sie online sind, benutzen Sie spezielle Plug-Ins oder Hilfsapplikationen für Ihren Web-Browser. Um die Dateien offline zu sehen, brauchen Sie Software, die diese lesen kann.

Sound, Bilder, Animationen und Video-Dateien sind im Internet weit verbreitet. Diese Dateien nennt man Binärdateien, da sie sich aus den Binärzahlen 0 und 1 zusammensetzen. Binärdateien sind oft sehr umfangreich und können nur von spezieller Soft- oder Hardware gelesen werden. Manche dieser Dateien können ausschließlich auf bestimmten Rechnertypen abgespielt oder gezeigt werden, während andere auf jedem Computer laufen, solange man die richtige Software hat. Einige Dateien, z.B. Audiodateien oder Videodateien, können online betrachtet werden, während andere mit speziellen Playern nur offline abgespielt werden können.

Dateitypen im Internet

1 Im Internet gibt es verschiedene Arten von Dateien. Jede Datei verfügt über einen „Header" mit ganz bestimmten Informationen. Als „Header" bezeichnet man einen Kennsatz oder eine bestimmte Anzahl von Bytes am Anfang einer Datei. Software, die die Dateien lesen oder betrachten kann, erkennt anhand des Header die jeweilige Dateiart und verarbeitet sie dementsprechend.

2 Grafikdateien gibt es in vielen unterschiedlichen Formaten, die beispielsweise als GIF-, JPEG-, PCX- oder TIFF-Dateien vorliegen. Am gängigsten sind im Internet die Formate GIF und JPEG. Sie erlauben die Übertragung von Bilddateien zwischen unterschiedlichen Rechnertypen und können schnell auf Ihren Computer geladen werden. Ein GIF- oder JPEG-Anzeigeprogramm erkennt binäre GIF- und JPEG-Dateien und zeigt sie auf Ihrem Bildschirm an. Es gibt viele verschiedene GIF- und JPEG-Programme für unterschiedliche Rechnertypen. Grafikprogramme können beide Bildformate erkennen. Beispielsweise enthält eine GIF-Datei binäre Daten, die mit dem richtigen Programm ein Bild des Space Shuttle zeigen. Die Videokarte Ihres Computers übernimmt die Informationen des Programms und zeigt sie auf Ihrem Bildschirm an.

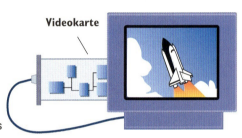

Videokarte

Software-Programm

```
                        cset Win35Dict 3 1

          /Win35 Dict 290 dict def Win350Dict
          begin/bd{bind def}bind def/in{72
          mul}bd/ed{exch def}bd/ld{load
          def}bd/tr/translate ld/gs/gsave ld/gr
          /grestore ld/M/moveto ld/L/lineto
          ld/rmt/rmoveto. ld/rit/rlineto ld
          /rct/rcurveto ld/st/stroke ld/n/newpat
          ld/sm/setmatrix
          ld/cm/currentmatirx
          ld/cp/closepath ld/ARC/arcn ld/TR{65536
          divjbd/lj/setlinejoin
          3 i roll}repeat setrgbcolor}ifelsejifel
          }b/fd{bR bG bB sc}bd/fC eB sc}
```

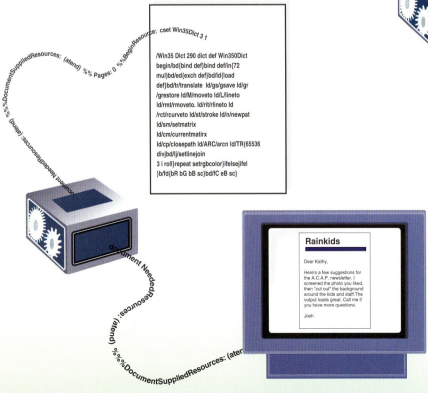

Rainkids

Dear Kathy,

Here's a few suggestions for the A.C.A.P. newsletter. I screened the photo you liked, then "cut out" the background around the kids and staff. The output loads great. Call me if you have more questions.

Josh

3 Verschiedene Dateitypen wie z.B. PostScript (erkennbar an der Endung .PS) und Adobe Acrobat (Endung .PDF) enthalten komplexe Dokument-Informationen, um eine Seite darzustellen. Unter anderem handelt es sich bei den Informationen um die Anordnung der Abbildungen, Schrifttypen, deren Größe und die Informationen, die für die Formatierung benötigt werden. Für Dateiarten wie Adobe Acrobat oder PostScript brauchen Sie eine spezielle Software oder den jeweils zugehörigen Reader. Der Reader ermöglicht es Ihnen, die richtig zusammengesetzte Seite auf Ihrem Bildschirm zu sehen und am Drucker auszugeben.

4 Im Internet finden Sie viele binäre Multimedia-Dateien, die es Ihnen ermöglichen, Musik und Videos abzuspielen. Windows-Soundfiles (erkennbar an der Endung .WAV) und Macintosh-Soundfiles können Sie sich auf
Ihren Rechner laden und anschließend mit einem Soundplayer abspielen. Beim sogenannten Streaming Audio können Sie beispielsweise
Real-Audiodateien bereits während des Herunterladens anhören. Dazu
sind jedoch spezielle Programme notwendig. Gebräuchliche Video- und
Animationsdateien sind Windows-Animationsdateien (Endung .AVI),
Macintosh-QuickTime-Videos und MPEG-Dateien (Endung .MPG). Auch
hier brauchen Sie zum Abspielen spezielle Software. Ähnlich wie Real-
Audiodateien können auch bestimmte Videodateien (streaming video)
schon während des Ladeprozesses betrachtet werden.

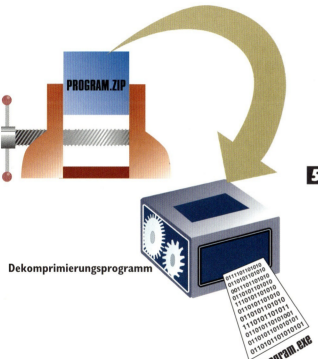

Dekomprimierungsprogramm

5 Es gibt im Internet viele ausführbare Programme – also
Software, die Sie für den Eigengebrauch herunterladen können. Um dieses zeitaufwendige Verfahren zu verkürzen, werden die Informationen komprimiert. Wenn die Daten auf
Ihrem Computer angelangt sind, werden sie mittels spezieller Software wieder entpackt, um anschließend wie gewohnt
aufgerufen werden zu können. PC-Software, die z.B. mit
dem Programm WinZip komprimiert wurde, trägt die
Endung .ZIP, beim Macintosh finden Sie zum Entpacken andere Programme. Generell gilt, daß Sie für jedes Rechner-
system das entsprechende Programm benötigen.

6 Im Internet finden Sie viele
Textdateien, z.B. ASCII-Dateien,
die Sie mit einem Textverarbeitungsprogramm lesen
können. Das sind beispielsweise FAQs (Frequently Asked
Questions = häufig gestellte
Fragen) oder andere
Textdateien.

T E I L

VERBINDUNGEN ZUM INTERNET

SIE wissen zwar jetzt, was das Internet ist und was es anzubieten hat. Aber wie kommt eigentlich Ihre Verbindung zustande?

Es gibt viele Möglichkeiten, sich mit dem Internet zu verbinden. Vielleicht haben Sie einen Anschluß an Ihrer Arbeitsstelle oder Universität. Sie können sich auch zu Hause über Ihre Telefonleitung anschließen. Vielleicht haben Sie dort nur einen einfachen Rechner, der Ihnen lediglich einen begrenzten Internet-Zugang gewährt, oder Sie verfügen über einen Multimedia-Rechner, der Ihnen alle Möglichkeiten des Internet offeriert. Egal – in diesem Kapitel wollen wir uns mit den unzähligen Möglichkeiten beschäftigen, mit denen Sie den besten Weg ins Internet finden.

Dabei gibt es eigentlich nur eine einzige Grundregel: je schneller, um so besser. Da es im Internet viele Bilder, Sounds und Videos gibt und da die Telefongebühren der Telekom noch immer relativ hoch sind, suchen Nutzer nach schnellen Verbindungen für die Datenübertragung. Derzeit gibt es zwei gebräuchliche Möglichkeiten, sich mit dem Internet zu verbinden: entweder über ein allgemein zugängliches lokales Netz, wie z.B. in einer Bibliothek, einem Internet-Cafe oder einer Universität, oder über eine eigene private Telefonleitung. Direkte Verbindungen über lokale Netzwerke sind meistens schneller als Telefonleitungen.

In diesem Teil werden wir uns alle Möglichkeiten der Verbindung zum Internet ansehen. Dabei werden wir uns mit den verschiedenen Netzwerk- und Telefonanschlüssen vertraut machen.

Online-Dienste wie T-Online und AOL standen einige Zeit in direkter Konkurrenz zum Internet. Inzwischen sind auch diese Provider auf den Internet-Zug aufgesprungen. Ein Zugang über einen Online-Dienst ist mittlerweile eine der unkompliziertesten Möglichkeiten, um ins Internet zu gelangen. Die Leistungen dieser Dienste bieten grundsätzlich einen unbeschränkten Zugang zum Internet.

Eines Tages wird es durch bestimmte Technologien, z.B. Glasfaserkabel, möglich sein, extrem schnelle Internet-Verbindungen zuzulassen. Jedoch wird die Verkabelung aller Haushalte noch viele Jahre dauern und sehr kostenintensiv sein. Momentan ist die schnellste und kostengünstigste Verbindung über ISDN (Abkürzung für Integrated Services Digital Network) machbar. ISDN erlaubt eine schnelle Verbindung über das bereits existierende, normale Fernsprechnetz.

Für einen ISDN-Anschluß wird eine spezielle ISDN-Karte benötigt. Trotzdem erfreut sich ISDN wachsender Beliebtheit, denn die Übertragungsgeschwindigkeit ist höher als bei den schnellsten Modems.

Internet und Fernsehen rücken immer mehr zusammen. Die Technologie des Kabelmodems macht es möglich, sich über den Fernseher einen Internet-Zugang zu verschaffen.

Per DSL-Technologie kann man mit einer Hochgeschwindigkeitsverbindung ins Internet gehen.

KAPITEL

7

So verbinden Sie Ihren Computer mit dem Internet

Es gibt viele Zugangsmöglichkeiten zum Internet, angefangen über lokale Netze (Local Area Networks) bis hin zu Verbindungen über Fernsehkabel. Falls Sie an ein lokales Netzwerk über Ihre Uni oder Arbeitsstelle angeschlossen sind, haben Sie dort möglicherweise bereits einen Internet-Anschluß. Das gleiche gilt, wenn Ihr Netzwerk über einen Router oder eine Bridge mit dem Internet verbunden ist. Meist verfügen Sie dann über einen schnelleren Zugang als über eine direkte Telefonverbindung. Aber auch wenn Sie nicht an ein Netzwerk angeschlossen sind, eröffnen sich Ihnen viele Möglichkeiten, so z.B. mit einem Modem oder einer ISDN-Karte über das normale Telefonnetz.

Eine mögliche Variante ist es, sich ein Netzwerk oder einen Provider zu suchen, bei dem Sie sich über die sogenannten Terminal-Emulationen (terminal emulation software) einwählen können. Bei dieser Software braucht Ihr Computer keinen eigenen Prozessor. Statt dessen läuft die Internet-Software auf jenem Rechner ab, über den Sie eingewählt sind, und Ihr Bildschirm zeigt ausschließlich, was er bearbeitet. Bei dieser Methode sind die Möglichkeiten des Internet deutlich eingeschränkt. Sie können also beispielsweise keine Abbildungen und Bilder einsehen, wenn Sie durch den beliebtesten Teil des Internet, das World Wide Web, surfen.

Über Verbindungen wie SLIP (Serial Line Internet Protocol) und PPP (Point-to-Point Protocol) haben Sie einen unbeschränkten Zugang zum Internet. Beim Einwählen über diese Protokolle wird Ihr Rechner ein Teil des Internet und kann seine volle Prozessorkapazität nutzen. Sie können auch durch das World Wide Web surfen. PPP ist schneller und besser implementiert als SLIP und kann außerdem fehlerhafte Pakete erneut senden, was bei der Übertragung über ein Telefonnetz häufig passieren kann.

Wenn Sie eine noch schnellere Verbindung benötigen, wählen Sie ISDN (Integrated Services Digital Network). ISDN ist ein digitales Telefonnetz, das eine extrem hohe Übertragungsrate ermöglicht. Pro Sekunde lassen sich zwischen 64 und 128 Kbit übertragen. Um ISDN zu nutzen, brauchen Sie eine spezielle ISDN-Karte und einen Anbieter (Provider), der Ihnen den ISDN-Zugang ermöglicht.

In den USA ist es heute teilweise schon möglich, über die vorhandenen Fernsehkabel ans Internet angeschlossen zu werden. Die Daten werden mit einem Kabelmodem (cable modem) bis zu hundertmal schneller übertragen als mit gewöhnlichen Modems. In Deutschland gibt es diese Zugangsmöglichkeit bisher nur vereinzelt.

Sie kennen nun die verschiedenen Möglichkeiten des Internet-Zugangs. Schauen Sie sich einfach mal in Ihrer nächstgelegenen Bibliothek um. Vielleicht gibt es dort einen Internet-Zugang, den Sie nutzen können. Erkundigen Sie sich über die Angebote der verschiedenen Online-Dienste. Bei den großen Providern haben Sie auch automatisch Zugang zum Internet.

So verbinden Sie Ihren Computer mit dem Internet

Es gibt viele Möglichkeiten, Ihren Computer an das Internet anzubinden, angefangen von lokalen Netzwerken, über verschiedene Einwählverbindungen, über Kabelmodems und das ISDN-Netz. Internet-Dienste verbinden Sie über die Protokolle SLIP oder PPP. Alle großen Online-Provider ermöglichen Ihnen heute einen uneingeschränkten Internet-Zugang.

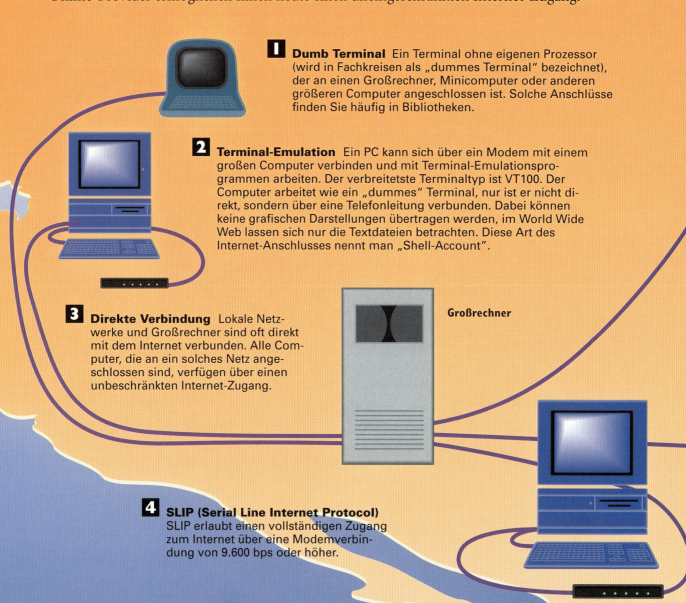

1 Dumb Terminal Ein Terminal ohne eigenen Prozessor (wird in Fachkreisen als „dummes Terminal" bezeichnet), der an einen Großrechner, Minicomputer oder anderen größeren Computer angeschlossen ist. Solche Anschlüsse finden Sie häufig in Bibliotheken.

2 Terminal-Emulation Ein PC kann sich über ein Modem mit einem großen Computer verbinden und mit Terminal-Emulationsprogrammen arbeiten. Der verbreitetste Terminaltyp ist VT100. Der Computer arbeitet wie ein „dummes" Terminal, nur ist er nicht direkt, sondern über eine Telefonleitung verbunden. Dabei können keine grafischen Darstellungen übertragen werden, im World Wide Web lassen sich nur die Textdateien betrachten. Diese Art des Internet-Anschlusses nennt man „Shell-Account".

3 Direkte Verbindung Lokale Netzwerke und Großrechner sind oft direkt mit dem Internet verbunden. Alle Computer, die an ein solches Netz angeschlossen sind, verfügen über einen unbeschränkten Internet-Zugang.

Großrechner

4 SLIP (Serial Line Internet Protocol) SLIP erlaubt einen vollständigen Zugang zum Internet über eine Modemverbindung von 9.600 bps oder höher.

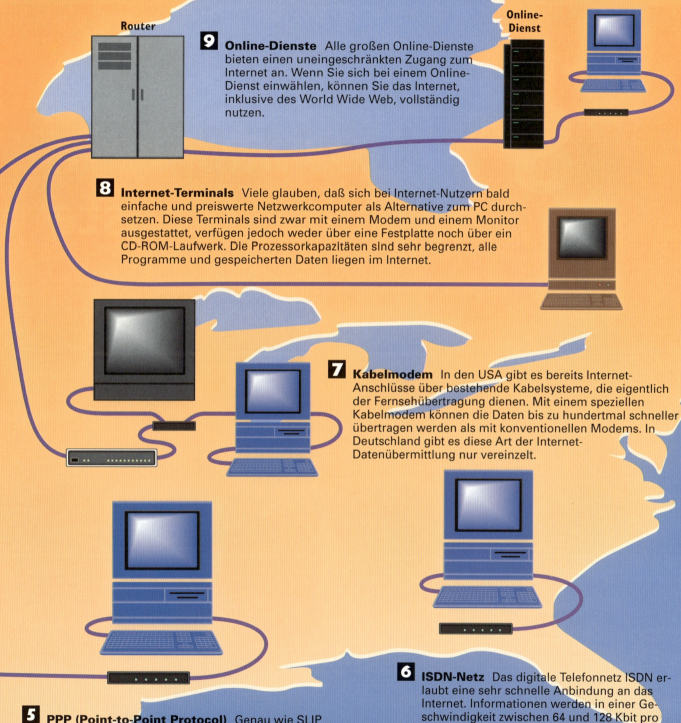

Router

9 Online-Dienste Alle großen Online-Dienste bieten einen uneingeschränkten Zugang zum Internet an. Wenn Sie sich bei einem Online-Dienst einwählen, können Sie das Internet, inklusive des World Wide Web, vollständig nutzen.

Online-Dienst

8 Internet-Terminals Viele glauben, daß sich bei Internet-Nutzern bald einfache und preiswerte Netzwerkcomputer als Alternative zum PC durchsetzen. Diese Terminals sind zwar mit einem Modem und einem Monitor ausgestattet, verfügen jedoch weder über eine Festplatte noch über ein CD-ROM-Laufwerk. Die Prozessorkapazitäten sind sehr begrenzt, alle Programme und gespeicherten Daten liegen im Internet.

7 Kabelmodem In den USA gibt es bereits Internet-Anschlüsse über bestehende Kabelsysteme, die eigentlich der Fernsehübertragung dienen. Mit einem speziellen Kabelmodem können die Daten bis zu hundertmal schneller übertragen werden als mit konventionellen Modems. In Deutschland gibt es diese Art der Internet-Datenübermittlung nur vereinzelt.

5 PPP (Point-to-Point Protocol) Genau wie SLIP ermöglicht PPP einen Internet-Zugang über ein Modem. Diese Protokollart ist verläßlicher als SLIP, da sie überprüft, ob die versendeten Pakete intakt am Ziel ankommen. Fehlerhaft übertragene Pakete werden von PPP erneut zugestellt.

6 ISDN-Netz Das digitale Telefonnetz ISDN erlaubt eine sehr schnelle Anbindung an das Internet. Informationen werden in einer Geschwindigkeit zwischen 64 und 128 Kbit pro Sekunde übertragen. Dazu wird eine ISDN-Karte benötigt. ISDN-Anschlüsse sind etwas teurer als ein analoger Einzelanschluß, übertragen Daten aber schneller als ein Modem.

KAPITEL
8

Internet-
Anschluß über
Online-Dienste

EINER der bequemsten Wege ins Internet führt über einen Online-Dienst wie T-Online oder AOL. Die Online-Dienste stellen ihren Kunden eigene Inhalte, spezielle Bereiche und Dienstleistungen zur Verfügung. Diese Dienstleister nutzen eigene, kommerzielle Software, die dem Anwender den Zugang zu den Angeboten ermöglicht. Anders als beim Internet ist die Nutzung von Inhalt und Serviceleistungen nicht kostenlos. Die Online-Dienste verlangen monatliche Grundgebühren, zusätzlich wird häufig die Zeit berechnet, in der Sie den Dienst nutzen.

Das Internet erreichen Sie über die Online-Dienste auf verschiedene Arten. Die meisten nutzen ihre proprietäre Software, um in Internet-Bereiche wie Telnet, das WWW und UseNet-Newsgruppen zu gelangen. Dabei werden Befehle über die Software des Provider erteilt. Diese Befehle werden dann über ein Gateway ins Internet befördert. Die gewünschten Informationen werden geholt, über das Gateway zu Ihrem Online-Dienst zurückgesendet und von der kommerziellen Sofware für Sie aufbereitet.

Die meisten Online-Dienste ermöglichen einen weiteren Zugang, bei dem Sie auch Ihre eigene Client-Software nutzen können. Dazu umgehen Sie im wesentlichen die kommerzielle Schnittstelle (Interface) des Dienstes. Sie nutzen also den Online-Dienst wie einen Internet-Provider. Dazu wählen Sie sich über den Online-Service ein und errichten eine TCP/IP-Verbindung. Anschließend starten Sie die Client-Software auf Ihrem Rechner.

Online-Dienste erlauben es Ihnen außerdem, durch das World Wide Web zu navigieren. Einige stellen Ihnen eigene Web-Browser zur Verfügung, Sie können aber genauso gut auch einen Web-Browser Ihrer Wahl benutzen. Um Ihren gewünschten Browser zu verwenden, stellen Sie zuerst eine TCP/IP-Verbindung her. Danach starten Sie den Browser wie bei einem Online-Provider.

So werden Sie über Online-Dienste mit dem Internet verbunden

1 Ein bequemer Weg ins Internet führt über Online-Dienste wie T-Online, AOL oder CompuServe. Diese Dienste ermöglichen Ihnen den Internet-Zugang auf unterschiedliche Arten. Mit Standard-Software ist es ausschließlich möglich, Internet-Dienste wie Telnet, FTP und News zu nutzen. Außerdem können Sie durch Dokumente im World Wide Web blättern, entweder mit einem Browser des Dienstes oder einem anderen Ihrer Wahl. Wenn Sie zu bestimmten Ressourcen gelangen möchten, wie z.B. dem Internet Relay Chat (IRC), können Sie auch spezielle Software benutzen, die Ihnen der Dienst nicht zur Verfügung stellt.

Online-Dienst

2 Jeder Online-Dienst bietet eine große Anzahl von Leistungen und Inhalte sowie Bereiche, die nur den registrierten Kunden zugänglich sind. Die geschlossenen Bereiche arbeiten mit der kommerziellen Software und den Schnittstellen des Dienstes und funktionieren nicht wie das Internet. Hier melden Sie sich bei dem Online-Dienst an und gelangen auf direktem Wege zu diesen Leistungen.

Online-Dienst

3 Bei der Nutzung von Ressourcen eines Online-Dienstes verlassen Sie diesen nicht in Richtung Internet, sondern bleiben hinter einer „Firewall". Eine Firewall ist ein Sicherheitssystem, das nur bestimmte Informationen hereinläßt und Zugriffe von außen verhindert. Einige Online-Dienste haben Firewalls installiert, die nur den Zugang ihrer Mitglieder zulassen.

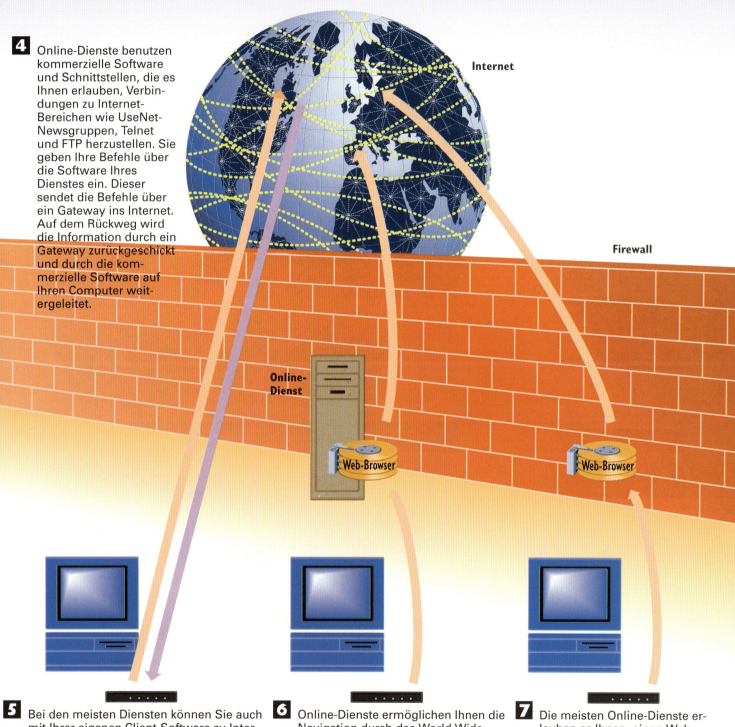

4 Online-Dienste benutzen kommerzielle Software und Schnittstellen, die es Ihnen erlauben, Verbindungen zu Internet-Bereichen wie UseNet-Newsgruppen, Telnet und FTP herzustellen. Sie geben Ihre Befehle über die Software Ihres Dienstes ein. Dieser sendet die Befehle über ein Gateway ins Internet. Auf dem Rückweg wird die Information durch ein Gateway zurückgeschickt und durch die kommerzielle Software auf Ihren Computer weitergeleitet.

Internet

Firewall

Online-Dienst

Web-Browser

Web-Browser

5 Bei den meisten Diensten können Sie auch mit Ihrer eigenen Client-Software zu Internet-Ressourcen wie Telnet, und FTP gelangen oder, wenn der Anbieter über keine eigene Software verfügt, auf Ressourcen wie z.B. beim Internet Relay Chat zugreifen. In diesem Fall wählen Sie sich ein und stellen eine TCP/IP-Verbindung her. So gelangen Sie mit Ihrer eigenen Software direkt ins Internet.

6 Online-Dienste ermöglichen Ihnen die Navigation durch das World Wide Web. Dazu können Sie den eigenen Browser Ihres Dienstes benutzen. Sie können den Browser häufig über ein bestimmtes Symbol starten oder finden ihn in einem speziellen Bereich des Online-Dienstes.

7 Die meisten Online-Dienste erlauben es Ihnen, einen Web-Browser Ihrer Wahl benutzen. Sie können dann entweder den Browser des Dienstes öffnen oder Ihren eigenen Browser starten, um durch das World Wide Web zu navigieren.

So funktioniert ISDN

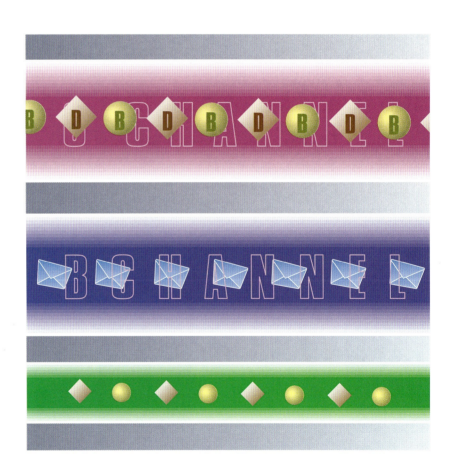

DIE Tatsache, daß normale Telefonleitungen viel zu langsam sind, ist einer der Nachteile der analogen Datenübertragung im Internet. Selbst gute Modems haben mit den grafischen Darstellungen Probleme. Das Internet ist voll von Abbildungen, Videos, Audiodateien und anderen großen Multimedia-Dateien mit teilweise erheblichen Übertragungszeiten.

Selbst wenn Glasfaserkabel die schnellste Datenübertragung ermöglichen, gibt es eine preiswertere Technologie, die schnelle Internet-Verbindungen erlaubt. Sie heißt ISDN (Integrated Services Digital Network).

ISDN stellt schnelle Internet-Verbindungen auf den Kupferdrahtkabeln des bestehenden Telefonnetzes her. Wenn ein entsprechender Anschluß besteht, müssen Sie zwar höhere Grundgebühren bezahlen. Diese amortisieren sich aber bei intensiver Online-Nutzung in kürzester Zeit, da sich durch ISDN Daten schneller übertragen lassen.

Um ISDN mit Ihrem Computer nutzen zu können, benötigen Sie eine spezielle ISDN-Karte. Die ISDN-Karte funktioniert wie ein Terminal-Adapter, der das Versenden und den Empfang von Daten über die ISDN-Leitung ermöglicht. Ein normales Modem wandelt die digitalen Signale Ihres Computers in analoge Schwingungen um, die über das Telefonnetz übertragen werden können. Weil es sich bei ISDN um eine digitale Technologie handelt, werden nur digitale Daten über den ISDN-Adapter verschickt. Es gibt ISDN-Geräte, bei denen ISDN-Karte und Modem integriert sind. Dies ist dann hilfreich, wenn Sie mit einem Notebook arbeiten und viel unterwegs sind.

Wenn Sie sich über ISDN ins Internet einwählen, muß die angewählte Nummer entsprechend ausgestattet sein. Alle privaten Provider und Online-Dienste bieten inzwischen einen ISDN-Zugang an.

In Deutschland gibt es zwei Arten von ISDN-Zugang: den Basisanschluß (S0) und den Primärmultiplexanschluß (S2M). Beim Basisanschluß gibt es zwei Nutzkanäle mit den Bezeichnungen B1 und B2 und einen Steuerkanal, den D-Kanal. Dadurch ist es möglich, gleichzeitig über den Computer Daten zu verschicken bzw. zu empfangen und zu telefonieren oder Faxe zu senden. Die Übertragungsrate beträgt auf beiden Kanälen je 64 Kbit in der Sekunde.

Bei einem Primärmultiplexanschluß stehen 30 B-Kanäle und ein Steuerkanal mit einer Übertragungsgeschwindigkeit von jeweils 64 Kbit zur Verfügung. Dadurch ist ein solcher Anschluß hauptsächlich für Unternehmen sinnvoll.

So funktioniert ISDN

1 Das ISDN-Netz erlaubt schnelle Internet-Verbindungen. Zwar werden keine neuen Telefonleitungen verlegt, jedoch muß die Telekom bei Ihnen einen Anschluß einrichten. Bei ISDN werden die Daten zwischen Computer und Internet digital übertragen.

2 Um ISDN nutzen zu können, benötigen Sie eine spezielle ISDN-Karte, die zwischen Ihrem Computer und dem Internet wie ein Terminal-Adapter funktioniert. Ein herkömmliches Modem (zusammengesetzt aus den Begriffen Modulator und Demodulator) konvertiert die digitalen Informationen Ihres Computers in analoge Signale, die über das Fernmeldenetz geschickt werden können. ISDN funktioniert digital, darum müssen digitale Daten nicht umgewandelt werden. Statt dessen werden die digitalen Daten über die ISDN-Karte von Ihrem Computer über das digitale Telefonnetz verschickt.

3 Anders als normale Telefonleitungen werden ISDN-Leitungen nicht mit Strom der Telefongesellschaft versorgt. Sie brauchen Strom durch eine andere Quelle, genau wie ISDN-Karten. Bei einem Stromausfall funktioniert das ISDN-Netz nicht.

4 In Deutschland gibt es zwei Arten des ISDN-Anschlusses. Der gebräuchlichste ist der ISDN-Basisanschluß. Hier stehen Ihnen zwei Nutzkanäle mit einer Übertragungsrate von je 64 Kbit pro Sekunde zur Verfügung. Sie können beide gleichzeitig nutzen. Der Primärmultiplexanschluß ist für Firmen interessant, die große Datenmengen übertragen möchten. Hier stellen 30 B-Kanäle und ein Steuerkanal eine Leistung von 1,92 Mbit/s bereit.

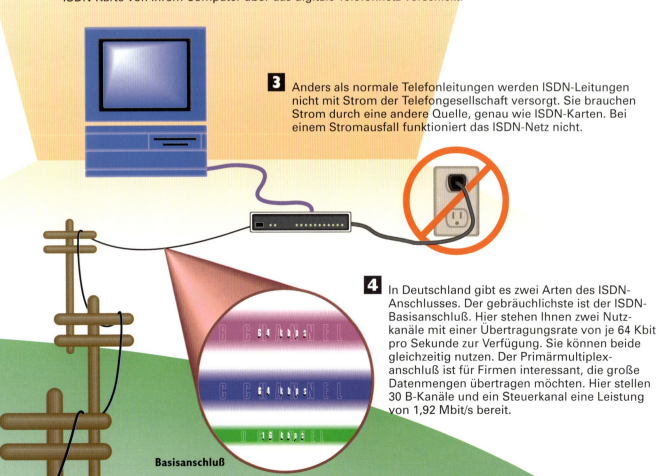

Basisanschluß

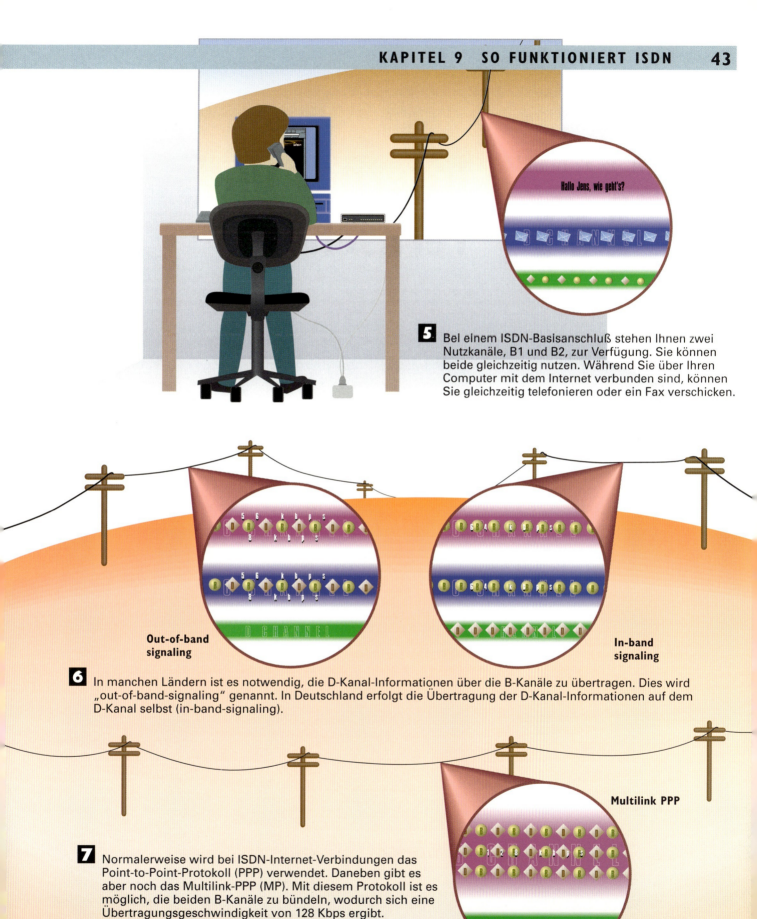

Hallo Jens, wie geht's?

5 Bei einem ISDN-Basisanschluß stehen Ihnen zwei
Nutzkanäle, B1 und B2, zur Verfügung. Sie können
beide gleichzeitig nutzen. Während Sie über Ihren
Computer mit dem Internet verbunden sind, können
Sie gleichzeitig telefonieren oder ein Fax verschicken.

**Out-of-band
signaling**

**In-band
signaling**

6 In manchen Ländern ist es notwendig, die D-Kanal-Informationen über die B-Kanäle zu übertragen. Dies wird
„out-of-band-signaling" genannt. In Deutschland erfolgt die Übertragung der D-Kanal-Informationen auf dem
D-Kanal selbst (in-band-signaling).

Multilink PPP

7 Normalerweise wird bei ISDN-Internet-Verbindungen das
Point-to-Point-Protokoll (PPP) verwendet. Daneben gibt es
aber noch das Multilink-PPP (MP). Mit diesem Protokoll ist es
möglich, die beiden B-Kanäle zu bündeln, wodurch sich eine
Übertragungsgeschwindigkeit von 128 Kbps ergibt.

KAPITEL 10

Internet und Fernsehen

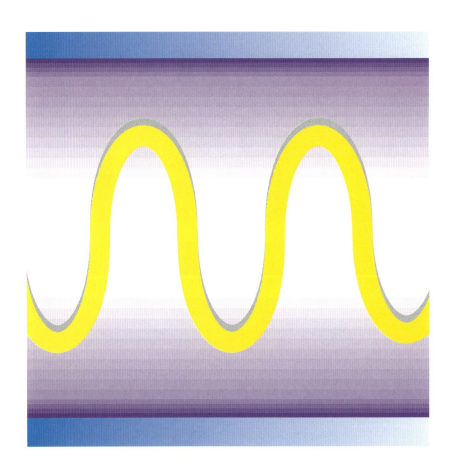

ALS man vor ungefähr fünf Jahren zum ersten Mal über die „Datenautobahn" sprach, war nicht vom Internet die Rede. Statt dessen sprach man vom Fernsehen – insbesondere vom Kabelfernsehen – von dem man annahm, daß es unsere Lebens- und Arbeitsweise verändern würde. Es gab Visionen von 500 Fernsehkanälen, „interaktivem Fernsehen", Einkaufen von zu Hause aus und teilnehmerspezifischen Nachrichten, die je nach Bedarf verfügbar waren.

An einem Punkt werden Internet und Fernsehen wahrscheinlich auf irgendeine Weise zusammengeführt werden. Das könnte folgendermaßen aussehen: Sie sehen sich ein Fußballspiel an und haben gleichzeitig einen Chat mit anderen über dieses Ereignis – alles auf dem gleichen Bildschirm. Außerdem können Sie, wenn ein bestimmter Fußballspieler an den Ball kommt, über das Internet Daten und Details über diesen Spieler abrufen, einschließlich früherer Videoaufzeichnungen und Höhepunkte seiner Karriere.

Fernsehen und Internet sind bereits dabei, in sehr realer Weise miteinander zu verschmelzen. Das liegt vor allem an zwei verschiedenen Technologien: dem Kabelmodem und dem Fernsehgerät, das an das Internet angeschlossen werden kann und die Möglichkeit bietet, wie bei WebTV über das Fernsehgerät im Internet zu surfen.

Kabelmodems bieten einen äußerste schnellen Zugang zum Internet. Sie ermöglichen den Internet-Zugang über die vorhandenen Koaxialfernsehkabel. Kabelmodems können Datenmengen von bis zu 1,5 Millionen Bit pro Sekunde empfangen und Datenmengen von bis zu 300.000 Bits pro Sekunde senden – das heißt, sie sind viel schneller als normale Modems und ISDN-Leitungen. Sie bieten Geschwindigkeiten einer T1-Verbindung, jedoch zu einem Bruchteil der Kosten einer T1-Verbindung. Sie sind zu dieser hohen Geschwindigkeit fähig, weil sie verkabelte Hochgeschwindigkeitsleitungen verwenden. Weil Internet-Daten und das normale Kabelsignal in den gleichen Leitungen nebeneinander übertragen werden können, ist es möglich, gleichzeitig auf das Internet zuzugreifen und fernzusehen. Die Illustration in diesem Kapitel zeigt, wie die Firma MediaOne in den USA seinen Kunden Kabelmodemzugang ermöglicht.

Eine andere Technologie ermöglicht das Durchsuchen des Web über ein Fernsehgerät. Eine Set-Top-Box stellt eine Verbindung zwischen Ihrem Fernsehgerät und dem Internet her, empfängt das Signal und leitet es an das Fernsehgerät weiter. Über eine Art Fernsteuerung können Sie das Internet durchsuchen, während Sie gleichzeitig fernsehen. Zum gegenwärtigen Zeitpunkt findet diese Verbindung noch immer bei normaler Modemgeschwindigkeit statt, so daß der Zugriff viel langsamer ist als über ein Kabelmodem. Das wird sich in Zukunft jedoch sicherlich ändern.

So funktionieren Internet und Fernsehen

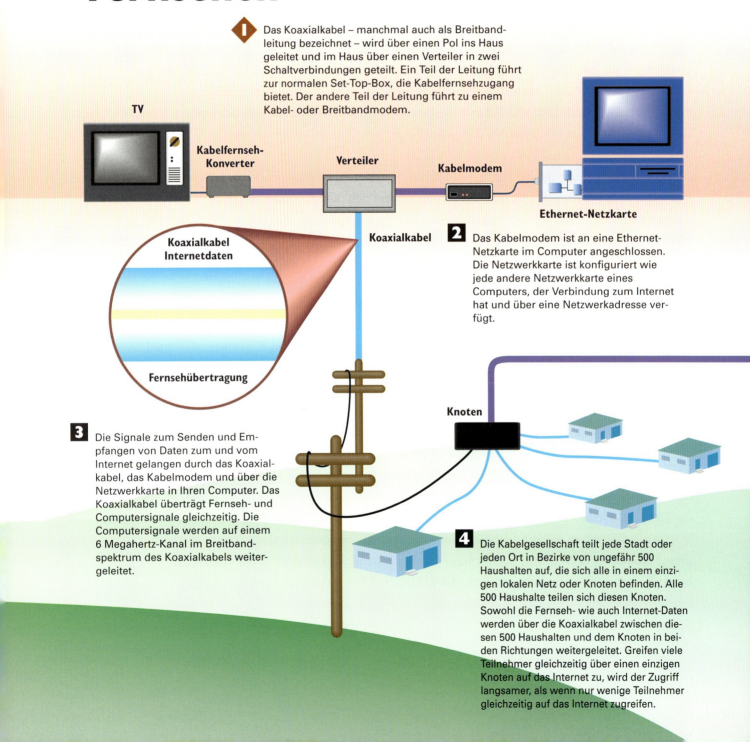

1 Das Koaxialkabel – manchmal auch als Breitband-leitung bezeichnet – wird über einen Pol ins Haus geleitet und im Haus über einen Verteiler in zwei Schaltverbindungen geteilt. Ein Teil der Leitung führt zur normalen Set-Top-Box, die Kabelfernsehzugang bietet. Der andere Teil der Leitung führt zu einem Kabel- oder Breitbandmodem.

TV

Kabelfernseh-Konverter

Verteiler

Kabelmodem

Ethernet-Netzkarte

Koaxialkabel Internetdaten

Koaxialkabel

Fernsehübertragung

2 Das Kabelmodem ist an eine Ethernet-Netzkarte im Computer angeschlossen. Die Netzwerkkarte ist konfiguriert wie jede andere Netzwerkkarte eines Computers, der Verbindung zum Internet hat und über eine Netzwerkadresse ver-fügt.

Knoten

3 Die Signale zum Senden und Em-pfangen von Daten zum und vom Internet gelangen durch das Koaxial-kabel, das Kabelmodem und über die Netzwerkkarte in Ihren Computer. Das Koaxialkabel überträgt Fernseh- und Computersignale gleichzeitig. Die Computersignale werden auf einem 6 Megahertz-Kanal im Breitband-spektrum des Koaxialkabels weiter-geleitet.

4 Die Kabelgesellschaft teilt jede Stadt oder jeden Ort in Bezirke von ungefähr 500 Haushalten auf, die sich alle in einem einzi-gen lokalen Netz oder Knoten befinden. Alle 500 Haushalte teilen sich diesen Knoten. Sowohl die Fernseh- wie auch Internet-Daten werden über die Koaxialkabel zwischen die-sen 500 Haushalten und dem Knoten in bei-den Richtungen weitergeleitet. Greifen viele Teilnehmer gleichzeitig über einen einzigen Knoten auf das Internet zu, wird der Zugriff langsamer, als wenn nur wenige Teilnehmer gleichzeitig auf das Internet zugreifen.

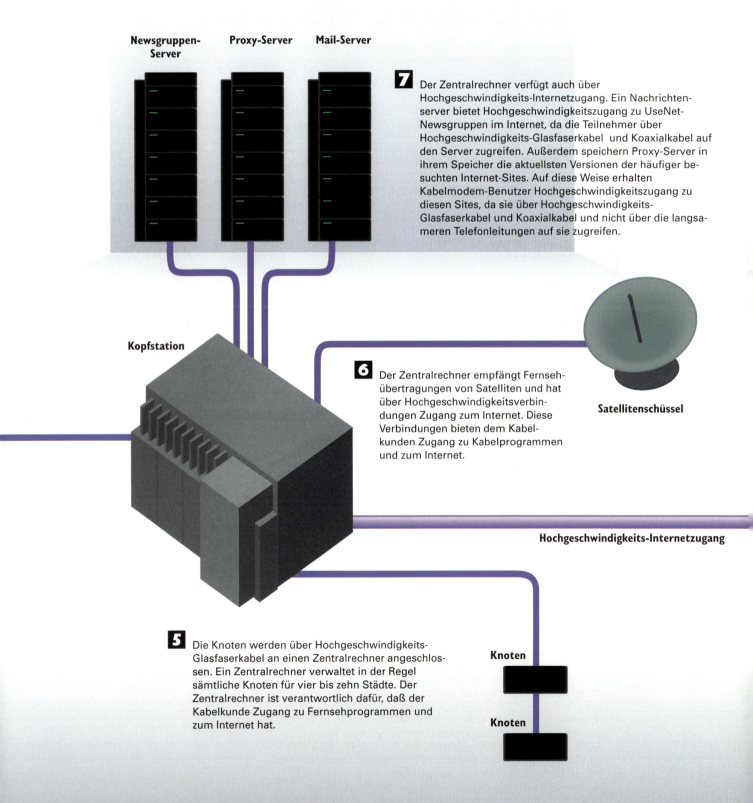

Newsgruppen-Server

Proxy-Server

Mail-Server

7 Der Zentralrechner verfügt auch über Hochgeschwindigkeits-Internetzugang. Ein Nachrichten-server bietet Hochgeschwindigkeitszugang zu UseNet-Newsgruppen im Internet, da die Teilnehmer über Hochgeschwindigkeits-Glasfaserkabel und Koaxialkabel auf den Server zugreifen. Außerdem speichern Proxy-Server in ihrem Speicher die aktuellsten Versionen der häufiger be-suchten Internet-Sites. Auf diese Weise erhalten Kabelmodem-Benutzer Hochgeschwindigkeitszugang zu diesen Sites, da sie über Hochgeschwindigkeits-Glasfaserkabel und Koaxialkabel und nicht über die langsa-meren Telefonleitungen auf sie zugreifen.

Kopfstation

6 Der Zentralrechner empfängt Fernseh-übertragungen von Satelliten und hat über Hochgeschwindigkeitsverbin-dungen Zugang zum Internet. Diese Verbindungen bieten dem Kabel-kunden Zugang zu Kabelprogrammen und zum Internet.

Satellitenschüssel

Hochgeschwindigkeits-Internetzugang

5 Die Knoten werden über Hochgeschwindigkeits-Glasfaserkabel an einen Zentralrechner angeschlos-sen. Ein Zentralrechner verwaltet in der Regel sämtliche Knoten für vier bis zehn Städte. Der Zentralrechner ist verantwortlich dafür, daß der Kabelkunde Zugang zu Fernsehprogrammen und zum Internet hat.

Knoten

Knoten

So funktioniert WebTV

1 WebTV bietet die Möglichkeit, das Internet über ein Fernsehgerät zu durchsuchen und gleichzeitig fernzusehen. Eine spezielle WebTV-Set-Top-Box befindet sich neben dem Fernsehapparat. Das Gerät verfügt über die normalen Anschlüsse zum Fernsehgerät und/oder einem Kabeldienst und über spezielle Anschlüsse zu einem Modem und einer Telefonleitung. Es verfügt auch über den erforderlichen Speicher, um einen Web-Browser zusammen mit anderen Hardware- und Software-Komponenten auszuführen.

2 Die Set-Top-Box von WebTV kann Add-Ons in ähnlicher Weise wie ein Computer annehmen. Das erste Add-On ist ein Drucker, aber weitere Add-Ons werden sicherlich folgen.

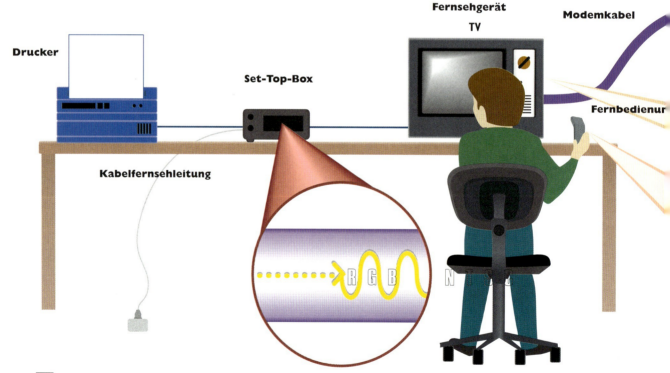

Fernsehgerät
TV

Modemkabel

Drucker

Set-Top-Box

Fernbedienur

Kabelfernsehleitung

3 Fernsehbildschirme und Computerbildschirme verwenden unterschiedliche Technologien, um Bilder und Informationen anzuzeigen. Computerbildschirme verwenden die Rot-Grün-Blau (RGB)-Technologie, bei der die drei Farben kombiniert werden, um alle auf dem Bildschirm dargestellten Farben zu bilden. Fernsehbildschirme verwenden die NTSC-Technologie (National Television Standards Committee) oder PAL-Technologie (Phase Alternative Live). Die Set-Top-Box von WebTV konvertiert das Signal der im Web verwendeten RGB-Technologie in die von Fernsehgeräten verwendete NTSC-Technologie, so daß das Signal so klar wie möglich ist.

5 Um den Zugriff auf Internet-Sites zu beschleunigen, verfügt das WebTV-Netzwerk über mehrere Proxy-Server. Diese Proxy-Server speichern Webseiten, die häufig besucht werden. Will ein WebTV-Benutzer auf eine dieser Seiten zugreifen, wird sie vom Proxy-Server zur Verfügung gestellt. So kann die Seite viel schneller bereitgestellt werden, als wenn auf die Seite im Internet zugegriffen wird.

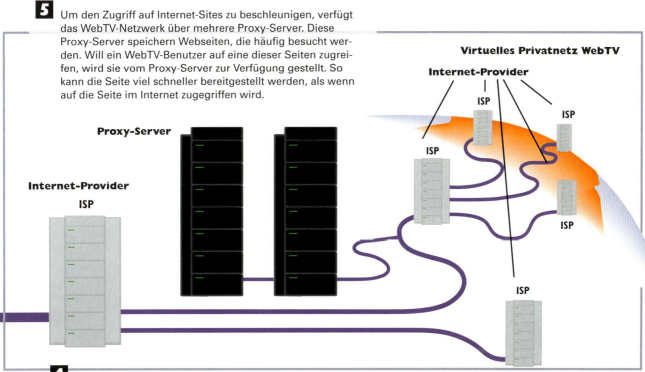

4 Wollen Sie auf das Internet zugreifen, nimmt die Set-Top-Box von WebTV Verbindung mit dem WebTV-Netz auf, um Zugang zum Internet zu erhalten. Das WebTV-Netz ist kein Einzelnetz, sondern ein virtuelles Privatnetz. WebTV trifft Vereinbarungen mit Internet-Providern, um über lokale POPs (Points of Presence) Zugang zu bieten. Die Verschlüsselungstechnologie verknüpft alles zu einem scheinbaren Einzelnetzwerk. Dieses virtuelle Privatnetz verfügt über viele Webserver, die E-Mail- und andere Dienste bereitstellen.

6 WebTV verwendet einen eigenen systemgebundenen Web-Browser, der dem HTML-Standard entspricht und allgemeine Plug-Ins ausführen kann. Der Browser bietet optimale Anzeige in einem Fernsehgerät. Einige Sites, wie zum Beispiel TVGuide, haben Websites entwickelt, die den Browser optimal nutzen.

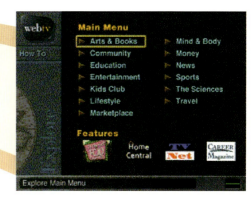

7 Die Websuche wird über eine einfache Fernbedienung gesteuert, und ermöglicht es, daß der Anwender sich auf dem Bildschirm bewegen, Objekte „anklicken" und einen Bildlauf durchführen kann. Die Fernbedienung bietet auch die Möglichkeit, eine Websuche durchzuführen oder fernzusehen oder aber auch beides gleichzeitig durchzuführen.

KAPITEL 11

So funktioniert die DSL-Technologie

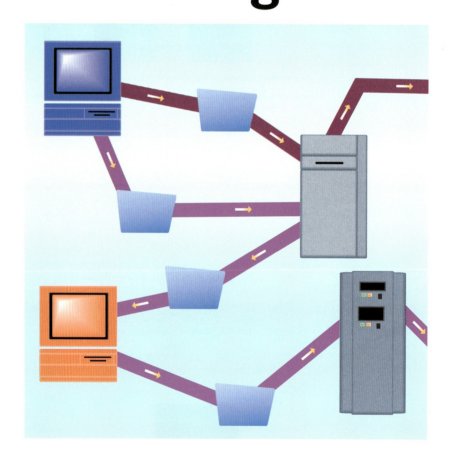

IN den vergangenen Jahren hat man eine ganze Fülle von Optionen gefunden, um Hochgeschwindigkeitszugang zum Internet zu erhalten. Eine der neuesten Möglichkeiten, die sich durchaus als beliebteste Lösung durchsetzen könnte, ist DSL (Digital Subscriber Line). Es gibt mehrere Arten der DSL-Technologie, aber alle funktionieren nach dem gleichen Prinzip. Durch Verwendung von VDSL (Very High Data Rate DSL) können die normalen Telefonleitungen für den Hochgeschwindigkeitszugang ins Internet verwendet werden – Geschwindigkeiten bis zu 55 Mbit pro Sekunde sind möglich. Allerdings wird diese Art der Hochgeschwindigkeitsverbindung wegen der hohen Kosten heute in erster Linie von Firmen genutzt. Der Privatanwender hat Zugangsmöglichkeit bei einer Geschwindigkeit von 1,5 Mbit pro Sekunde, und das ist immer noch sehr schnell: ungefähr 50 Mal so schnell wie ein Modem mit einer Übertragungsrate von 28.800 Bit pro Sekunde. Außerdem bietet die DSL-Technologie die Möglichkeit, unter Verwendung einer einzigen Telefonleitung einen Hochgeschwindigkeitszugang zum Internet zu unterhalten und dabei gleichzeitig ein Telefongespräch zu führen.

DSL-Technologien erfordern es, daß an beiden Enden der Telefonleitung DSL-Modems verwendet werden. Die Bezeichnung DSL bezieht sich genau genommen gar nicht auf die Telefonleitung, denn jedes normale Kupferdrahtkabel-Telefonnetz kann für DSL verwendet werden. Statt dessen bezieht sie sich auf die Verwendung der DSL-Modems. Und um noch mehr Verwirrung zu stiften, sind die sogenannten DSL-„Modems" eigentlich gar keine Modems. Konventionelle Modems modulieren die digitalen Signale Ihres Computers in analoge Signale, so daß sie über Telefonleitungen weitergeleitet werden können, und demodulieren sie dann wieder zu digitalen Signalen, damit sie für Ihren Computer verständlich sind – daher auch die Bezeichnung „Modem", die sich aus den Begriffen „MOdulieren-DEModulieren" ableitet. DSL-Modems führen keine Konvertierung von digitalen in analoge Signale durch. Statt dessen übertragen und empfangen sie alle Daten als digitale Signale. Weil die Signale nicht in analoge Daten konvertiert werden müssen und als digitale Daten weitergeleitet werden können, können die Daten mit viel höheren Geschwindigkeiten weitergeleitet werden als Daten, die über konventionelle Modems gesendet werden. Die DSL-Technologie hat allerdings den Nachteil, daß Ihr Haus (und DSL-Modem) in einer bestimmten Entfernung zur Zentrale der Telefongesellschaft und ihrem DSL-Modem lokalisiert sein muß. In Städten dürfte das kein großes Problem sein, in ländlichen Gebieten aber mitunter schon. Die genaue Entfernung ist abhängig von der Art und der Geschwindigkeit des DSL-Dienstes. Für höhere Geschwindigkeiten ist eine größere Nähe zur Telefongesellschaftzentrale nötig.

Obwohl viele Arten von DSL-Diensten verfügbar sind, wird sich bei Privatanwendern wahrscheinlich ADSL (Asymmetric Digital Subscriber Line) durchsetzen. Dieser Dienst bietet eine höhere Geschwindigkeit für den Datenempfang als für das Senden von Daten – Sie können zum Beispiel Daten mit einer Übertragungsgeschwindigkeit von 1,5 Mbit pro Sekunde empfangen und mit einer Übertragungsgeschwindigkeit von 640 Kbit pro Sekunde senden.

So funktioniert ADSL
(Asymmetric Digital Subscriber Line)

Es gibt viele Arten von DSL-Diensten. ADSL (Asymmetric Digital Subscriber Line), wie der Name schon sagt, ein Dienst, bei dem das Senden und Empfangen von Daten mit unterschiedlicher Geschwindigkeit stattfindet, wird sich beim Privatanwender sicher besonderer Beliebtheit erfreuen.

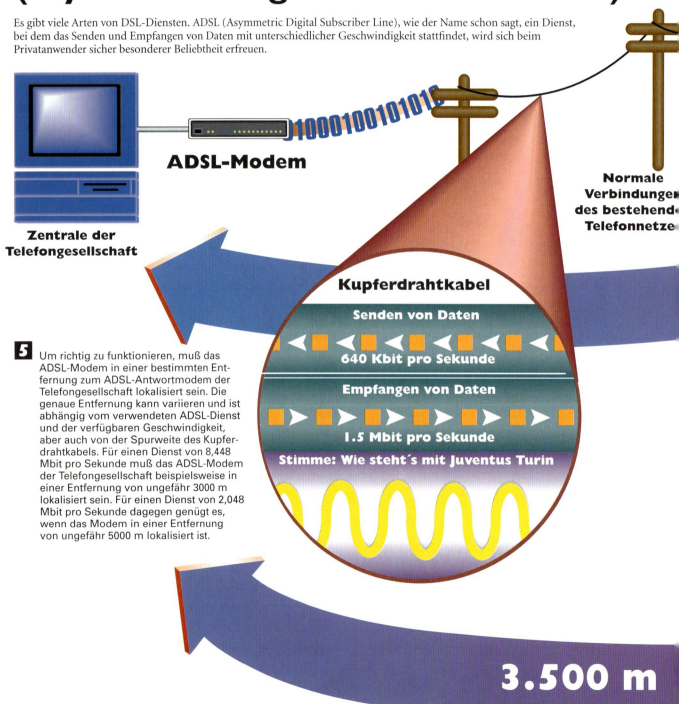

ADSL-Modem

Zentrale der Telefongesellschaft

Normale Verbindungen des bestehende Telefonnetze

Kupferdrahtkabel

Senden von Daten

640 Kbit pro Sekunde

Empfangen von Daten

1.5 Mbit pro Sekunde

Stimme: Wie steht´s mit Juventus Turin

5 Um richtig zu funktionieren, muß das ADSL-Modem in einer bestimmten Entfernung zum ADSL-Antwortmodem der Telefongesellschaft lokalisiert sein. Die genaue Entfernung kann variieren und ist abhängig vom verwendeten ADSL-Dienst und der verfügbaren Geschwindigkeit, aber auch von der Spurweite des Kupferdrahtkabels. Für einen Dienst von 8,448 Mbit pro Sekunde muß das ADSL-Modem der Telefongesellschaft beispielsweise in einer Entfernung von ungefähr 3000 m lokalisiert sein. Für einen Dienst von 2,048 Mbit pro Sekunde dagegen genügt es, wenn das Modem in einer Entfernung von ungefähr 5000 m lokalisiert ist.

3.500 m

ADSL-Modem

Webseite

0101000100101010101010001010001111

❶ Einer der Vorteile von ADSL ist, daß keine speziellen Leitungen benötigt werden. ADSL wird über die vorhandenen Kupferdrahtkabel – die normalen Verbindungen des bestehenden Telefonnetzes – übermittelt. Der Begriff ADSL bezieht sich auf die Modems, die verwendet werden, und nicht auf die Art der Leitungen.

❷ Der ADSL-Dienst benötigt ADSL-Modems an beiden Enden der Verbindung – bei Ihnen zu Hause und in der Zentrale der Telefongesellschaft. ADSL-Modems sind anders als die konventionellen Modems. Konventionelle Modems empfangen die digitalen Signale Ihres Computers, übersetzen diese in analoge Signale und leiten sie als analoge Signale über die Telefonleitung weiter. Konventionelle Empfangsmodems empfangen diese Signale dann und übersetzen sie wieder zurück in digitale Daten. ADSL-Modems hingegen senden und empfangen sämtliche Daten als digitale Daten – eine Übersetzung in analoge Signale findet überhaupt nicht statt.

3.000 m

Wie steht´s mit Juventus Turin?

❸ Konventionelle über Kupferdrahtkabel weitergeleitete analoge Übertragungen und Sprachrufe verwenden nur einen kleinen Bereich der möglichen Bandbreite, die über Kupferdrahttelefonkabel übertragen werden kann. ADSL bietet die Möglichkeit, ein Telefongespräch bei gleichzeitigem Hochgeschwindigkeitszugang zum Internet zu führen – und zwar über eine einzige Telefonleitung.

❹ ADSL unterteilt die Telefonleitung in drei Kanäle: einen Kanal für den Datenempfang, einen Kanal für das Senden von Daten und einen Kanal für telefonische Sprachverständigung. Das heißt, es ist möglich, eine einzige Telefonleitung gleichzeitig zum Durchsuchen des Internets und zum Führen eines Telefongesprächs zu verwenden. Die Telefonleitung ist nicht immer physisch in diese Kanäle unterteilt. Vielmehr können Modulationstechniken zum Trennen der drei Signaltypen Stimme, Senden und Empfangen verwendet werden. Für die Sende- und Empfangskanäle können verschiedene Geschwindigkeiten eingerichtet werden. Einer der ADSL-Dienste kann zum Beispiel Daten mit einer Geschwindigkeit von 1,5 Mbit pro Sekunde empfangen und mit einer Geschwindigkeit von 640 Kbit pro Sekunde senden.

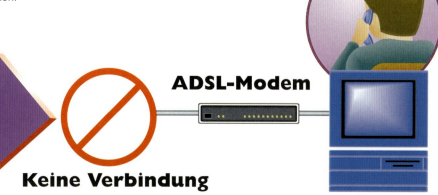

ADSL-Modem

Keine Verbindung

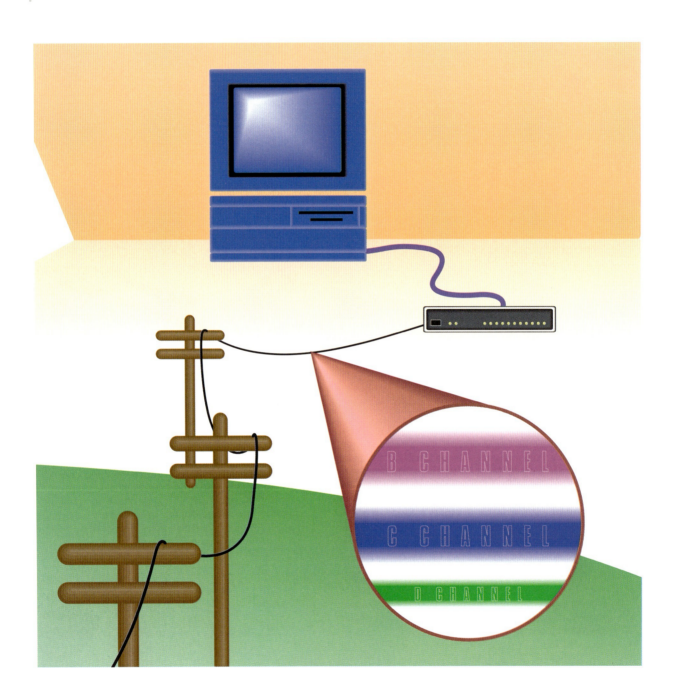

T E I L

KOMMUNIKATION IM INTERNET

SEIT seinen Anfängen hat das Internet hauptsächlich die Aufgabe, Menschen miteinander über ihre Computer kommunizieren zu lassen. Das Internet wurde zunächst entwickelt, um Universitäten untereinander den Austausch von Forschungsergebnissen und Ressourcen zu ermöglichen. Außerdem sollte das Netz der USA im Falle eines Krieges eine Kommunikation seiner weltweiten Regierungsstellen und Militärstützpunkte gewährleisten.

Heute, mehr als zwei Jahrzehnte später, ist das Internet in erster Linie immer noch ein Kommunikationsmedium. Millionen von Menschen nutzen es, um sich über ihre Arbeit oder ihr Privatleben auszutauschen. Viele Bereiche der Internet-Kommunikation, wie z.B. elektronische Post, haben sich in den vergangenen 20 Jahren kaum verändert. Trotzdem gibt es heute eine Reihe neuer Möglichkeiten, um über das Internet zu kommunizieren. So kann das Internet beispielsweise als Telefon benutzt werden, wodurch man die hohen Gebühren bei Ferngesprächen umgeht.

Es gibt Technologien, die Menschen eine private Kommunikation zu zweit ermöglichen, und andere, bei denen sich riesige Diskussionsgruppen rund um den Globus erstrecken können.

In diesem Teil des Buches befassen wir uns mit den häufigsten Arten der Kommunikation im Internet.

Wir starten mit der wohl populärsten Art der Kommunikation: der elektronischen Post, kurz E-Mail genannt. E-Mail ist eine der großen Errungenschaften des Internet und kann sowohl privat als auch geschäftlich genutzt werden. Sie werden den Aufbau einer solchen Nachricht verstehen lernen und wissen, wie binäre Daten (z.B. Sound- und Bilddateien) über E-Mail verschickt werden können. Außerdem erläutern wir Ihnen die Funktion von Mailing-Listen, auf denen Sie an Tausenden von Diskussionsforen teilhaben oder sich Newsletter schicken lassen können.

Wir behandeln die sogenannten Junk-Mails, Werbesendungen per E-Mail, die sehr lästig werden können. Dann geht es um UseNet-Newsgroups – öffentliche Diskussionen, an denen jeder teilnehmen kann. Es gibt unzählige dieser Newsgroups über jedes nur erdenkliche Thema. Sie erfahren nicht nur, wie solche Newsgroups funktionieren, sondern auch, wie Sie deren rätselhafte Namen entschlüsseln können, um sie zu verstehen.

Ein Kapitel widmet sich dem Internet Relay Chat, kurz IRC genannt. IRC ist eine Anwendung, die es Internet-Nutzern erlaubt, miteinander zu „plaudern". Die Kommunikation erfolgt über die Tastatur, und Menschen in aller Welt können Ihre Nachrichten sofort lesen und Ihnen antworten.

Im letzten Kapitel geht es dann um die raffinierte Möglichkeit, das Internet als Telefon zu benutzen. Heute können Sie – vorausgesetzt, Sie besitzen die entsprechende Soft- und Hardware – weltweit über das Internet telefonieren, ohne dabei für Ferngespräche bezahlen zu müssen.

KAPITEL
12

So funktioniert E-Mail

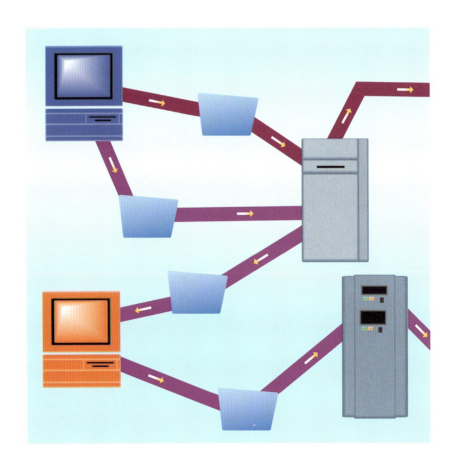

ELEKTRONISCHE Post, kurz E-Mail genannt, ist eine der am meisten genutzten Funktionen des Internet.

Sie können Nachrichten an jeden verschicken, der einen Internet-Anschluß besitzt oder über ein Computer-Netzwerk an das Internet angeschlossen ist. Jeden Tag verschicken und empfangen Millionen von Menschen elektronische Post. E-Mail ist ein tolles Verfahren, um mit entfernten Bekannten, Freunden und Geschäftspartnern zu kommunizieren und in Kontakt zu bleiben.

E-Mails werden im Prinzip genauso weitergeleitet wie andere Daten im Internet. Das TCP-Protokoll teilt die Nachricht in einzelne Pakete auf, das IP-Protokoll liefert die Pakete an die richtige Adresse, und TCP setzt die Pakete wieder richtig zusammen, so daß die Nachricht vom Empfänger gelesen werden kann.

Auch binäre Daten wie Grafiken, Video- und Sounddateien können an die Mitteilungen angehängt werden. Da das Internet keine binären Dateien per E-Mail versenden kann, muß das Format vorher in eine Textdatei übersetzt werden. Gängige Programme dafür sind MIME und UUEncode. Die Person, die die angehängte Binärdatei (Attachment) empfängt, muß diese verschlüsselten Daten genauso wieder entpacken. Viele E-Mail-Clients machen das automatisch.

Wenn Sie eine Nachricht an jemanden verschicken, hat diese bis zum Empfangsort einen langen Weg über verschiedene Netzwerke hinter sich, die vielleicht unterschiedliche E-Mail-Formate benutzen. Gateways vermitteln zwischen diesen Formaten und ermöglichen eine Übermittlung der Nachricht auch an andere Systeme.

Wenn Sie ein E-Mail-Programm besitzen, können Sie sich auch einer der zahlreichen Mailing-Listen im Internet anschließen. Eine Mailing-Liste verbindet Menschen, die sich für ein bestimmtes Thema interessieren – z.B. japanische Zeichentrickfilme oder Gartenarbeit. Wenn jemand eine Nachricht an die Mailing-Liste schickt, wird diese automatisch an jeden in der Gruppe weitergeleitet. Sie können sich so miteinander über Ihre gemeinsamen Interessen und Hobbys unterhalten und austauschen. Um sich in eine solche Mailing-Liste aufnehmen zu lassen, müssen Sie eine E-Mail an den Administrator der Liste schicken und Ihre elektronische Postadresse hinterlassen. Auf die gleiche Weise können Sie sich auch wieder von der Liste streichen lassen.

Es gibt moderierte und unmoderierte Listen. Bei einer moderierten Liste kontrolliert der Moderator die eingehende Post und vernichtet doppelte oder nicht zum Thema passende Nachrichten. Auf einer unmoderierten Liste wird jede Nachricht automatisch an alle Listenmitglieder weitergeleitet, egal welchen Inhalt die Nachricht hat.

Viele dieser Listen werden nicht von Personen, sondern von einem Computer verwaltet. Dieser Computer, List-Server genannt, liest Ihre Anfrage und setzt Sie auf die Liste. Bei diesem Verwaltungsprogramm müssen Sie sich sehr präzise ausdrücken, da der Computer nur bestimmte Schlüsselwörter erkennt. Achten Sie genau auf die Anweisungen, wenn Sie sich auf eine Mailing-Liste setzen lassen möchten.

Aufbau einer E-Mail

1 Eine E-Mail-Nachricht besteht aus Daten, die meist im ASCII-Zeichencode vorliegen. ASCII oder Textmodus ist ein Standard, den jeder Computer versteht, egal welche Software oder welches System angewendet wird. Der ASCII-Code arbeitet mit dem Zeichensatz, den Sie auf Ihrem Bildschirm sehen.

2 Sie können auch Binärdateien wie Bilder, ausführbare Programme, Sound und Videos an eine E-Mail anhängen. In diesem Fall muß die Datei umgewandelt werden, damit sie korrekt durch das Internet geschickt werden kann. Der Empfänger am anderen Ende muß die Nachricht decodieren können. Für diesen Zweck gibt es diverse Hilfsprogramme. Bei vielen E-Mail-Programmen erfolgt diese Umwandlung automatisch.

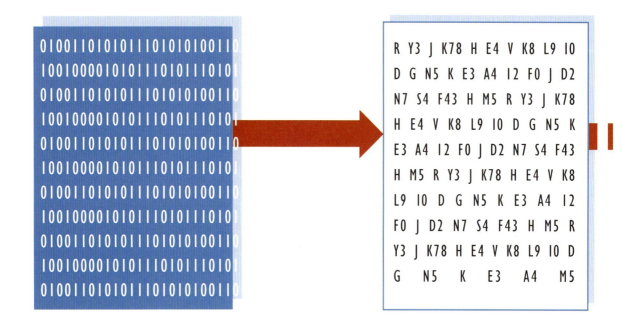

3 In die Adreßzeile fügen Sie die E-Mail-Adresse der Person ein, der Sie eine Nachricht schicken möchten. Diese Adresse müssen Sie absolut korrekt eintragen. Schon ein einziger Fehler in der Schreibweise verhindert, daß Ihre Nachricht bei dem gewünschten Empfänger ankommt.

4 Ihre E-Mail-Adresse erscheint in der Absenderzeile. Der Empfänger Ihrer Nachricht kann Ihnen dadurch antworten.

An: jenswirth@zdnet.com
Von: gwilhelm@camb.com
Betreff: Fussball naechste Woche

5 In die Betreffzeile schreiben Sie eine kurze Zusammenfassung oder den Grund Ihrer Nachricht.

Jens, das Fußballspiel beginnt naechsten Samstag um 13 Uhr. Denk diesmal an Deine Fussballschuhe. Falls Du mich noch sprechen moechtest, schick mir eine E-Mail.

„Ein großer Mann zeichnet sich durch seine Freunde aus und nicht durch seinen Besitz"
– Gabi

6 An das Ende einer Nachricht können Sie eine Art von „Unterschrift" setzen. Manche E-Mail-Programme setzen diese elektronische Unterschrift automatisch an das Ende jeder Nachricht. Sie ist kein notwendiger Bestandteil einer E-Mail und kann nach Belieben dazugesetzt werden, wobei eine Länge von fünf Zeilen nicht überschritten werden sollte.

072105 032175 097116 101894 342714 656184 120867 122448 075431 667123 090011 124143

So funktioniert E-Mail

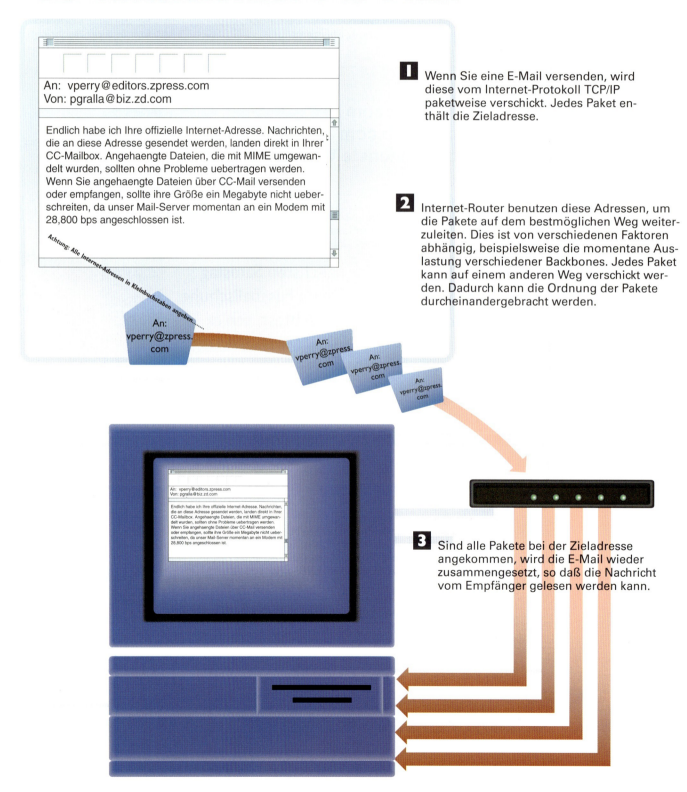

An: vperry@editors.zpress.com
Von: pgralla@biz.zd.com

Endlich habe ich Ihre offizielle Internet-Adresse. Nachrichten, die an diese Adresse gesendet werden, landen direkt in Ihrer CC-Mailbox. Angehaengte Dateien, die mit MIME umgewandelt wurden, sollten ohne Probleme uebertragen werden. Wenn Sie angehaengte Dateien über CC-Mail versenden oder empfangen, sollte ihre Größe ein Megabyte nicht ueberschreiten, da unser Mail-Server momentan an ein Modem mit 28,800 bps angeschlossen ist.

Achtung: Alle Internet-Adressen in Kleinbuchstaben angeben.

An: vperry@zpress.com

1 Wenn Sie eine E-Mail versenden, wird diese vom Internet-Protokoll TCP/IP paketweise verschickt. Jedes Paket enthält die Zieladresse.

2 Internet-Router benutzen diese Adressen, um die Pakete auf dem bestmöglichen Weg weiterzuleiten. Dies ist von verschiedenen Faktoren abhängig, beispielsweise die momentane Auslastung verschiedener Backbones. Jedes Paket kann auf einem anderen Weg verschickt werden. Dadurch kann die Ordnung der Pakete durcheinandergebracht werden.

3 Sind alle Pakete bei der Zieladresse angekommen, wird die E-Mail wieder zusammengesetzt, so daß die Nachricht vom Empfänger gelesen werden kann.

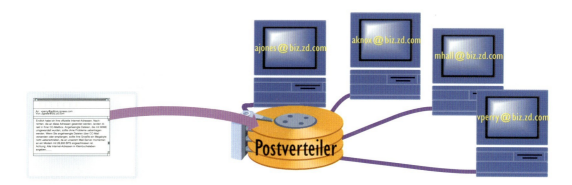

4 Mit Hilfe einer Mailing-Liste können Sie eine einzelne Nachricht an eine Gruppe von Benutzern schicken. Ein Postverteilungsprogramm leitet die Post zu den Mitgliedern der Mailing-Liste weiter. Eine andere Art von Mailing-Liste wird als List-Server bezeichnet. Auf diese Listen können Sie sich setzen lassen, indem Sie Ihre E-Mail-Adresse hinterlassen. Sie erhalten dann jede Nachricht, die an diese spezielle Liste gesendet wird. Bei wieder anderen Listen hat nur eine einzige Person das Recht, Nachrichten zu senden, während andere nur Empfänger sind. Elektronische Newsletter werden auf diese Weise verteilt.

5 Auf viele Internet-Ressourcen, beispielsweise FTP-Server, kann mittels E-Mail zugegriffen werden. Dies erfolgt zwar langsamer als durch direkten Zugriff, ist aber hilfreich, wenn Sie keine direkte Verbindung zum Internet haben.

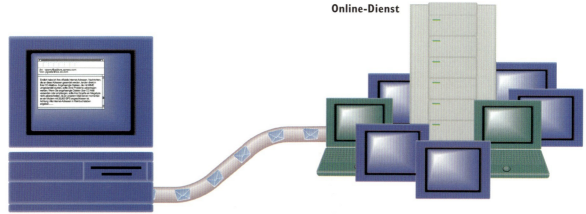

6 Im Internet können E-Mails zwischen allen großen Online-Diensten, Schwarzen Brettern (computer bulletin boards) und anderen Netzwerken ausgetauscht werden. Vom Internet können Sie E-Mails an jedes dieser Netzwerke verschicken und von diesen wiederum zum Internet. Wenn Nachrichten zwischen diesen Netzwerken ausgetauscht werden, dient das Internet oftmals als Transportmedium.

So funktioniert E-Mail-Software

1 Wenn das Internet Post in Ihrem elektronischen Briefkasten ablegt, brauchen Sie eine Methode, um die Post zu lesen, sie zu beantworten und neue Nachrichten zu verfassen. Um dies zu tun, benutzen Sie eine spezielle E-Mail-Software, auch Mailer oder Reader genannt.

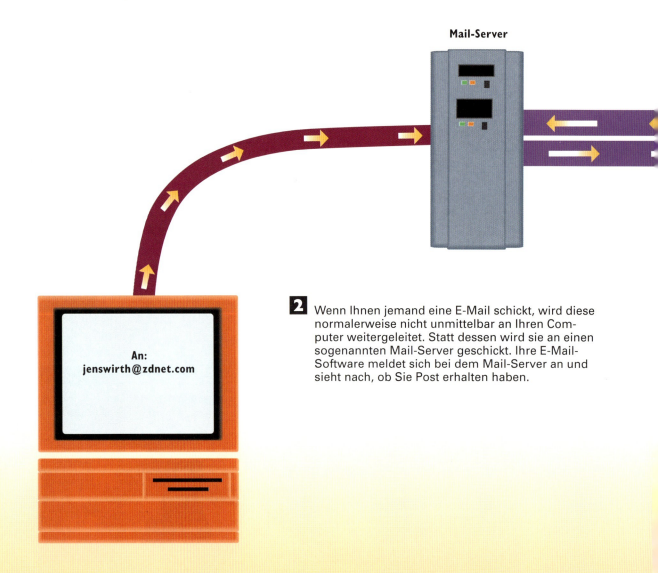

Mail-Server

An:
jenswirth@zdnet.com

2 Wenn Ihnen jemand eine E-Mail schickt, wird diese normalerweise nicht unmittelbar an Ihren Computer weitergeleitet. Statt dessen wird sie an einen sogenannten Mail-Server geschickt. Ihre E-Mail-Software meldet sich bei dem Mail-Server an und sieht nach, ob Sie Post erhalten haben.

3 Wenn neue Nachrichten vorliegen, bekommen Sie eine
entsprechende Liste ange-
zeigt, nachdem Sie sich beim
Server angemeldet haben.
Jeder Eintrag dieser Liste enthält im allgemeinen den
Namen des Absenders, den
Gegenstand der Nachricht
sowie das Sendedatum.

Sender			Subject	Date ▽
News Flash	•	•	Re: Access to newsgroups f...	12/27/95 16:28 PM
Bill Jones	•	•	Re: WebWatch.	1/3/96 19:49 PM
Mary Peterson	•	•	tt#8522p Mail Server Upgra...	1/6/96 13:15 PM
Mary Peterson	•	•	FAQ: Club Member Discoun...	1/9/96 20:32 PM
Domain Names	•	•	Re: [ID-951226.578] Infor...	1/16/96 13:59 PM
info@book.com	•	•	Re: Information for book "H...	1/16/96 15:11 PM
Dave Martin	•	•	Re: [ID-951226.578] Infor...	1/17/96 19:50 PM

Habe ich Post?

Hier ist sie.

Postordner

- 📁 Eingang
- 📁 Müll
- 📁 Familie
- 📁 Post von Freunden
- 📁 Geschäftliche Post
- 📁 Ausgang

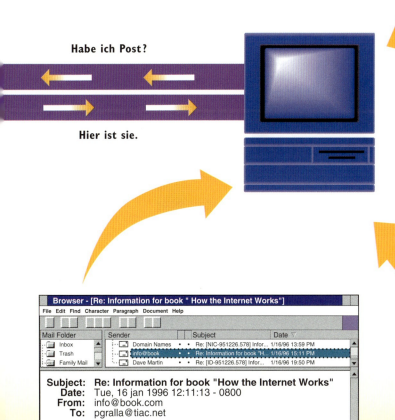

Browser - [Re: Information for book " How the Internet Works"]

File Edit Find Character Paragraph Document Help

Mail Folder	Sender			Subject	Date ▽
Inbox	Domain Names	•	•	Re: [NIC-951226.578] Infor...	1/16/96 13:59 PM
Trash	info@book	•	•	Re: Information for book "H...	1/16/96 15:11 PM
Family Mail	Dave Martin	•	•	Re: [ID-951226.578] Infor...	1/16/96 19:50 PM

Subject: **Re: Information for book "How the Internet Works"**
Date: Tue, 16 jan 1996 12:11:13 - 0800
From: info@book.com
To: pgralla@tiac.net

References: 1

Vielen Dank für Ihre letzte E-Mail. Aufgrund der zahlreichen Anfragen wurde die Nachricht automatisch von unserem Server
erstellt. Wir freuen uns schon auf Ihr Buch.

5 Die E-Mail-Software
erlaubt es Ihnen,
Ordner zur Postab-
lage einzurichten, die
Nachrichten zu durch-
suchen, ein Adreß-
buch anzulegen,
Mailing-Listen einzu-
richten sowie eine
elektronische Unter-
schrift zu verwenden.

4 Mit der E-Mail-Software können Sie sich Nachrichten vom
Server auf den eigenen Computer holen. Anschließend können Sie die Nachricht lesen, speichern, löschen oder beantworten.

Wie eine Mailing-Liste funktioniert

Mailing-Listen geben einer Gruppe von Leuten die Möglichkeit, öffentliche Diskussionen per E-Mail zu führen. Wenn Sie sich einer Mailing-Liste anschließen, kann jede Nachricht, die Sie an diese Liste schicken, von jedem auf der Liste gelesen werden.

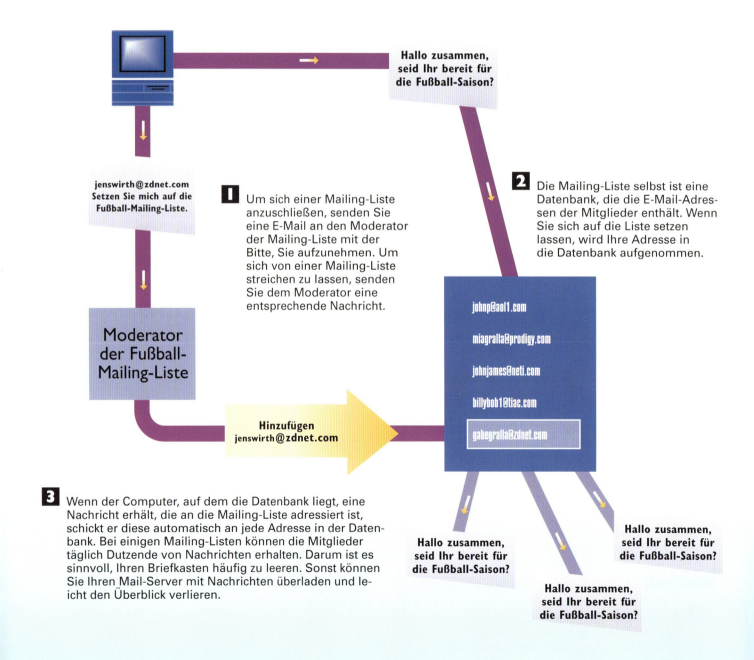

Hallo zusammen, seid Ihr bereit für die Fußball-Saison?

**jenswirth@zdnet.com
Setzen Sie mich auf die Fußball-Mailing-Liste.**

1 Um sich einer Mailing-Liste anzuschließen, senden Sie eine E-Mail an den Moderator der Mailing-Liste mit der Bitte, Sie aufzunehmen. Um sich von einer Mailing-Liste streichen zu lassen, senden Sie dem Moderator eine entsprechende Nachricht.

2 Die Mailing-Liste selbst ist eine Datenbank, die die E-Mail-Adressen der Mitglieder enthält. Wenn Sie sich auf die Liste setzen lassen, wird Ihre Adresse in die Datenbank aufgenommen.

Moderator der Fußball-Mailing-Liste

johnp@aol1.com

miagralla@prodigy.com

johnjames@neti.com

billybob1@tiac.com

gabegralla@zdnet.com

**Hinzufügen
jenswirth@zdnet.com**

3 Wenn der Computer, auf dem die Datenbank liegt, eine Nachricht erhält, die an die Mailing-Liste adressiert ist, schickt er diese automatisch an jede Adresse in der Datenbank. Bei einigen Mailing-Listen können die Mitglieder täglich Dutzende von Nachrichten erhalten. Darum ist es sinnvoll, Ihren Briefkasten häufig zu leeren. Sonst können Sie Ihren Mail-Server mit Nachrichten überladen und leicht den Überblick verlieren.

Hallo zusammen, seid Ihr bereit für die Fußball-Saison?

Hallo zusammen, seid Ihr bereit für die Fußball-Saison?

Hallo zusammen, seid Ihr bereit für die Fußball-Saison?

So werden E-Mails zwischen Netzwerken verschickt

E-Mails können auf dem Internet problemlos zwischen verschiedenen Netzwerken oder Online-Diensten wie T-Online und America Online verschickt werden. In diesem Abschnitt werden alle Schritte beschrieben, die eine Nachricht auf ihrem Weg von einem Netzwerk zu einem anderen durchläuft.

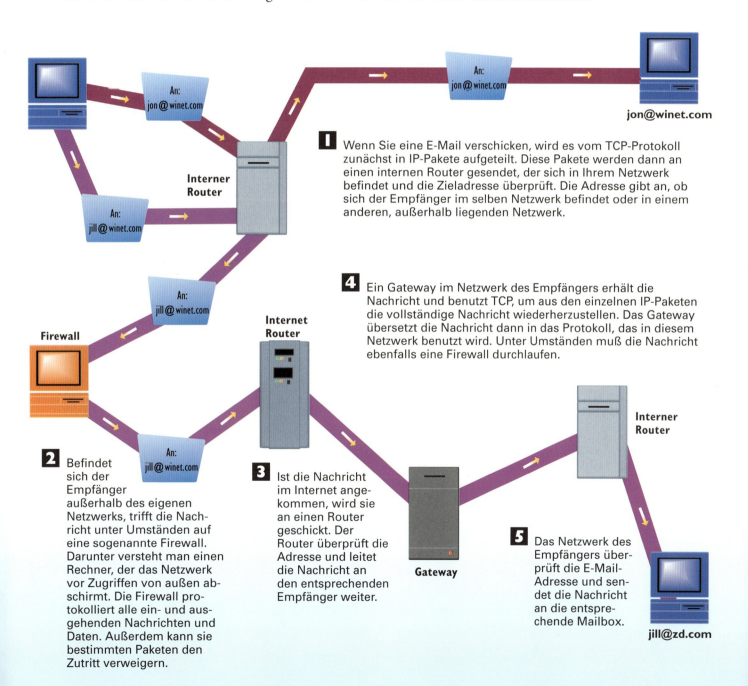

1 Wenn Sie eine E-Mail verschicken, wird es vom TCP-Protokoll zunächst in IP-Pakete aufgeteilt. Diese Pakete werden dann an einen internen Router gesendet, der sich in Ihrem Netzwerk befindet und die Zieladresse überprüft. Die Adresse gibt an, ob sich der Empfänger im selben Netzwerk befindet oder in einem anderen, außerhalb liegenden Netzwerk.

4 Ein Gateway im Netzwerk des Empfängers erhält die Nachricht und benutzt TCP, um aus den einzelnen IP-Paketen die vollständige Nachricht wiederherzustellen. Das Gateway übersetzt die Nachricht dann in das Protokoll, das in diesem Netzwerk benutzt wird. Unter Umständen muß die Nachricht ebenfalls eine Firewall durchlaufen.

2 Befindet sich der Empfänger außerhalb des eigenen Netzwerks, trifft die Nachricht unter Umständen auf eine sogenannte Firewall. Darunter versteht man einen Rechner, der das Netzwerk vor Zugriffen von außen abschirmt. Die Firewall protokolliert alle ein- und ausgehenden Nachrichten und Daten. Außerdem kann sie bestimmten Paketen den Zutritt verweigern.

3 Ist die Nachricht im Internet angekommen, wird sie an einen Router geschickt. Der Router überprüft die Adresse und leitet die Nachricht an den entsprechenden Empfänger weiter.

5 Das Netzwerk des Empfängers überprüft die E-Mail-Adresse und sendet die Nachricht an die entsprechende Mailbox.

K A P I T E L

13

Werbe-Mails und was man dagegen tun kann

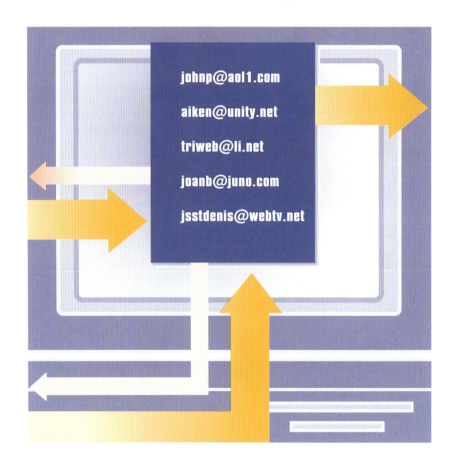

EINES der umstrittensten Themen, das in den vergangenen Jahren im Internet aufgetreten ist, ist das Problem der Werbe-E-Mails. Das wird von Internet-Benutzern im allgemeinen als „Spamming" bezeichnet. Spam ist unangeforderte E-Mail, die von kommerziellen Firmen versendet wird, um für den Kauf ihrer Produkte oder Dienste zu werben. Mitunter enthält sie die Einladung, die Site der Firma aufzusuchen. Die E-Mail enthält in der Regel eine Telefonnummer, eine Zahlungsadresse oder die Adresse einer Website, von der aus die jeweiligen Produkte und Dienste bestellt werden können. Solche Nachrichten werden auch als Junk-E-Mail bezeichnet.

Die Bezeichnung Spam stammt ursprünglich von einem Monty Python-Sketch, bei dem mit jedem Gericht Spam-Frühstücksfleisch serviert wurde. Ursprünglich wurde der Begriff für unerwünschte Werbemails zum Kauf von kommerziellen Produkten oder Dienstleistungen im UseNet verwendet, insbesondere wenn diese Sendungen querbeet an mehrere Newsgruppen gesendet wurden. Spamming erscheint vielleicht als relativ kleines Ärgernis, aber die Wahrheit ist, daß es zu großen Problemen führen kann. Spamming überschwemmt das Internet mit unangeforderter Mail, was zu verzögerter Mail-Zustellung führen kann. Diese verstopft dann die Internet-Verbindungen und verlangsamt das Senden anderer Daten. Spamming bedeutet Zeitverschwendung für diejenigen, die ihre elektronischen Briefkästen durchsuchen müssen, um die unangeforderte Mail zu löschen, insbesondere wenn sie für den E-Mail-Dienst auf Stundenbasis zahlen. Außerdem kommt es sehr häufig vor, daß Spam-Versender ihre wirkliche E-Mail-Adresse verborgen halten und statt dessen die Namen anderer auf dem Absender- und Empfängerheader einer E-Mail-Nachricht angeben. Diejenigen, deren Namen fälschlicherweise angegeben werden, sind dann Zielscheibe verärgerter Mails. Diese Vorgehensweise erschwert es dem Webmaster oder Mailverwaltungssystem, Spam-Nachrichten anhand von Absenderadresse oder Domänennamen herauszufiltern. Manchmal verwenden Spam-Versender sogar die Server anderer, um ihre Massenmails zu versenden, und zwingen damit anderen die Kosten der Spam-Mailzustellung auf.

In gewisser Hinsicht unterscheidet sich Spam nicht sehr von der traditionellen Junk-Mail. Ähnlich wie Junk-Mail-Versender Adressen kaufen oder sammeln, erwerben auch Spam-Versender sehr umfangreiche E-Mail-Adressenlisten oder erstellen sie selbst. Der Spam-Versender verwendet dann eine spezielle Software, um einen Aufruf an jede Person dieser Liste zu senden – es ist nicht ungewöhnlich, wenn eine einzige Spam-Mailsendung Zehntausende von E-Mails enthält.

So wird Spam-
E-Mail versendet

 Spam steht für unangeforderte E-Mail, die Sie meist von kommerziellen Firmen erhalten, die für Produkte und Dienstleistungen werben. Spam wird als elektronische Massensendung meist an Listen mit mehr als 10.000 Personen versendet. Das Versenden ist kostengünstig, und darum hat Spamming im Internet explosionsartig zugenommen, und es ist durchaus üblich, daß eine Person einige Dutzend solcher Nachrichten an einem einzigen Tag erhält. Spamming ist zu einem großen Ärgernis geworden, und es gibt viele Rufe nach einem vollständigen Verbot.

05/21	CONTINENTAL.COM	URGENT MESSAGE	
05/21	Cf@mailaol.co	Classmeister 5.0 + Special Offer (com/msg)	
05/21	OIL.PATCH.MARKET	E-MAIL LIST FOR SALE GETS RESULTS QUICKLY	
05/22	4063986@us.net	~~~ Cable Television Descrambler - Easy To Make !!!	
05/22	seanpage@infocom	Business Offer!!!	
05/25	TheCreditMan@big	You Are Guaranteed Credit!	
05/25	Jill the coy one	4 Million Email Addresses For Sale	
05/26	dospub@www.usa.c	publish at home	
05/27	Unknown@unknown	This is awesome!	
05/27	56369130@swbell.	WANT REVENGE - Get It Right Here - FREE SAMPLES !!!	
05/28	To Embrace	A Surprise Birthday Party And Gift For YOU :-)))))	
05/29	kat @hol.gr	adults only	
05/29	connect@internet	Qualify For Survey Sweepstakes Win $25!	

Massen-E-Mail-Liste

2 Um eine unangeforderte Massen-E-Mail zu versenden, benötigt der Spam-Versender zunächst eine Liste mit E-Mail-Adressen. Oft erwerben Spam-Versender diese Listen von Firmen, die solche Listen erstellen. Diese Firmen sammeln E-Mail-Adressen unter Verwendung von automatisierter Robotersoftware. Die Roboter erstellen die Listen aus vielen Quellen. Sie greifen zum Beispiel auf UseNet-Newsgruppen zu und sammeln die E-Mail-Adressen, indem sie sämtliche Nachrichten einsehen, die in der Regel die E-Mail-Adresse des Absenders enthalten.

Usenet Newsgroups

Abrufen von E-Mail-Adressen

Hinzu-
fügen: aiken@unity.net
         triweb@li.net

johnp @ aol1.com

aiken @ unity.net

triweb @ li.net

joanb @ juno.com

jsstdenis @ webtv.net

3 E-Mail-Adressen können auch in Websites, die dem Benutzer E-Mail-Adressen anderer Benutzer zur Verfügung stellen, von E-Mail-Verzeichnissen gesammelt werden. Die Robotersoftware kann in das Verzeichnis gehen und jede Adresse des Verzeichnisses herausgreifen. Roboter können auch in Chat-Bereiche, wie den AOL-Chat-Bereich, gehen und dort E-Mail-Adressen sammeln.

Abrufen von E-Mail-Adressen

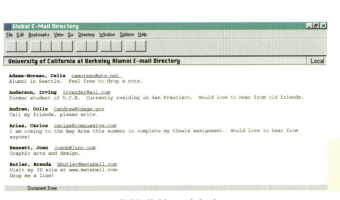

E-Mail-Verzeichnis

Hinzu-
fügen: aiken@unity.net
         triweb@li.net

4 Der Spam-Versender erwirbt die erstellte E-Mail-Liste entweder käuflich oder erstellt selbst eine solche Liste. Mit Hilfe der Liste und unter Verwendung von Massen-Mailing-Software leitet er die Spam-Nachricht dann an jede Adresse der Liste weiter. Die Nachricht kann Angaben wie Antwortadresse, Website oder Telefonnummer enthalten, wo der Empfänger weitere Informationen über die angebotenen Produkte und Dienstleistungen abrufen kann.

5 Einige Spam-Versender fügen in ihre E-Mail eine Antwortadresse für diejenigen ein, die ihre Adresse aus der Spam-Liste entfernt haben wollen. Wird die Nachricht mit der Bitte um Entfernen aus der Liste empfangen, nimmt der Roboter die Adresse des jeweiligen Benutzers aus der Liste. Allerdings wird diese Möglichkeit nicht von vielen Spam-Versendern angeboten, weil sicherlich die meisten sich dann von der Liste streichen ließen.

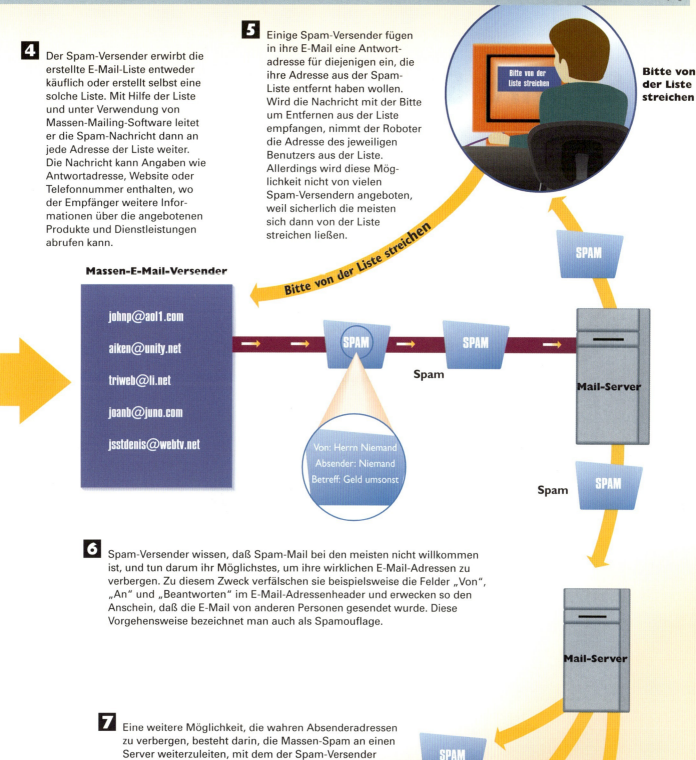

Bitte von der Liste streichen

Massen-E-Mail-Versender

johnp@aol1.com

aiken@unity.net

triweb@li.net

joanb@juno.com

jsstdenis@webtv.net

Bitte von der Liste streichen

Spam

Von: Herrn Niemand
Absender: Niemand
Betreff: Geld umsonst

Mail-Server

Spam

6 Spam-Versender wissen, daß Spam-Mail bei den meisten nicht willkommen ist, und tun darum ihr Möglichstes, um ihre wirklichen E-Mail-Adressen zu verbergen. Zu diesem Zweck verfälschen sie beispielsweise die Felder „Von", „An" und „Beantworten" im E-Mail-Adressenheader und erwecken so den Anschein, daß die E-Mail von anderen Personen gesendet wurde. Diese Vorgehensweise bezeichnet man auch als Spamouflage.

Mail-Server

7 Eine weitere Möglichkeit, die wahren Absenderadressen zu verbergen, besteht darin, die Massen-Spam an einen Server weiterzuleiten, mit dem der Spam-Versender sonst nichts zu tun hat, und sie von diesem Server aussenden zu lassen. Manchmal leiten Spam-Versender die Massen-Spam an mehrere unterschiedliche Server weiter, um die Identität des wahren Absenders noch besser zu kaschieren.

So wird Spam-E-Mail blockiert

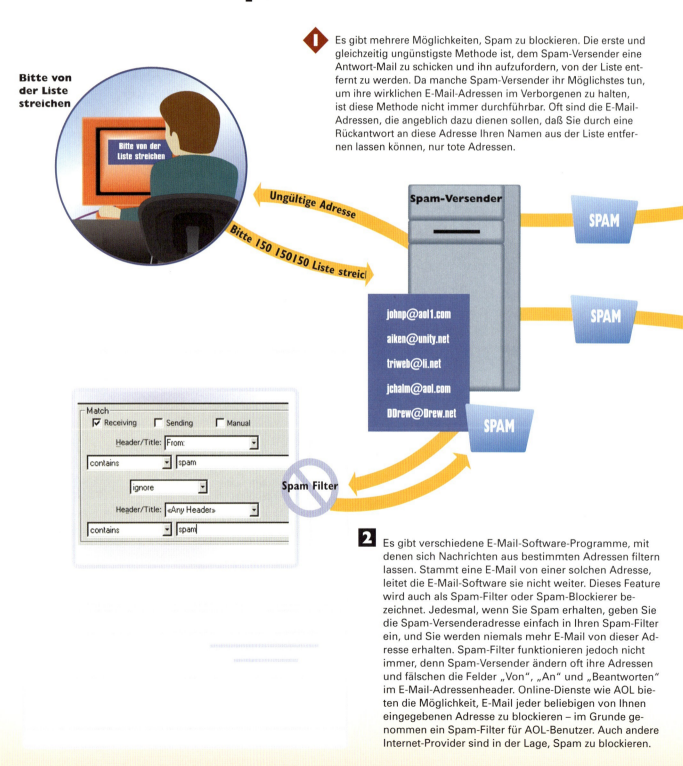

1 Es gibt mehrere Möglichkeiten, Spam zu blockieren. Die erste und gleichzeitig ungünstigste Methode ist, dem Spam-Versender eine Antwort-Mail zu schicken und ihn aufzufordern, von der Liste entfernt zu werden. Da manche Spam-Versender ihr Möglichstes tun, um ihre wirklichen E-Mail-Adressen im Verborgenen zu halten, ist diese Methode nicht immer durchführbar. Oft sind die E-Mail-Adressen, die angeblich dazu dienen sollen, daß Sie durch eine Rückantwort an diese Adresse Ihren Namen aus der Liste entfernen lassen können, nur tote Adressen.

Bitte von der Liste streichen

Bitte von der Liste streichen

Ungültige Adresse

Bitte ISO ISO ISO Liste streic

Spam-Versender

SPAM

SPAM

SPAM

johnp@aol1.com

aiken@unity.net

triweb@li.net

jchalm@aol.com

DDrew@Drew.net

Match
- ☑ Receiving   ☐ Sending   ☐ Manual

Header/Title: From:

contains | spam

ignore

Header/Title: «Any Header»

contains | spam

Spam Filter

2 Es gibt verschiedene E-Mail-Software-Programme, mit denen sich Nachrichten aus bestimmten Adressen filtern lassen. Stammt eine E-Mail von einer solchen Adresse, leitet die E-Mail-Software sie nicht weiter. Dieses Feature wird auch als Spam-Filter oder Spam-Blockierer bezeichnet. Jedesmal, wenn Sie Spam erhalten, geben Sie die Spam-Versenderadresse einfach in Ihren Spam-Filter ein, und Sie werden niemals mehr E-Mail von dieser Adresse erhalten. Spam-Filter funktionieren jedoch nicht immer, denn Spam-Versender ändern oft ihre Adressen und fälschen die Felder „Von", „An" und „Beantworten" im E-Mail-Adressenheader. Online-Dienste wie AOL bieten die Möglichkeit, E-Mail jeder beliebigen von Ihnen eingegebenen Adresse zu blockieren – im Grunde genommen ein Spam-Filter für AOL-Benutzer. Auch andere Internet-Provider sind in der Lage, Spam zu blockieren.

3 Internet-Provider und Online-Dienste wie AOL können Spam-Versender blockieren und verhindern, daß Massen-Mail an ihre Teilnehmer gesendet wird. Ein Router prüft sämtliche Mail, die an den Internet-Provider oder Online-Dienst gesendet wird. Der Router ist angewiesen, E-Mail, die von bestimmten Adressen gesendet wird, den Zugang zum Netz zu verweigern. Diese Adressen werden in einer Routing-Tabelle aufgelistet, die geändert werden kann, wenn neue Spam-Versender gefunden werden.

ISP-Router

Routing-Tabelle

Spam Filter

Abgewiesene SPAM

4 Da Spam-Versender ihre Adressen häufig wechseln, funktionieren Routing-Tabellen nicht immer. Online-Dienste und Internet-Provider sind bereits vor Gericht gegangen, um ein Verbot gegen Spam-Versender zu erwirken, E-Mail an ihre Mitglieder zu senden. Obwohl die gesetzlichen Bestimmungen nicht klar sind, hat das Gericht in den USA in vielen Fällen im Sinne der Online-Dienste und Internet-Provider entschieden und Spam-Versendern verboten, Mail über sie zu verbreiten.

5 Es gibt eine Reihe von Gesetzesvorschlägen und Plänen, um Spam zu regulieren oder zu verbieten. Ein Plan sieht vor, daß jede Spam-Nachricht ein bestimmtes Informationsdetail im Nachrichtenheader enthalten muß, das die Nachricht als unangeforderte Mail identifiziert. Dies gäbe dem Empfänger die Möglichkeit, Spamfilter einzustellen, so daß jede Spam-Nachricht blockiert werden kann, aus der dieses Informationsdetail herausgefiltert wird. Einige Gesetzesvorschläge sprachen sich für ein völliges Verbot des Spamming aus, ähnlich dem bereits erwirkten Verbot von Junk-Faxen.

SPAM

ICHBINSPAM

6 Eine Möglichkeit, sich vor Spam zu schützen, ist, dafür zu sorgen, daß Ihre E-Mail-Adresse nicht auf eine der Spam-Listen gerät. Auch sollten Sie E-Mail-Verzeichnissen mitteilen, daß Sie von ihren Listen gestrichen werden wollen. Dadurch verhindern Sie, daß Ihre E-Mail-Adresse von Robotern gesammelt wird, und Sie erhalten in Zukunft weniger Spam.

Usenet

Von: Kein Header

KAPITEL 14

So funktionieren UseNet-Newsgroups

USENET ist das weltweit größte elektronische Diskussionsforum. Es ermöglicht einen Nachrichtenaustausch innerhalb des gesamten Internets, so daß Menschen aus aller Welt an Diskussionen über alle erdenklichen Themen teilnehmen können. Diese Interessengemeinschaften heißen Newsgroups.

Es gibt wenigstens 20 große Hauptkategorien, die sich mit speziellen Themen beschäftigen. Dazu gehören beispielsweise Hobbythemen, die man an dem Kürzel „rec" erkennt, sowie Computerthemen („comp"). Die Hauptkategorien teilen sich in Unterkategorien auf, z.B. „rec.arts", die sich ihrerseits weiter aufgliedern (z.B. „rec.arts.books"). Einzelne Newsgroups können sich mit allen möglichen Themen beschäftigen, angefangen von Kino über Sport bis hin zum UseNet selbst. Nicht jeder Internet-Server bietet den Zugriff auf alle Newsgroups. Ein Administrator entscheidet über die Auswahl der Newsgroups. Um sich einer Newsgroup anzuschließen, brauchen Sie eine entsprechende Software, die diese Nachrichten verarbeiten kann. Es gibt Reader für den PC, Macintosh und Unix-Systeme. Online-Dienste wie T-Online und America Online benutzen eigene Programme. Ein brauchbarer Newsgroup-Reader sollte die eingehenden Artikel als Liste darstellen, die nach Themen sortiert sind (threads). So könnten z.B. in der Gruppe „rec.art.books" verschiedene Threads existieren, die sich jeweils mit einem bestimmten Buch befassen.

Bei vielen Newsgroups gibt es eine Liste von häufig gestellten Fragen (Frequently Asked Questions oder kurz FAQs). Diese FAQs beantworten allgemeine Fragen über die Newsgroup. Es ist sinnvoll, zunächst diese FAQs zu lesen, bevor Fragen an die Newsgroup selbst gestellt werden.

Es gibt moderierte und unmoderierte Newsgroups. In einer moderierten Newsgroup werden alle eingehenden Nachrichten zunächst an einen Moderator geschickt, der entscheidet, ob die Nachricht in der Newsgroup veröffentlicht wird. In einer unmoderierten Newsgroup werden alle Nachrichten automatisch an die gesamte Gruppe verschickt.

Veröffentlichte Nachrichten werden von UseNet-Servern an alle Sites verteilt, die den Zugriff auf die betreffende Newsgroup gestatten. Normalerweise werden immer nur die neuesten Nachrichten angezeigt, da die Speicherkapazität im allgemeinen begrenzt ist. Ältere Beiträge werden bisweilen archiviert. Um sich die Nachrichten einer Sie interessierenden Newsgroup zugänglich zu machen, lassen Sie sich am besten auf deren Liste setzen. Auf diese Weise werden neue Nachrichten Ihrer Newsgroup direkt an Sie weitergeleitet, sobald Sie auf Ihren UseNet-Server zugreifen. Sie können die Beiträge einer Newsgroup auch lesen, ohne auf der entsprechenden Liste zu stehen. Dann werden neue Nachrichten allerdings nicht automatisch an Sie weitergeleitet, sondern Sie müssen die jeweilige Newsgroup selbst nach neuen Nachrichten durchsuchen.

Binärdateien wie Bilder und Multimedia-Dateien können in Newsgroups veröffentlicht werden, sind aber manchmal auch nicht so gerne gesehen. Solche Dateien müssen auf spezielle Weise kodiert werden. Um sich diese Dateien anzuschauen, müssen Sie sie auf Ihren Rechner transferieren und dann mit einer Software dekodieren.

So funktioniert UseNet

1 UseNet ist ein globales Schwarzes Brett und zugleich ein Diskussionsforum. Es stellt Nachrichten aus vielen verschiedenen Bereichen in Form von Newsgroups zur Verfügung – freie Diskussionsrunden, an denen jeder teilnehmen kann. Newsgroups existieren auf vielen Servern im Internet. Es gibt Tausende von Newsgroups über jedes nur erdenkliche Thema.

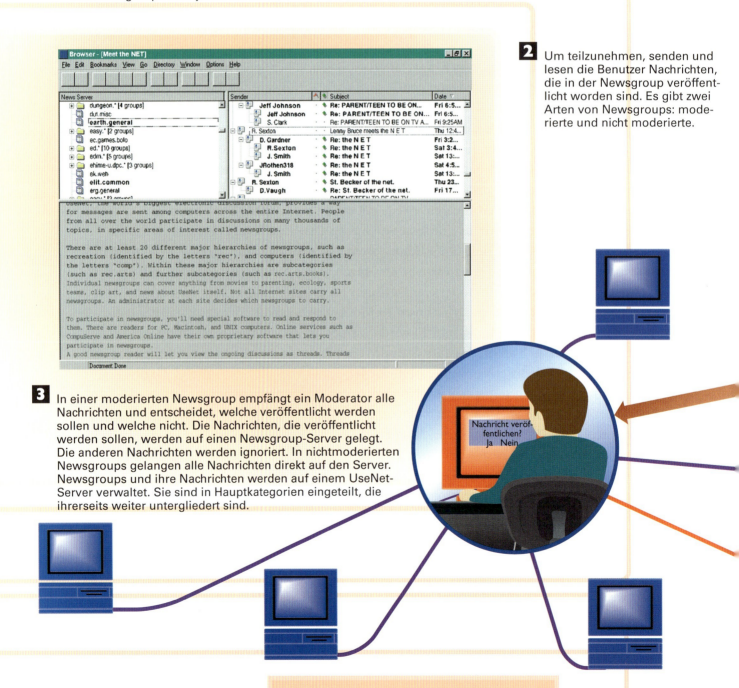

2 Um teilzunehmen, senden und lesen die Benutzer Nachrichten, die in der Newsgroup veröffentlicht worden sind. Es gibt zwei Arten von Newsgroups: moderierte und nicht moderierte.

3 In einer moderierten Newsgroup empfängt ein Moderator alle Nachrichten und entscheidet, welche veröffentlicht werden sollen und welche nicht. Die Nachrichten, die veröffentlicht werden sollen, werden auf einen Newsgroup-Server gelegt. Die anderen Nachrichten werden ignoriert. In nichtmoderierten Newsgroups gelangen alle Nachrichten direkt auf den Server. Newsgroups und ihre Nachrichten werden auf einem UseNet-Server verwaltet. Sie sind in Hauptkategorien eingeteilt, die ihrerseits weiter untergliedert sind.

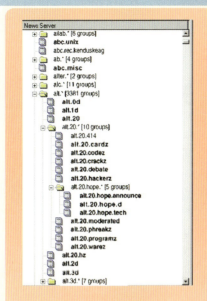

6 Die Reader-Software erlaubt es Ihnen, Nachrichten zu lesen und auf diese zu antworten. Sie gestattet Ihnen die Verwaltung Ihrer Newsgroups und ermöglicht es Ihnen, sich auf Newsgroup-Listen setzen zu lassen. Auf diese Weise erhalten Sie alle neuen Nachrichten, sobald Sie sich beim Server anmelden. Sie können sich auch wieder von der Liste streichen lassen, wenn Sie möchten.

5 Bilder, Multimedia-Dateien und sogar ausführbare Programme können in Newsgroups veröffentlicht und so anderen Menschen zur Verfügung gestellt werden. Diese Dateien müssen auf spezielle Weise kodiert werden, bevor man sie veröffentlichen kann. Um die Dateien anzusehen, abzuspielen oder sie zu benutzen, müssen Sie diese zunächst auf Ihren eigenen Computer transferieren und danach mit einer speziellen Software dekodieren. Ein weitverbreitetes Kodierschema, das in Newsgruppen Verwendung findet, heißt UUEncode. Entsprechende Programme gibt es für den PC, Macintosh und Unix-Systeme.

Sehen Sie sich dieses Bild an

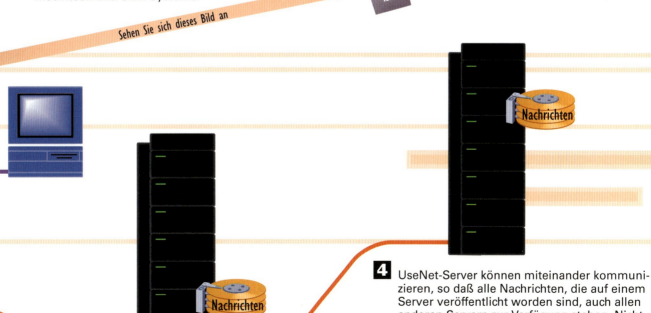

4 UseNet-Server können miteinander kommunizieren, so daß alle Nachrichten, die auf einem Server veröffentlicht worden sind, auch allen anderen Servern zur Verfügung stehen. Nicht alle Server veröffentlichen jede Newsgroup. Jede Site entscheidet individuell, welche Newsgroups sie veröffentlichen möchte.

So sind UseNet-Newsgroups aufgebaut

1 Es gibt Tausende von UseNet-Newsgroups, die hierarchisch nach Themen geordnet sind. So ist es Ihnen möglich, die für Sie interessanten Newsgroups leichter zu finden. Nicht alle Sites stellen alle Newsgroups zur Verfügung. System-Administratoren entscheiden, welche Newsgroups angeboten werden. Online-Dienste und Internet-Provider, die den Zugang zum Internet ermöglichen, gestatten meistens auch den Zugriff auf UseNet-Newsgroups.

2 In der Hierarchie von UseNet-Newsgroups erscheint zunächst die Hauptkategorie (wie „rec" für recreation), gefolgt von einer Unterkategorie (wie „rec.arts"). Die Unterkategorie kann in weitere Unterkategorien unterteilt sein (wie „rec.arts.books"). Falls notwendig, kann die Unterteilung noch weiter fortschreiten. Diese Illustration zeigt viele der wichtigsten Hauptgruppen, deckt aber nur einen kleinen Prozentsatz der existierenden Newsgroups ab. Neue Newsgroups entstehen ständig, und alte werden rausgenommen.

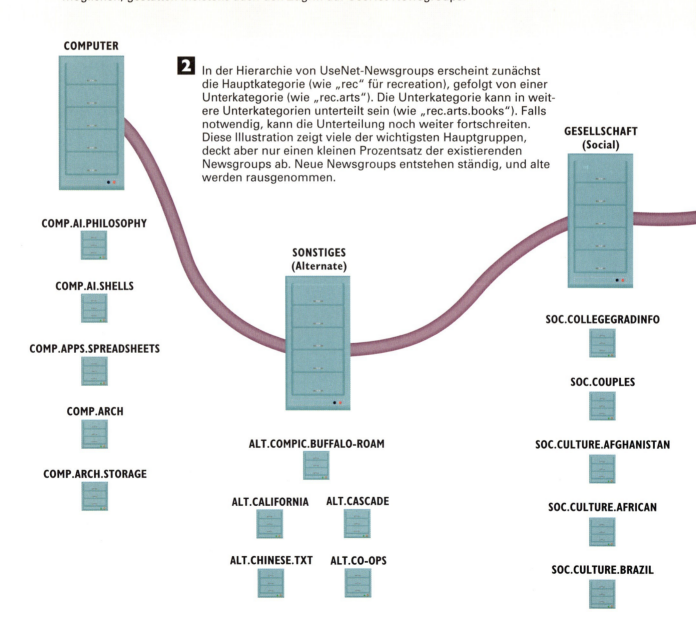

COMPUTER

COMP.AI.PHILOSOPHY

COMP.AI.SHELLS

COMP.APPS.SPREADSHEETS

COMP.ARCH

COMP.ARCH.STORAGE

SONSTIGES (Alternate)

ALT.COMPIC.BUFFALO-ROAM

ALT.CALIFORNIA

ALT.CASCADE

ALT.CHINESE.TXT

ALT.CO-OPS

GESELLSCHAFT (Social)

SOC.COLLEGEGRADINFO

SOC.COUPLES

SOC.CULTURE.AFGHANISTAN

SOC.CULTURE.AFRICAN

SOC.CULTURE.BRAZIL

3 Schon an der Bezeichnung einer Newsgroups erkennen Sie meist, welches Thema diese abdeckt. Hauptkategorien umfassen „comp" für Diskussionen rund um den Computer, „soc" für gesellschaftliche Themen, „sci" für wissenschaftliche Themen, „news" für Diskussionen über Newsgroups, „rec" für Hobbythemen und „alt" für andere Themen. So werden in der Newsgroup „rec.arts.books" beispielsweise Diskussionen über Bücher geführt.

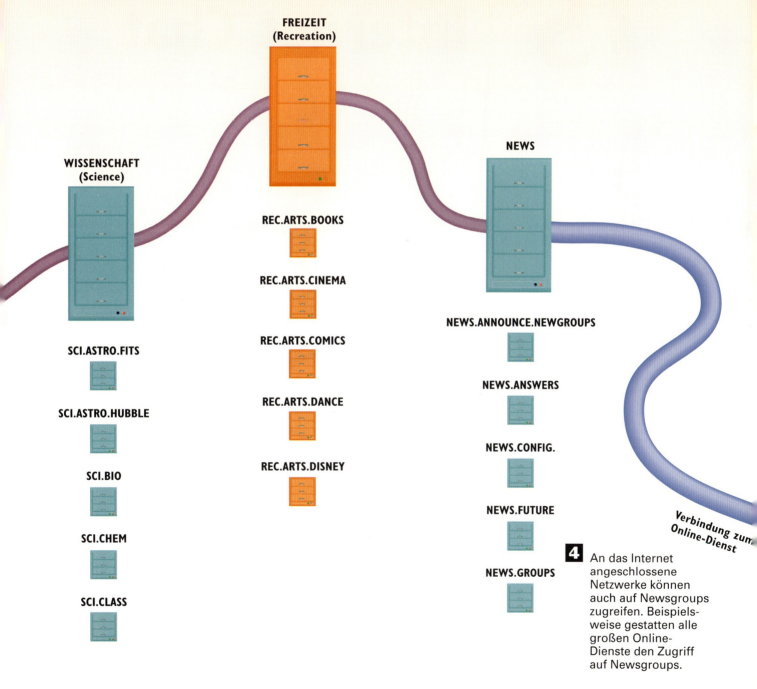

FREIZEIT
(Recreation)

NEWS

WISSENSCHAFT
(Science)

REC.ARTS.BOOKS

REC.ARTS.CINEMA

REC.ARTS.COMICS

REC.ARTS.DANCE

REC.ARTS.DISNEY

NEWS.ANNOUNCE.NEWGROUPS

NEWS.ANSWERS

NEWS.CONFIG.

NEWS.FUTURE

NEWS.GROUPS

SCI.ASTRO.FITS

SCI.ASTRO.HUBBLE

SCI.BIO

SCI.CHEM

SCI.CLASS

Verbindung zum
Online-Dienst

4 An das Internet angeschlossene Netzwerke können auch auf Newsgroups zugreifen. Beispielsweise gestatten alle großen Online-Dienste den Zugriff auf Newsgroups.

KAPITEL

15

So funktioniert Internet Chat

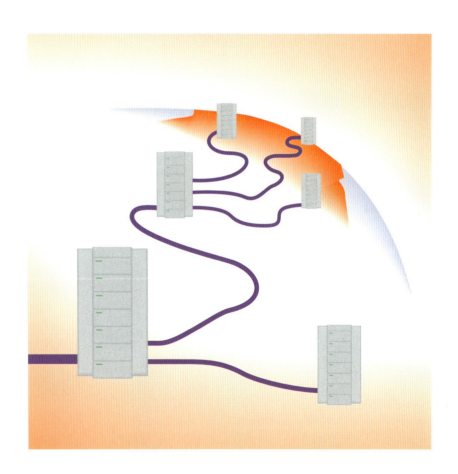

EINER der direktesten Wege der Internet-Kommunikation ist, an einem „Chat" teilzunehmen. Beim Internet Relay Chat unterhalten sich Anwender nicht wirklich miteinander und hören die Mitteilungen des anderen direkt. Statt dessen wird die Konversation über die Tastatur geführt, d.h., die Wörter, die Sie auf Ihrer Tastatur tippen, sehen andere in Echtzeit auf ihrem Bildschirm und umgekehrt. Auf diese Weise können Sie sich gleichzeitig mit verschiedenen Menschen auf der ganzen Welt unterhalten.

Es gibt verschiedene Möglichkeiten, im Internet zu chatten („plaudern"), aber die verbreitetste heißt IRC oder Internet Relay Chat. Mit IRC unterhalten sich täglich weltweit Tausende von Menschen über alle möglichen Themen. Jedes Thema findet in einem eigenen Kanal („channel") statt. Wenn Sie sich in einen Kanal einwählen, sehen Sie die Mitteilungen der anderen Teilnehmer. Im Gegenzug sehen alle anderen Teilnehmer, was Sie in Ihre Tastatur getippt haben. Sie können aber auch Privatgespräche mit bestimmten Anwendern führen.

IRC macht direkte Kommunikation auch in Krisensituationen, z.B. bei Naturkatastrophen oder im Kriegsfall, möglich. So wurden beispielsweise 1993, während des Putschversuches in Rußland, Augenzeugenberichte direkt über einen Nachrichtenkanal übertragen. Als 1993 ein Erdbeben Los Angeles erschütterte, konnten Betroffene über einen extra eingerichteten Kanal kommunizieren.

IRC basiert auf einem Client-Server-Modell, d.h., sowohl Client- als auch Server-Software werden vorausgesetzt, um IRC zu benutzen. Es gibt viele IRC-Clients für unterschiedliche Computersysteme. Sie können IRC nutzen, egal ob Sie an einem PC, Macintosh oder Unix-System arbeiten.

Ihr IRC-Client kommuniziert dabei mit einem IRC-Server im Internet. Sie wählen sich mit der Client-Software bei dem Server ein und suchen sich einen Kanal aus, über den Sie sich unterhalten möchten. Jedes Wort, das Sie eintippen, wird an den Server geschickt. Ihr Server ist Teil des globalen IRC-Server-Netzwerks, das ähnlich einer verästelten Baumstruktur die verschiedenen Server miteinander verbindet. Die Server sind dabei nicht direkt miteinander verbunden. Ihr Server sendet Ihre Nachricht an einen anderen Server, und dieser schickt sie an jene Anwender weiter, die sich in Ihrem Kanal befinden. Diese sehen Ihre Nachricht und können sie beantworten.

So funktioniert IRC

1 IRC (Internet Relay Chat) ist der Name eines Systems, das es Menschen erlaubt, sich weltweit miteinander zu unterhalten, indem sie ihre Mitteilungen über die Tastatur eingeben. Die Wörter, die Sie eintippen, erscheinen fast augenblicklich auf den Bildschirmen der anderen Teilnehmer. Im Gegenzug sehen Sie die Nachrichten, die diese eingegeben haben. Dies passiert fast in Echtzeit, d.h., Sie empfangen die Mitteilungen innerhalb weniger Sekunden, nachdem diese eingegeben wurden.

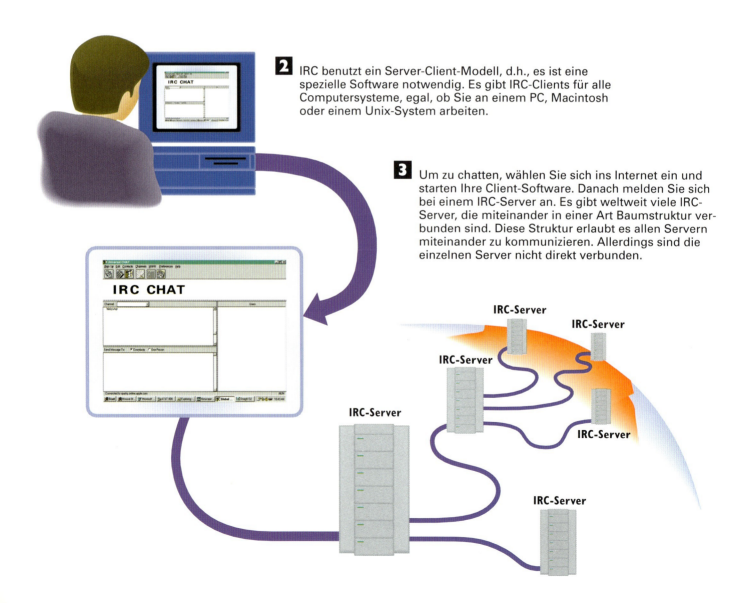

2 IRC benutzt ein Server-Client-Modell, d.h., es ist eine spezielle Software notwendig. Es gibt IRC-Clients für alle Computersysteme, egal, ob Sie an einem PC, Macintosh oder einem Unix-System arbeiten.

3 Um zu chatten, wählen Sie sich ins Internet ein und starten Ihre Client-Software. Danach melden Sie sich bei einem IRC-Server an. Es gibt weltweit viele IRC-Server, die miteinander in einer Art Baumstruktur verbunden sind. Diese Struktur erlaubt es allen Servern miteinander zu kommunizieren. Allerdings sind die einzelnen Server nicht direkt verbunden.

IRC CHAT

IRC-Server

IRC-Server

IRC-Server

IRC-Server

IRC-Server

IRC-Server

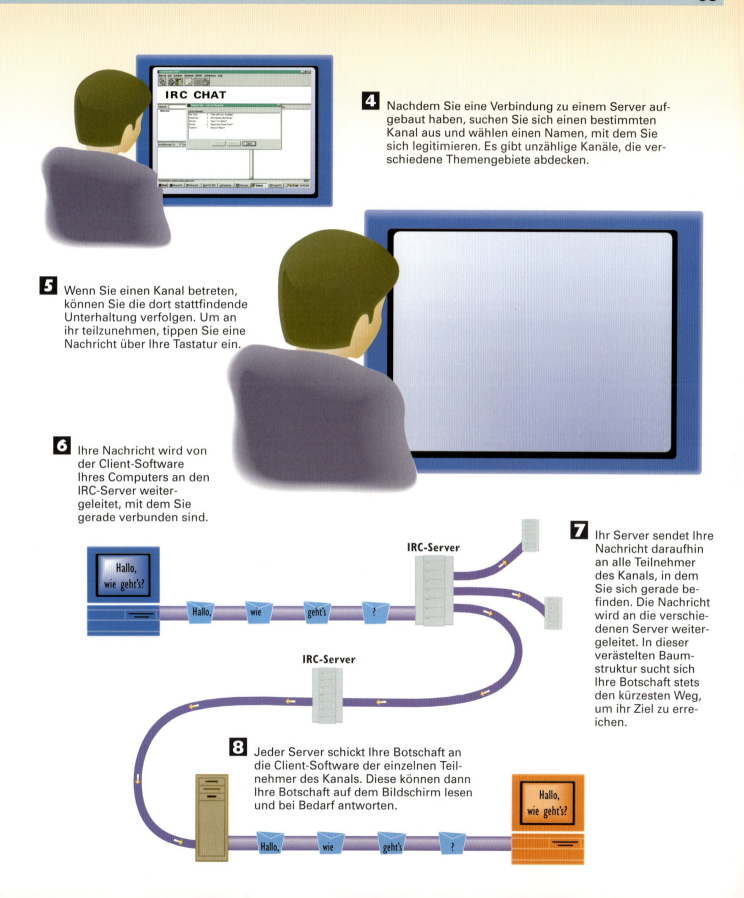

4 Nachdem Sie eine Verbindung zu einem Server aufgebaut haben, suchen Sie sich einen bestimmten Kanal aus und wählen einen Namen, mit dem Sie sich legitimieren. Es gibt unzählige Kanäle, die verschiedene Themengebiete abdecken.

5 Wenn Sie einen Kanal betreten, können Sie die dort stattfindende Unterhaltung verfolgen. Um an ihr teilzunehmen, tippen Sie eine Nachricht über Ihre Tastatur ein.

6 Ihre Nachricht wird von der Client-Software Ihres Computers an den IRC-Server weitergeleitet, mit dem Sie gerade verbunden sind.

7 Ihr Server sendet Ihre Nachricht daraufhin an alle Teilnehmer des Kanals, in dem Sie sich gerade befinden. Die Nachricht wird an die verschiedenen Server weitergeleitet. In dieser verästelten Baumstruktur sucht sich Ihre Botschaft stets den kürzesten Weg, um ihr Ziel zu erreichen.

8 Jeder Server schickt Ihre Botschaft an die Client-Software der einzelnen Teilnehmer des Kanals. Diese können dann Ihre Botschaft auf dem Bildschirm lesen und bei Bedarf antworten.

IRC-Server

IRC-Server

Hallo, wie geht's?

Hallo, wie geht's?

So funktioniert Internet Chat

Es gibt viele Möglichkeiten, Sofortnachrichten (Instant Messages) in einer privaten Eins-zu-Eins-Kommunikation im Internet zu versenden. Die verschiedenen Instant-Messaging-Systeme sind eigenständig und nicht miteinander kombinierbar. Die Abbildungen zeigen eines der beliebtesten Instant-Messaging-Systeme – den AOL Instant Messenger für das Internet. Der Yahoo! Pager funktioniert ähnlich und findet ebenfalls sehr viel Anklang.

Anmelden

1 Die Internet-Version des AOL Instant Messenger (AIM) wird als Client-Softwarekomponente auf Ihrem Computer ausgeführt. Sie können sie nur bei bestehender Internet-Verbindung verwenden. Wenn Sie die Software ausführen, wird eine TCP-Verbindung zu einem Login-Server des Instant Messenger aufgebaut. Die Software sendet Ihren Screennamen und Ihr Paßwort über die Verbindung, um Sie beim Server anzumelden.

Verbindung beenden

2 Der Server prüft den Screennamen und das Paßwort. Sind beide richtig, teilt der Login-Server der Instant Messenger-Software mit, die Verbindung mit dem Login-Server zu schließen und eine neue Verbindung zu einem anderen AIM-Server aufzubauen – zu dem Server, der Ihre Instant-Message-Sitzung handhabt. Diese Verbindung verwendet ein spezielles Kommunikationsprotokoll, das AIM-Funktionalität bietet.

4 Wenn Sie eine Verbindung mit dem AIM-Server aufbauen, sendet Ihre Client-Software eine Liste mit Ihren Buddies an den Server. Der Server prüft sie und stellt fest, ob einer der Buddies gerade online ist – er tut das, solange Sie die Software auf Ihrem Computer ausführen. Ändern Sie Ihre Buddy-Liste während der Sitzung, wird diese Information ebenfalls an den Server weitergeleitet, so daß er auch die neu eingegebenen Buddies verfolgen bzw. Buddies, die von der Liste entfernt wurden, ignorieren kann.

3 Die Instant-Messenger-Software verfügt auch über „Buddy List"-Fähigkeiten. Das heißt, Sie können eine Liste mit den Bekannten und Freunden speichern, denen Sie gerne Instant Messages senden möchten. Sind diese dann online, erhalten Sie eine Mitteilung, so daß Sie ihnen Instant Messages senden und auch solche von ihnen empfangen können. Sie erstellen eine Buddy-Liste in Ihrer AIM-Software, indem Sie die Screennamen Ihrer Bekannten der Buddy-Liste hinzufügen.

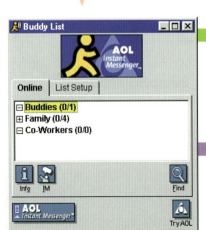

„Sind Buddies von mir online?"

Eidechse ist online

„Hallo, Mia! Hast Du Lust, daß wir uns nächste Woche mal treffen?"

Anmelde-Server

Messaging-Server

Verbindung zu Messaging-Server aufbauen

„Hallo, Mia!
Hast Du Lust, daß
wir uns nächste
Woche
mal treffen?"

„Klar. Montag
wäre mir am
liebsten. Im
Laufe der
Woche unter-
halten wir
uns noch mal,
um den Termin
festzumachen."

5 Melden sich Mitglieder
dieser Buddy-Liste, die
AIM ausführen, an, so
erhält zunächst Ihre Client-
Software die Mitteilung,
daß Sie online sind, und
anschließend erhalten
Sie die Nachricht, daß sie
online sind. Sie können
nun Nachrichten an sie
senden und Instant
Messages von ihnen
empfangen.

„Klar. Montag wäre mir
am liebsten.
Im Laufe der Woche
unterhalten wir uns
noch mal, um den
Termin festzumachen."

6 Wenn Sie eine Instant Message
senden, wird diese Nachricht an
den AIM-Server weitergeleitet.
Der AIM-Server leitet diese
Nachricht wiederum an den
jeweiligen Empfänger weiter.
Wenn Ihre Buddies Ihnen antworten, werden ihre Nachrichten
in gleicher Weise an den Server
und anschließend an Sie weitergeleitet. Die Yahoo! Pager-
Software dagegen ermöglicht
es, daß Menschen sich direkt
miteinander unterhalten, ohne
daß die Nachrichten über einen
Server weitergeleitet werden.

Nachricht weiterleiten

KAPITEL
16

So telefonieren Sie über das Internet

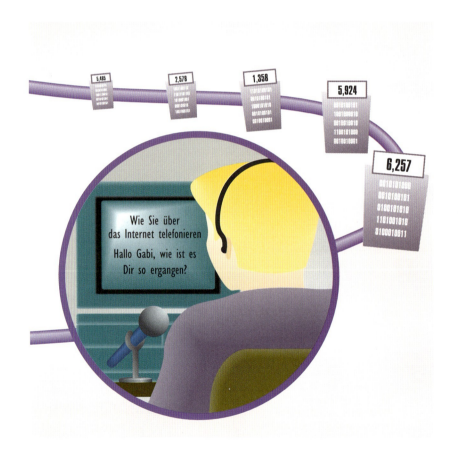

Wie Sie über
das Internet telefonieren

Hallo Gabi, wie ist es
Dir so ergangen?

DAS Internet hat viele neue Arten der Kommunikation etabliert, beispielsweise E-Mail, Live-Chat und Newsgroups. Sie können das Internet aber auch für eine „altmodische" Art der Kommunikation nutzen – zum Telefonieren. Das Revolutionäre daran ist, daß Sie für die Telefonate nicht extra bezahlen müssen. Sie zahlen nur für Ihre normale Internet-Verbindung, so als würden Sie durch das Web surfen oder E-Mails verschicken. Sie müssen also nicht gesondert für das Telefonat bezahlen und können Gespräche innerhalb der ganzen Welt führen. Es macht dabei keinen Unterschied, ob Sie einen Teilnehmer in Tokio oder jemanden in Ihrer eigenen Stadt anrufen.

Zum Telefonieren im Internet benötigten Sie bisher eine spezielle Software, die die Funktion eines Telefons ersetzt. Sie sprechen in ein Mikrofon, das an Ihrem Computer angeschlossen ist, und hören das Gesprochene über einen Lautsprecher und eine Soundkarte.

Sie können nur mit Leuten kommunizieren, die ebenfalls einen Internet-Anschluß haben und sich aktuell im Internet befinden. Darum kann die Internet-Telefonie Ihren normalen Telefonanschluß nicht vollständig ersetzen. Es gibt viele konkurrierende Software-Produkte, die es Ihnen erlauben, über das Internet zu telefonieren. Leider gibt es keinen festgelegten Standard, d.h., die unterschiedlichen Software-Produkte können nicht miteinander kommunizieren. Sie können also nur jemanden anrufen, der exakt die gleiche Software wie Sie benutzt.

Mittlerweile gibt es im Internet durch Werbung finanzierte Dienste, die es nicht mehr erforderlich machen, daß der Empfänger eines Anrufs im Internet online sein muß. Diese oft kostenlosen Dienste stellen einen Übergang vom Internet in das normale Telefonnetz einiger Länder zur Verfügung. Auf diese Weise wird es möglich, zum Ortstarif in die USA oder nach Australien zu telefonieren.

Es gibt viele verschiedene Firmen, die Software zum Telefonieren über das Internet anbeten: NetPhone von Electric Magic, WebTalk von Quarterdeck, WebPhone der Internet Telephon Company und Internet Phone von VocalTec, um nur einige zu nennen.

Obwohl sich die Produkte im einzelnen unterscheiden, funktionieren Sie doch auf ähnliche Art und Weise. Um ein Telefonat zu führen, brauchen Sie die Internet-Adresse des gewünschten Gesprächsteilnehmers. Falls Sie diese nicht kennen, sehen Sie in einem Internet-Verzeichnis nach, das in etwa einem normalen Telefonbuch entspricht.

Wenn Sie die Adresse gefunden haben, starten Sie Ihre Telefon-Software und doppelklicken auf den Namen der Person. Dann wird über das Internet geprüft, ob der gewünschte Teilnehmer derzeit im Internet aktiv ist.

Momentan ist die Anzahl der Personen, mit denen Sie im Internet telefonieren können, noch sehr gering, aber sie wird wachsen. Es lohnt sich beispielsweise bei Personen, die sowieso häufig miteinander telefonieren, innerhalb von Familien, Freunden oder einem Kreis von Kollegen. Diese können sich auf eine Software einigen und gegebenenfalls dadurch Geld sparen.

So führt man Telefongespräche über das Internet

Es gibt verschiedene Software-Programme, die Ihnen das Telefonieren über das Internet ermöglichen. Diese Seite beschreibt, wie man mit der Software WebTalk von Quarterdeck telefoniert.

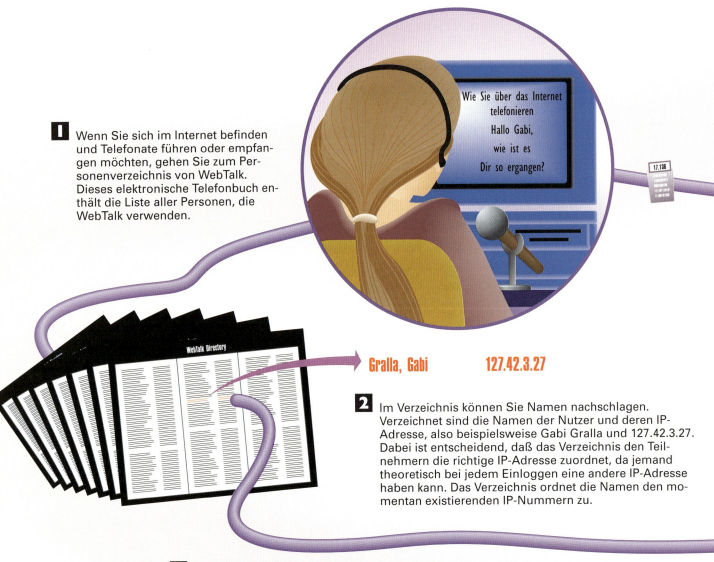

1 Wenn Sie sich im Internet befinden und Telefonate führen oder empfangen möchten, gehen Sie zum Personenverzeichnis von WebTalk. Dieses elektronische Telefonbuch enthält die Liste aller Personen, die WebTalk verwenden.

Wie Sie über das Internet telefonieren

Hallo Gabi, wie ist es Dir so ergangen?

WebTalk Directory

Gralla, Gabi   **127.42.3.27**

2 Im Verzeichnis können Sie Namen nachschlagen. Verzeichnet sind die Namen der Nutzer und deren IP-Adresse, also beispielsweise Gabi Gralla und 127.42.3.27. Dabei ist entscheidend, daß das Verzeichnis den Teilnehmern die richtige IP-Adresse zuordnet, da jemand theoretisch bei jedem Einloggen eine andere IP-Adresse haben kann. Das Verzeichnis ordnet die Namen den momentan existierenden IP-Nummern zu.

3 Wenn Sie jemanden im Verzeichnis gefunden haben, mit dem Sie telefonieren möchten, sucht das Verzeichnis die zugehörige IP-Adresse des Teilnehmers heraus und leitet Ihren Anruf an den Computer dieser Person weiter. Das Telefon „klingelt" auf dem anderen Computer. Mit Hilfe von Soundkarte und Mikrofon können Sie nun miteinander sprechen.

Hallo Gabi,
wie ist es
Dir so ergangen?

4 Wenn Sie in das Mikrofon sprechen, wandelt das Programm Ihre Sprache in binäre Dateien um, die von Ihrem Computer verstanden werden. Zusätzlich werden die Informationen komprimiert, um eine schnellere Übertragung im Internet zu gewährleisten. Normalerweise sind solche Audiodateien sehr groß und könnten ohne Datenkompression nicht über das Internet verschickt werden.

5 Die Software stellt außerdem die Geschwindigkeit der Internet-Verbindung fest. Ist diese sehr schnell, werden Audiodateien von hoher Qualität versendet. Ist die Verbindung eher langsam, ist die akustische Qualität schlechter, da es sonst zu lange dauern würde, selbstkomprimierte Audiodateien zu verschicken.

HALLO GABI, WIE IST ES?

28,800 bps

HALLO GABI, WIE IST ES?

14,400 bps

5,485
11101010101
00101010101
11011010101
10101010101
01010010101
00101010101

2,578
10011001010
11011101101
10101001011
00101010010
10010010101

1,358
11010100101
00101001011
10001010101
00010100101
00010010001

5,924
00101001011
10010000101
00101001010
11001010001
00010100001

6 Die Software teilt die Audiodateien in Pakete auf und verschickt sie über das Internet-Protokoll TCP/IP.

6,257
00101010001
00101001011
01001010101
11010010101
01000100011

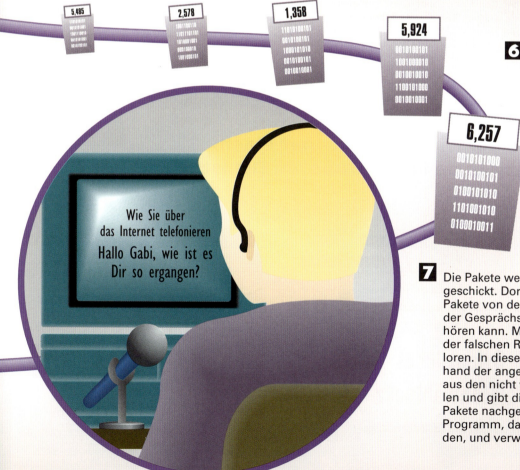

Wie Sie über
das Internet telefonieren
Hallo Gabi, wie ist es
Dir so ergangen?

7 Die Pakete werden an den Empfänger geschickt. Dort angekommen, werden die Pakete von der Software dekomprimiert, damit der Gesprächsteilnehmer sie verstehen und hören kann. Manchmal kommen die Pakete in der falschen Reihenfolge an oder gehen verloren. In diesem Falle schätzt die Software anhand der angekommenen Pakete, welche Töne aus den nicht vorhandenen Paketen noch fehlen und gibt diese aus. Wenn die fehlenden Pakete nachgeliefert werden, erkennt das Programm, daß diese bereits rekonstruiert wurden, und verwirft sie.

So funktioniert Telefonieren im Internet

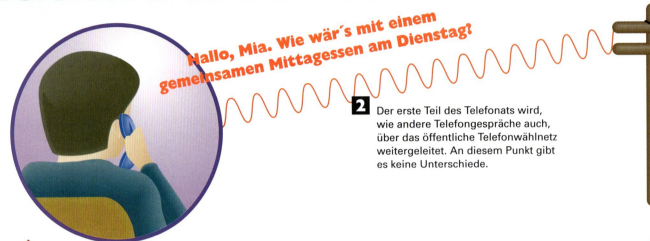

Hallo, Mia. Wie wär's mit einem gemeinsamen Mittagessen am Dienstag?

2 Der erste Teil des Telefonats wird, wie andere Telefongespräche auch, über das öffentliche Telefonwählnetz weitergeleitet. An diesem Punkt gibt es keine Unterschiede.

1 Um ein Telefonat über IP-Fernsprechübertragung zu führen, verwenden Sie keinen Computer, sondern ein normales Telefon. Je nachdem, welchen IP-Fernsprechübertragungs-dienst Sie verwenden, müssen Sie eventuell zuerst einen speziellen Code eingeben, um den Anruf an den IP-Fern-sprechübertragungsdienst weiterzuleiten.

IP-Sprachgateway

Hallo, Mia. Wie wär's mit einem gemeinsamen Mittagessen am Dienstag?

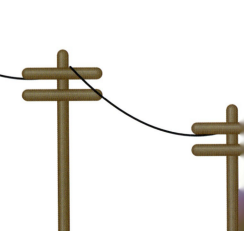

Die *IP (Internet Protocol)-Fernsprechübertragung* bezieht sich auf Telefonate, die über normale Telefone stattfinden, aber teilweise über das Internet und nicht ausschließlich über ein Fernsprechnetz wie dem öffentlichen Telefonwählnetz ausgeliefert werden. Weil die Anrufe über das Internet weitergeleitet werden, sind die Kosten niedriger als für normale Telefonate. Die Sprachqualität ist mitunter je-doch nicht so gut wie bei Anrufen, die über das normale Telefonnetz ausge-liefert werden.

Öffentliches Telefonwählnetz

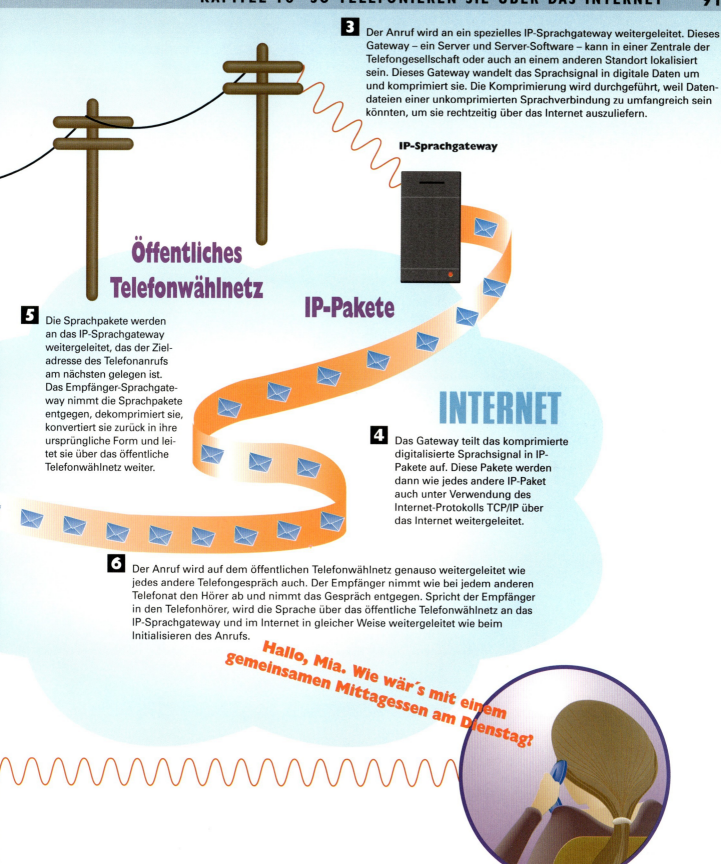

3 Der Anruf wird an ein spezielles IP-Sprachgateway weitergeleitet. Dieses Gateway – ein Server und Server-Software – kann in einer Zentrale der Telefongesellschaft oder auch an einem anderen Standort lokalisiert sein. Dieses Gateway wandelt das Sprachsignal in digitale Daten um und komprimiert sie. Die Komprimierung wird durchgeführt, weil Datendateien einer unkomprimierten Sprachverbindung zu umfangreich sein könnten, um sie rechtzeitig über das Internet auszuliefern.

IP-Sprachgateway

Öffentliches Telefonwählnetz

IP-Pakete

5 Die Sprachpakete werden an das IP-Sprachgateway weitergeleitet, das der Zieladresse des Telefonanrufs am nächsten gelegen ist. Das Empfänger-Sprachgateway nimmt die Sprachpakete entgegen, dekomprimiert sie, konvertiert sie zurück in ihre ursprüngliche Form und leitet sie über das öffentliche Telefonwählnetz weiter.

INTERNET

4 Das Gateway teilt das komprimierte digitalisierte Sprachsignal in IP-Pakete auf. Diese Pakete werden dann wie jedes andere IP-Paket auch unter Verwendung des Internet-Protokolls TCP/IP über das Internet weitergeleitet.

6 Der Anruf wird auf dem öffentlichen Telefonwählnetz genauso weitergeleitet wie jedes andere Telefongespräch auch. Der Empfänger nimmt wie bei jedem anderen Telefonat den Hörer ab und nimmt das Gespräch entgegen. Spricht der Empfänger in den Telefonhörer, wird die Sprache über das öffentliche Telefonwählnetz an das IP-Sprachgateway und im Internet in gleicher Weise weitergeleitet wie beim Initialisieren des Anrufs.

Hallo, Mia. Wie wär's mit einem gemeinsamen Mittagessen am Dienstag?

T E I L

GÄNGIGE INTERNET-PROGRAMME

IM Internet steht Ihnen eine unendlich große Menge an Informationen und Unterhaltung zur Verfügung. Sie müssen jedoch wissen, wie Sie diese Ressourcen finden und sich zugänglich machen. Das ist nicht ganz so einfach, wie das Fernsehgerät einzuschalten oder eine Tageszeitung zu lesen.

Zur Lösung dieses Problems stehen Ihnen eine Anzahl von Internet-Tools zur Verfügung. Diese „Werkzeuge" helfen Ihnen, die enormen Ressourcen des Internet kennenzulernen. Einige Quellen, beispielsweise das World Wide Web, sind sehr populär. Wieder andere, wie zum Beispiel Gopher oder WAIS („Wide Area Information Server") sind relativ unbekannt und werden kaum noch benutzt. In diesem Teil des Buches werden wir uns mit den zwei gängigsten und nützlichsten Internet-Tools neben den Kommunikationsmöglichkeiten befassen: Telnet und FTP. Viele Leute setzen den Begriff Internet mit World Wide Web gleich – in Teil 5 befassen wir uns ausführlich mit diesem am schnellsten wachsenden und sichtbaren Teil des Internet.

Telnet, eine klassische Internet-Technologie, ist immer noch sehr weit verbreitet. Sie ermöglicht es Ihnen, von Ihrem lokalen Rechner auf entfernte Rechnersysteme zuzugreifen. Alles, was Sie in Ihre Tastatur eingeben, wird sofort auf den anderen Computer übertragen, d.h., die Ressourcen des anderen Computers stehen Ihnen so zur Verfügung, als säßen Sie direkt davor. Es gibt verschiedene Anwendungsbereiche für Telnet – so machen beispielsweise Bibliotheken ihre Kataloge Interessenten über dieses Dienstprogramm zugänglich.

Wir beschäftigen uns mit der Übertragung von Dateien von einem Computer zu einem anderen. Dazu wird im allgemeinen das Internet-Protokoll FTP verwendet. Sie werden nicht nur erfahren, wie FTP funktioniert, sondern auch, wie Dateien dabei komprimiert und später wieder dekomprimiert werden. Komprimierte Dateien benötigen weniger Übertragungszeit, bis sie auf Ihrem Computer ankommen.

KAPITEL 17

So funktioniert Telnet

EINE der bemerkenswertesten Eigenschaften des Internet ist die Möglichkeit der Nutzung von Ressourcen auf entfernten Rechnern. Von Ihrem eigenen Rechner aus können Sie sich an einem anderen Computer anmelden, diesem Befehle erteilen und all seine Ressourcen nutzen.

Dies geschieht mit der Internet-Ressource Telnet. Telnet folgt einem Client-/Server-Modell, d.h., ein Teil der Software läuft auf Ihrem eigenen PC (dem Client), um auf die Ressourcen des entfernten Servers zuzugreifen. Dieser entfernte Computer wird als Host bezeichnet. Der Host erlaubt vielen verschiedenen Clients den gleichzeitigen Zugriff auf seine Ressourcen. Um mit Telnet die Host-Ressourcen zu nutzen, müssen Sie die Adresse des Internet-Hosts kennen.

Bevor Sie mit Telnet auf Ressourcen des Host-Computers zugreifen können, müssen Sie sich bei diesem anmelden. Hier steht oftmals der Benutzername „Gast" oder „guest" zur Verfügung. Einige Systeme verlangen von Ihnen persönliche Informationen wie Ihren Namen und Ihre Adresse. Andere Systeme verlangen, daß Sie einen Benutzernamen und ein Paßwort auswählen, das Sie bei der nächsten Sitzung verwenden können.

Mit Telnet können Sie auf viele verschiedene Hosts im Internet zugreifen, die sich in ihrer Funktionsweise unterscheiden. Um Ihnen den Zugriff auf deren Ressourcen zu erleichtern, stellen viele Hosts ein Menüsystem zur Verfügung. Wenn Sie eine Verbindung mit Telnet aufbauen, müssen Sie eine sogenannte „Terminal-Emulation" verwenden, um sicherzustellen, daß die Funktionsweise Ihrer Tastatur sowie Ihres Monitors der vom Host erwarteten entspricht. Die gebräuchlichste und sicherste ist die VT-100-Emulation.

Es gibt Telnet-Clients für alle bekannten Betriebssysteme wie Unix, Macintosh und alle Windows-Versionen. Falls Sie einen Internet-Shell-Account anstatt einer SLIP-/PPP-Verbindung benutzen, so starten Sie den Telnet-Client typischerweise durch Eingabe des Befehls „telnet" und der Internet-Adresse des Computers, auf den Sie zugreifen möchten. Möchten Sie sich beispielsweise in einen Computer der US-Regierung mit dem Namen Fed World einwählen, so geben Sie „Telnet fedworld.gov" ein. Auf Windows- oder Macintosh-Rechnern ist die Verwendung von Telnet einfacher, da sich der Telnet-Client Host-Namen merken kann. Oftmals können Sie ein Adreßbuch von Host-Namen anlegen.

So funktioniert Telnet

Telnet ermöglicht den Zugriff auf die Ressourcen eines entfernten Rechners, der sich irgendwo im Internet befinden kann. Sie bedienen den entfernten Rechner von Ihrer eigenen Tastatur aus und sehen die Ergebnisse auf Ihrem Bildschirm. Telnet basiert auf einem Client-/Server-Modell, so daß Sie eine spezielle Client-Software benötigen, um mit dem entfernten Host in Kontakt zu treten.

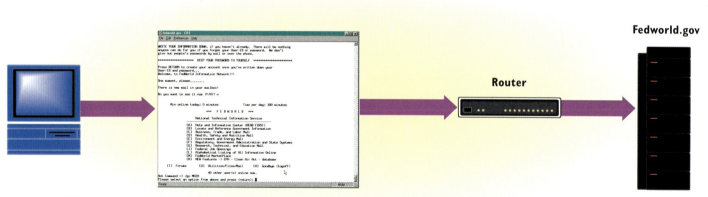

1 Um Telnet zu benutzen, müssen Sie die Internet-Adresse des Host, dessen Ressourcen Sie benutzen möchten, kennen. Ihr Telnet-Client baut zu dem Host über die Internet-Adresse eine Verbindung auf.

2 Wenn eine Verbindung zum Host aufgebaut wird, müssen sich der entfernte Host und Ihr Computer zunächst auf eine bestimmte Form der Kommunikation einigen. Es muß festgelegt werden, welche Art der Terminal-Emulation benutzt werden soll. Die gebräuchlichste Terminal-Emulation ist VT-100.

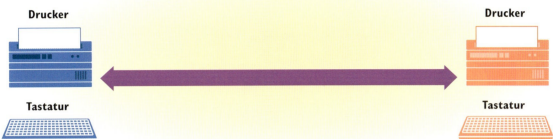

3 Server und Client kommunizieren über das Telnet-Protokoll. Das Protokoll geht davon aus, daß jeder Verbindungsendpunkt, d.h. Client und Server, ein sogenanntes Network Virtual Terminal (NVT) darstellt. Jedes NVT verfügt über einen virtuellen Drucker und eine virtuelle Tastatur. Die Tastatur sendet Daten von einem NVT zu einem anderen. Wenn Sie über Ihre Tastatur Text eingeben, so sprechen Sie die NVT-Tastatur an. Der NVT-Drucker ist kein Drucker im eigentlichen Sinne, sondern empfängt Daten und bringt diese auf Ihrem Bildschirm zur Anzeige.

4 Wenn Sie während einer Telnet-Sitzung Text eingeben, so wird dieser zunächst auf Ihrem Computer zwischengepuffert. Erst wenn eine vollständige Zeile vorliegt, d.h., wenn Sie das Ende der Eingabe durch Betätigung der Enter-Taste signalisieren, überträgt die NVT-Tastatur die Daten. Damit die Daten an ihren Bestimmungsort gelangen, wird zusammen mit diesen die IP-Adresse des Host verschickt.

5 Ihre eigene IP-Adresse wird ebenfalls übertragen, damit Informationen an Sie zurückgeschickt werden können. Zusätzlich werden spezielle Telnet-Kommandos verschickt, die die entfernte NVT benötigt, um zu entscheiden, wie mit den Daten verfahren wird und wie auf die Anfrage geantwortet werden soll.

6 Der Telnet-Host empfängt die gesendeten Daten. Er verarbeitet diese und sendet das entsprechende Ergebnis an Ihren NVT-Drucker, d.h. Ihren Bildschirm, zurück. Wenn Sie beispielsweise die Zeichenfolge „dir" eingeben und die Enter-Taste drücken, so wird der entfernte Computer das Kommando „dir" ausführen und dieses sowie das Ergebnis des Kommandos „dir" an Ihren Bildschirm zurückschicken.

7 Da Pakete auf ihrem Weg von Ihrem Computer zum Host und zurück viele Router passieren müssen, kann es zu einer Verzögerung zwischen dem Senden des Kommandos und der Ausgabe des Ereignisses am Bildschirm kommen.

KAPITEL 18

Über FTP Dateien downloaden

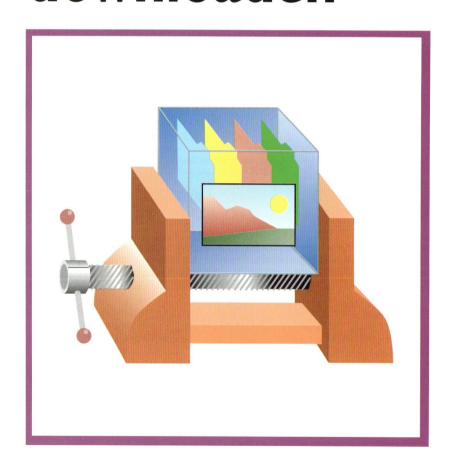

EINE der populärsten Anwendungen im Internet ist das Downloaden von Dateien. Damit wird der Dateitransfer von einem Computer im Internet auf Ihren Computer bezeichnet. Es lassen sich die unterschiedlichsten Dateien transferieren: ausführbare Programme, Grafiken, Sounds, Textdateien und viele mehr. Täglich werden Tausende von Dateien vom Internet kopiert. Die meisten werden mit dem Internet-Protokoll FTP (File Transfer Protocol) übertragen. Mit FTP können Sie ebenso Dateien von Ihrem Computer auf einen anderen im Internet kopieren (uploaden).

Wie die meisten Internet-Ressourcen folgt auch FTP einem Client-/Server-Modell. Sie benötigen eine FTP-Client-Software auf Ihrem Rechner, um Verbindung mit einem FTP-Server im Internet aufzunehmen. Auf dem FTP-Server selbst läuft ein sogenannter FTP-Dämon, der Ihnen den Transfer von Dateien in beide Richtungen gestattet.

Um sich bei einem FTP-Server anzumelden und Dateien zu transferieren, benötigen Sie eine Zugangsnummer oder einen Benutzernamen und müssen ein Paßwort eingeben, bevor Sie vom Dämon eine Zugangsberechtigung erhalten. Bei einigen Sites erhält jedermann Zugang, allerdings muß auch hier ein Benutzername sowie ein Paßwort eingegeben werden. Bei diesen Sites verwenden Sie oftmals den Benutzernamen „anonymous" und Ihre E-Mail-Adresse als Paßwort. Aus diesem Grunde heißen diese Sites auch „Anonymous FTP Sites". Manche FTP-Sites sind hingegen der Öffentlichkeit nicht zugänglich und erlauben statt dessen den Zugang nur solchen Benutzern, die über eine Benutzerkennung und ein Paßwort verfügen.

FTP ist einfach zu bedienen. Wenn Sie sich bei einem FTP-Server anmelden, können Sie für jedes verfügbare Verzeichnis eine Liste der in diesem Verzeichnis vorhandenen Dateien anzeigen lassen. Finden Sie eine Datei, die Sie kopieren möchten, so teilen Sie Ihrer Client-Software mit, diese vom Server auf Ihren Rechner zu transferieren.

Mit der Popularität des World Wide Web ist der Transfer noch einfacher geworden. Sie können nun Web-Browser verwenden, bei denen Sie lediglich entsprechende Links anklicken. Auf diese Weise wird der FTP-Transfer automatisch ausgeführt.

Ein Problem beim Transfer von Dateien über das Internet ist die Größe mancher Dateien. Insbesondere bei Verwendung eines Modems kann dies zu erheblichen Zeitverzögerungen führen, selbst bei einer schnellen Verbindung. Um den Dateitransfer zu beschleunigen, werden Dateien normalerweise komprimiert, d.h., deren Größe durch spezielle Software reduziert (gepackt). Nachdem Sie die Dateien kopiert haben, müssen Sie diese mit dem Komprimierungsprogramm auf Ihrem Rechner wieder dekomprimieren, bevor Sie sie benutzen können.

So funktioniert eine FTP-Sitzung

FTP ist eine weitverbreitete Methode, um Dateien vom Internet auf Ihren Computer zu transferieren. Das Protokoll ist außerdem in der Lage, Dateien von Ihrem Computer auf einen anderen Server zu kopieren. Diese Art der Benutzung ist allerdings weniger gebräuchlich. Auch wenn Sie einen Web-Browser zum Transfer von Dateien verwenden, benutzen Sie zumeist FTP, ohne es zu merken.

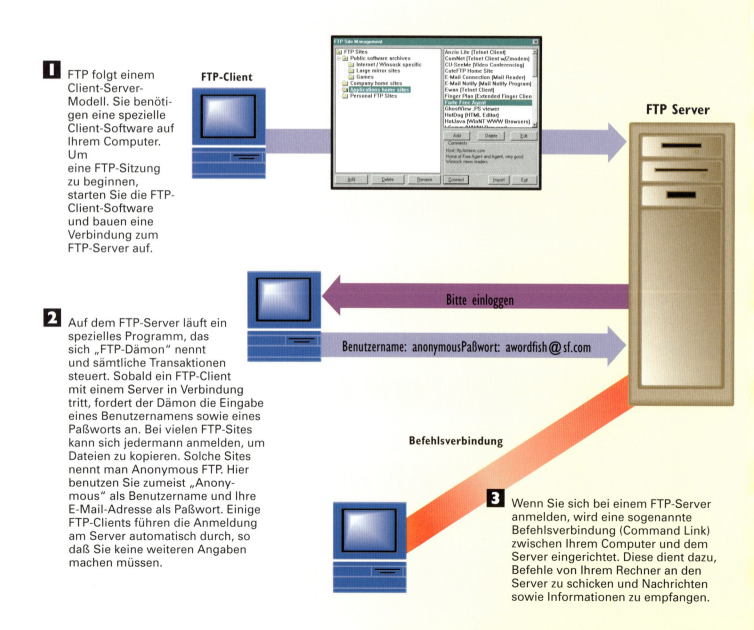

1 FTP folgt einem Client-Server-Modell. Sie benötigen eine spezielle Client-Software auf Ihrem Computer. Um eine FTP-Sitzung zu beginnen, starten Sie die FTP-Client-Software und bauen eine Verbindung zum FTP-Server auf.

FTP-Client

FTP Server

Bitte einloggen

Benutzername: anonymousPaßwort: awordfish @ sf.com

Befehlsverbindung

2 Auf dem FTP-Server läuft ein spezielles Programm, das sich „FTP-Dämon" nennt und sämtliche Transaktionen steuert. Sobald ein FTP-Client mit einem Server in Verbindung tritt, fordert der Dämon die Eingabe eines Benutzernamens sowie eines Paßworts an. Bei vielen FTP-Sites kann sich jedermann anmelden, um Dateien zu kopieren. Solche Sites nennt man Anonymous FTP. Hier benutzen Sie zumeist „Anonymous" als Benutzername und Ihre E-Mail-Adresse als Paßwort. Einige FTP-Clients führen die Anmeldung am Server automatisch durch, so daß Sie keine weiteren Angaben machen müssen.

3 Wenn Sie sich bei einem FTP-Server anmelden, wird eine sogenannte Befehlsverbindung (Command Link) zwischen Ihrem Computer und dem Server eingerichtet. Diese dient dazu, Befehle von Ihrem Rechner an den Server zu schicken und Nachrichten sowie Informationen zu empfangen.

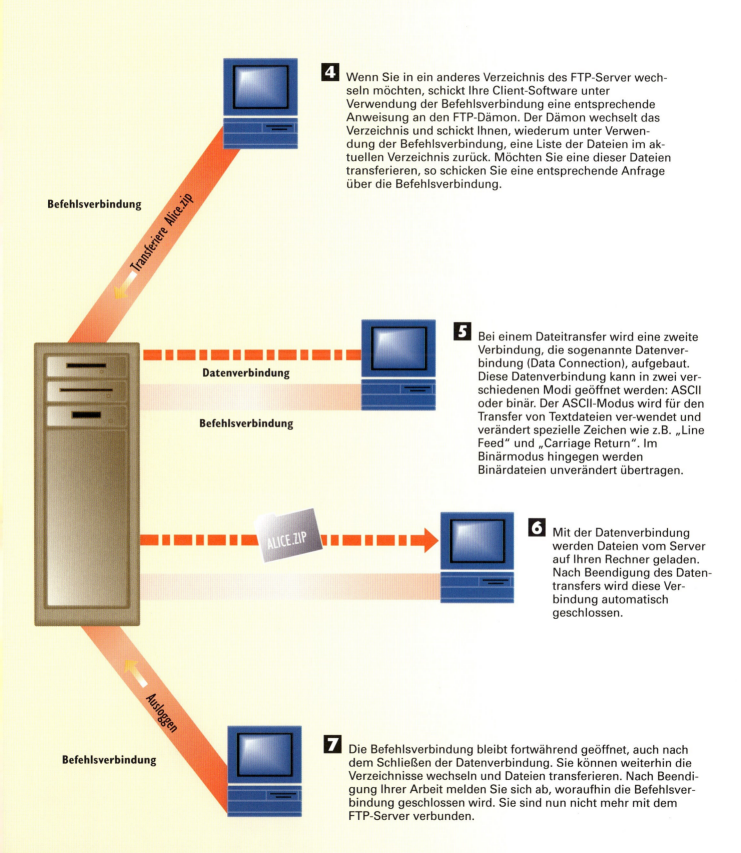

4 Wenn Sie in ein anderes Verzeichnis des FTP-Server wechseln möchten, schickt Ihre Client-Software unter Verwendung der Befehlsverbindung eine entsprechende Anweisung an den FTP-Dämon. Der Dämon wechselt das Verzeichnis und schickt Ihnen, wiederum unter Verwendung der Befehlsverbindung, eine Liste der Dateien im aktuellen Verzeichnis zurück. Möchten Sie eine dieser Dateien transferieren, so schicken Sie eine entsprechende Anfrage über die Befehlsverbindung.

Befehlsverbindung

Transferiere Alice.zip

5 Bei einem Dateitransfer wird eine zweite Verbindung, die sogenannte Datenverbindung (Data Connection), aufgebaut. Diese Datenverbindung kann in zwei verschiedenen Modi geöffnet werden: ASCII oder binär. Der ASCII-Modus wird für den Transfer von Textdateien ver-wendet und verändert spezielle Zeichen wie z.B. „Line Feed" und „Carriage Return". Im Binärmodus hingegen werden Binärdateien unverändert übertragen.

Datenverbindung

Befehlsverbindung

6 Mit der Datenverbindung werden Dateien vom Server auf Ihren Rechner geladen. Nach Beendigung des Datentransfers wird diese Verbindung automatisch geschlossen.

ALICE.ZIP

7 Die Befehlsverbindung bleibt fortwährend geöffnet, auch nach dem Schließen der Datenverbindung. Sie können weiterhin die Verzeichnisse wechseln und Dateien transferieren. Nach Beendigung Ihrer Arbeit melden Sie sich ab, woraufhin die Befehlsverbindung geschlossen wird. Sie sind nun nicht mehr mit dem FTP-Server verbunden.

Befehlsverbindung

Ausloggen

So werden Dateien komprimiert

Viele Dateien im Internet sind komprimiert, um Speicherplatz auf dem FTP-Server zu sparen und die für den Dateitransfer benötigte Zeit zu verkürzen. Es gibt verschiedene Methoden, um Dateien zu komprimieren. Abhängig vom Dateityp beträgt die Kompressionsrate zehn bis fünfzig Prozent.

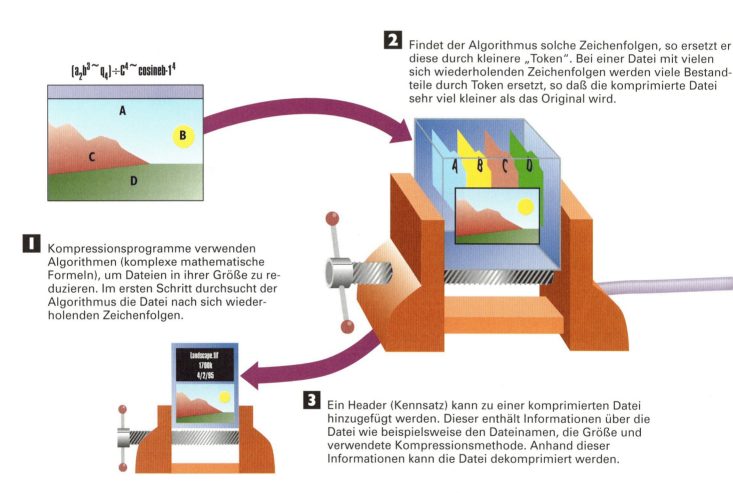

2 Findet der Algorithmus solche Zeichenfolgen, so ersetzt er diese durch kleinere „Token". Bei einer Datei mit vielen sich wiederholenden Zeichenfolgen werden viele Bestandteile durch Token ersetzt, so daß die komprimierte Datei sehr viel kleiner als das Original wird.

1 Kompressionsprogramme verwenden Algorithmen (komplexe mathematische Formeln), um Dateien in ihrer Größe zu reduzieren. Im ersten Schritt durchsucht der Algorithmus die Datei nach sich wiederholenden Zeichenfolgen.

3 Ein Header (Kennsatz) kann zu einer komprimierten Datei hinzugefügt werden. Dieser enthält Informationen über die Datei wie beispielsweise den Dateinamen, die Größe und verwendete Kompressionsmethode. Anhand dieser Informationen kann die Datei dekomprimiert werden.

Methoden zur Dateikomprimierung im Internet

Dateiendungen, d.h., die Buchstaben nach dem Punkt am Ende eines Dateinamens, geben Aufschluß über die Komprimierungsmethode.

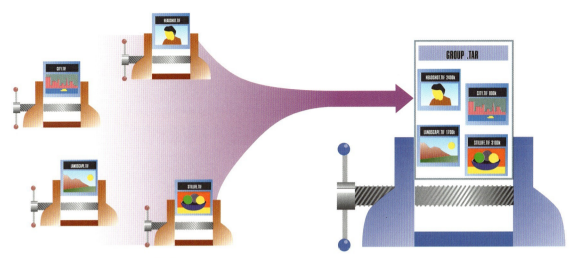

4 Komprimierungs-Software wie z.B. PKZIP für den PC ist darüber hinaus in der Lage, Dateien zu archivieren, d.h., mehrere komprimierte Dateien miteinander zu kombinieren. Das Unix-Kommando TAR verfügt ebenfalls über diese Möglichkeit.

5 Wenn Sie eine komprimierte Datei aus dem Internet verwenden möchten, so transferieren Sie sie auf Ihren Computer.

6 Um die Datei zu verwenden, muß auf Ihrem Rechner die entsprechende Dekomprimierungs-Software vorhanden sein. Die Software überprüft den Datei-Header und die in der Datei verwendeten Token. Mit Hilfe eines Dekompressionsalgorithmus rekonstruiert das Programm die Originaldatei.

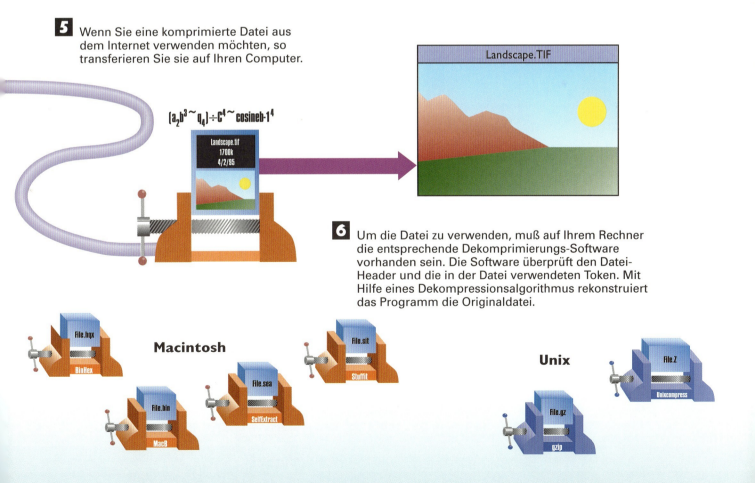

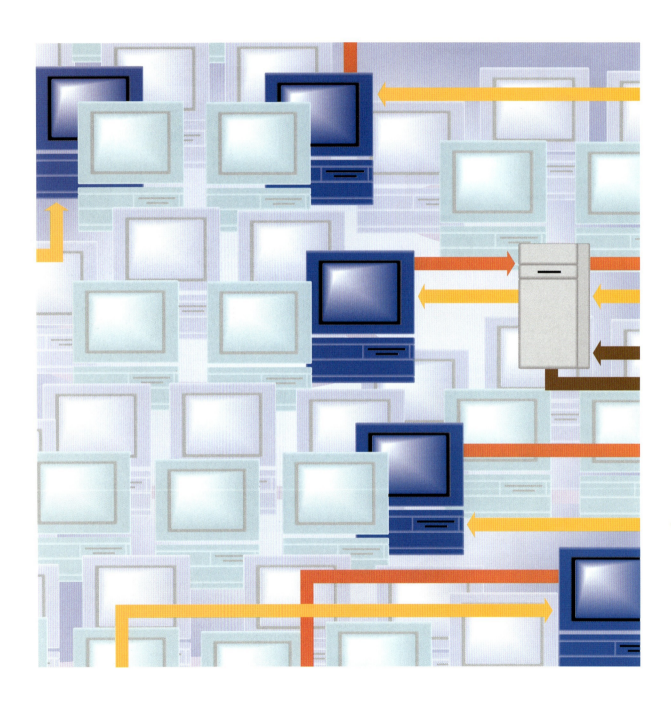

VIELE

VIELE Leute gebrauchen das Wort „Internet", meinen aber tatsächlich das World Wide Web. Das WWW ist der spannendste, innovativste, sichtbarste und am schnellsten wachsende Teil des Internet. Das explosive Wachstum ist zum großen Teil für das enorme öffentliche Interesse am Internet, das in den letzten Jahren aufgekommen ist, verantwortlich. Wenn Leute vom „Surfen" sprechen, meinen sie fast immer das World Wide Web.

In diesem Teil des Buches sehen wir uns die Grundlagen des WWW an, d.h., wie Webseiten, Web-Server und -Browser funktionieren. Wenn Sie sich genauer für die Technologie des World Wide Web interessieren, empfehle ich Ihnen das Buch „So funktioniert das World Wide Web" aus derselben Reihe.

Wir behandeln hier die Grundlagen des WWW. Anschließend sehen wir uns an, wie Webseiten aufgebaut sind. Sie sind im Grunde genommen nichts anderes als Multimedia-Publikationen, die Musik, Soundeffekte, Videos, Animationen, Bilder und natürlich Text enthalten können. Webseiten sind miteinander über das Hypertext-Format verbunden, das es Ihnen erlaubt, von einer Seite zur anderen und auch zu Bildern, Programmen, Multimedia-Dateien und anderen Ressourcen im Internet zu springen. Um diese Art von Verbindung zu einer anderen Seite herzustellen, müssen Sie lediglich auf einen sogenannten „Link" (Verknüpfung) im Dokument klicken.

Das WWW basiert auf einem Client-/Server-Modell. In diesem Kapitel wird auch gezeigt, was hinter der „Bühne" vorgeht, wenn Sie eine URL (das ist die Abkürzung für „Uniform Resource Locator", was soviel heißt wie „einheitliche Ressourcenadresse", und bezeichnet die Adresse einer Webseite) in Ihrem Browser eingeben und wie diese Information so weitergeleitet wird, daß Sie zu der Seite gelangen, die Sie interessiert. Wir werden auch sehen, wie einzelne Webseiten in einer Website organisiert sind und wie diese als eine Einheit arbeitet, um Ihnen die Informationen zur Verfügung zu stellen.

Wir erklären, wie Web-Browser funktionieren. Web-Browser sind eine Software, die HTML („Hypertext Markup Language"), die Befehlssprache des World Wide Web, interpretieren und die Ergebnisse auf Ihrem PC darstellt. Dann folgt eine Beschreibung von Befehlssprachen und Hypertext, und Sie erfahren, was alles hinter einer Webseite steckt.

KAPITEL

19

So funktionieren Webseiten

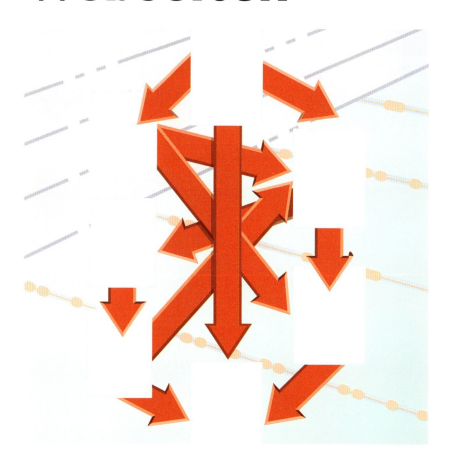

DAS World Wide Web ist der interessanteste und am schnellsten wachsende Teil des Internet. Wenn Leute vom „Surfen" sprechen, meinen sie fast immer das World Wide Web. Wie der englische Name „Web" (Spinnennetz) bereits verrät, handelt es sich dabei um ein global vernetztes System. Das WWW beinhaltet viele Dinge, aber seine Attraktivität geht in erster Linie von den sogenannten Homepages aus, die Texte, Grafiken, Sounds, Animationen und andere Multimedia-Funktionen enthalten können. Im Prinzip ist jede Homepage eine interaktive Multimedia-Publikation, die Videos und Musik zusätzlich zu Text und Bildern enthalten kann, und dabei weltweit jedermann zugänglich ist.

Homepages sind miteinander über das Hypertext-Format verbunden, das es Ihnen erlaubt, sich im Web von einer Homepage zur nächsten zu bewegen. Um diese Art der Verbindung zu einem anderen Hypertext-Dokument herzustellen, müssen Sie lediglich auf einen sogenannten „Link" (Verknüpfung) auf der Seite klicken.

Das WWW basiert auf einem Client-/Server-Modell. Sie benötigen dazu einen Client für Ihren Computer. Diese Programme werden Browser („browse" heißt „schmökern", d.h., mit den Browsern können Sie sich im WWW nach Informationen umsehen) genannt, wie z.B. Mosaic, Netscape, oder Internet-Explorer. Der Browser wählt einen Web-Server an und ruft die gewünschten Informationen oder Ressourcen ab. Der Server sendet diese an den Browser zurück, der diese dann auf Ihrem Computer abbildet.

Homepages werden mit der Befehlssprache HTML (Hypertext Markup Language) erstellt. Hypertext teilt Ihrem Browser über Befehle mit, wie er Texte, Grafiken und Multimedia-Dateien darzustellen hat. Außerdem gibt es Verknüpfungsbefehle, die Homepages und andere Internet-Ressourcen miteinander verbinden.

Die Bezeichnung Homepage wird häufig für die erste Seite oder die Startseite einer Sammlung von Webseiten verwendet, aus denen eine Web Site besteht. Die Homepage ist wie das Titelblatt einer Zeitschrift oder die erste Seite einer Zeitung. Normalerweise dient sie als Einführung in die Web Site und beschreibt deren Zweck und die Informationen, die gefunden werden können. Sie dient auch häufig als Inhaltsverzeichnis.

Es gibt drei verschiedene Arten, wie die Seiten einer Web Site organisiert sein können: Bei einer Baumstruktur erleichtert die pyramidenförmige Anordnung das Navigieren und Auffinden von Informationen. Bei einer linearen Struktur führt einfach eine Seite zur nächsten. In einer zufälligen Struktur sind die Seiten scheinbar wahllos miteinander verbunden.

So funktioniert das World Wide Web

1 Das World Wide Web ist der innovativste und am schnellsten wachsende Teil des Internet. Wenn Sie durch das Web browsen, können Sie Homepages besuchen, die Text, Grafiken, und Multimedia-Inhalte (z.B. Sound- und Videodateien) beinhalten. Durch sogenannte Hypertext-Links können Sie einfach per Mausklick von einem Web-Dokument zum nächsten gelangen. Die Befehlssprache, die es Ihnen erlaubt, Web-Pages zu besuchen und Hypertext-Links anzuklicken, heißt Hypertext Markup Language oder kurz HTML.

2 Das Web basiert auf einem Client-/Server-Modell. Die Client-Software auf Ihrem lokalen Rechner wird als Web-Browser bezeichnet. Die Server-Software läuft auf einem Web-Host. Den Zugang zum Web erhalten Sie, indem Sie eine Verbindung zum Internet herstellen und Ihren Web-Browser starten.

3 Um ein bestimmtes Dokument im Web zu öffnen, geben Sie die sogenannte URL ein oder klicken auf einen Link, der Sie mit der gewünschten Seite verbindet. Mit der Abkürzung URL (Uniform Resource Locator) wird eine Adresse im Web bezeichnet. Ihr Web-Browser wählt diese Adresse über das Protokoll HTTP (Hypertext Transfer Protocol) an, das Ihren Web-Browser mit dem anderen Web-Server verbindet.

7 Nachdem der Server das Dokument oder die Homepage gefunden hat, wird diese an den Web-Browser zurückgeschickt. Die Information wird anschließend auf dem Bildschirm dargestellt. Nach der Übertragung wird die HTTP-Verbindung geschlossen. Diese kann wieder geöffnet werden.

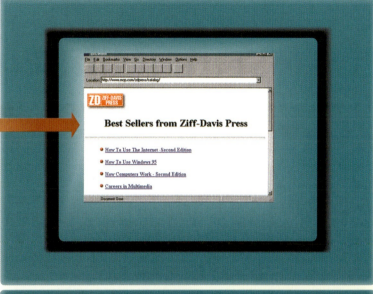

www.mcp.com/zdpress.catalog

6 Der Web-Server empfängt die Anfrage über das HTTP-Protokoll und erhält dadurch die Mitteilung, welches Dokument gewünscht wird.

5 Ihre Anfrage wird über das Internet verschickt. Internet-Router überprüfen, an welchen Server die Anfrage weitergeleitet werden soll. Die Informationen, die rechts von der Angabe "http://" stehen, weisen dem Internet den Weg zu dem Server, auf dem das gewünschte Dokument vorliegt. Router leiten die Anfrage dann an diesen Server weiter.

http://www.mcp.com/zdpress.catalog

4 Der Aufbau einer URL sieht folgendermaßen aus: Der erste Teil bezeichnet das verwendete Internet-Protokoll, hier "http://". Bei Web-Adressen folgt danach der Name des Computers oder Server, auf dem die Ressource zu finden ist und der häufig die Bezeichnung "www" (für World Wide Web) beinhaltet. Im Beispiel ist das "www.mcp.com". Der dritte Teil benennt das Verzeichnis (und eventuell auch Unterverzeichnisse) oder den exakten Dateinamen unter dem das Dokument oder die Homepage zu finden ist. In unserem Beispiel ist das das Verzeichnis "zdpress".

Wie Seiten auf einer Web Site organisiert werden

Lernen Sie ...

wie das World Wide Web funktioniert

Haben Sie sich schon mal gefragt, was hinter den Kulissen passiert, wenn Sie ins Web eintauchen? Wollten Sie schon immer Ihre eigene Web-Seite herstellen, wissen aber nicht, wo Sie nachfragen sollen? Ist das Internet für Sie eine Mischung aus Magie und Irrsinn? Ja? Dann sind Sie hier richtig! Auf dieser Web-Site möchten wir Ihnen die Scheu vor dem Internet nehmen und Ihnen erklären, wie das World Wide Web funktioniert.

Sie lernen ...

den Aufbau einer Web-Site
die Architektur des Web
die neuen Web-Technologien

Machen Sie sich bereit zum Surfen!

Auf dieser informativen Seite finden Sie überall viele Hyperlinks zu anderen Seiten im World Wide Web.

HOW the WORLD WIDE WEB WORKS

Explore the cyberspace frontier

CHRIS SHIPLEY AND MATTHEW FISH

1 Die Homepage (auch Welcome Page genannt) ist die oberste bzw. erste Seite jeder Web Site und wird auch manchmal als Startseite bezeichnet. Eine Web Site kann aus nur einer Seite bestehen oder aber Dutzende und Hunderte von Seiten umfassen. Im letzteren Fall dient die Homepage auch als eine Art Inhaltsverzeichnis, das die Web Site organisiert und dem Benutzer hilft, die verfügbaren Informationen zu finden.

2 Unterstrichene oder farblich hervorgehobene Hyperlinks sind ein typisches Merkmal von Web-Dokumenten. Die *Hyperlinks* auf der Seite verweisen auf andere Seiten der Web Site und verbinden sie mit diesen.

3 Miteinander verbundene Dokumente, die auf einem Host-Computer liegen, bilden in ihrer Gesamtheit eine Web Site. Auf einem einzigen Server können viele Web Sites liegen, jede in einem anderen Verzeichnis, vergleichbar mit einer Festplatte, die ebenfalls viele verschiedene Verzeichnisse beinhalten kann.

4 Gutes Web-Design folgt dem Prinzip, daß sich auf jeder Seite einer Web Site ein direkter Link zurück zur Welcome-Page befindet. Dadurch kann sich ein Besucher einfach und schnell zum Startpunkt zurückbewegen, um von dort aus weitere Dokumente aufzusuchen.

Baum

5 Dokumente können mit jedem anderen Dokument innerhalb und sogar außerhalb der Site verlinkt werden. Die meisten Web Sites sind in einer pyramidenartigen oder umreißenden Struktur organisiert, die den Usern visuell verdeutlicht, wie die Seite aufgebaut ist, wie Informationen angeordnet sind und wie man sich durch die Dokumente der Site sinnvoll navigiert und findet, was man sucht.

6 Es gibt drei verschiedene Arten des Aufbaus von Web Sites. Die erste ist die Baumstruktur, die Informationen hierarchisch anordnet, d.h., der User bewegt sich stufenweise von generellen Informationen zu spezifischen Daten.

Linear

Der Aufbau einer Web-Site

7 Die zweite Organisationsstruktur ist linear angeordnet, d.h., eine Seite verweist zum nächsten Dokument, welches wiederum zum nächsten führt.

Zufallsprinzip

8 Die dritte Struktur folgt genaugenommen gar keiner klaren Ordnung. Die Seiten wirken beinahe zufällig miteinander verbunden. Genau diese verzweigte Struktur erklärt am deutlichsten, warum das Web (deutsch: Spinnennetz) seinen Namen trägt.

Die Architektur des Web

Die neuen Web-Technologien

So funktionieren Web Sites

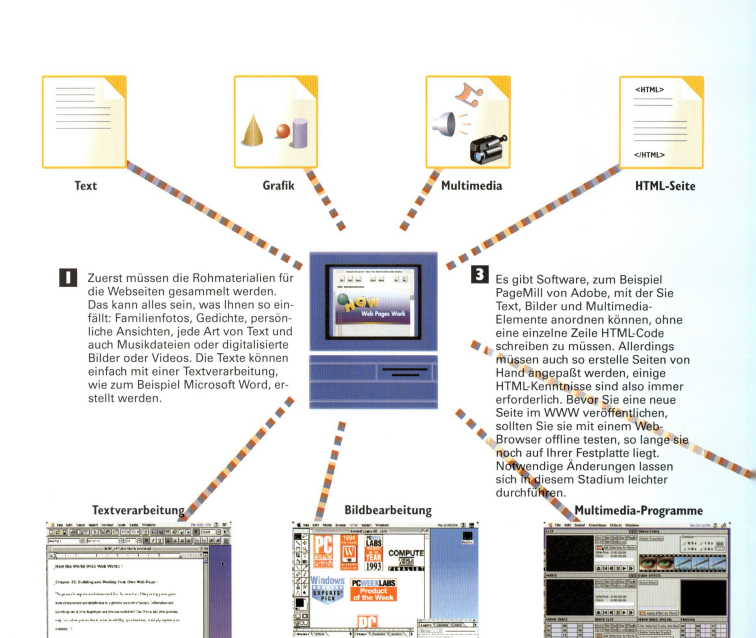

Text

Grafik

Multimedia

HTML-Seite

1 Zuerst müssen die Rohmaterialien für die Webseiten gesammelt werden. Das kann alles sein, was Ihnen so einfällt: Familienfotos, Gedichte, persönliche Ansichten, jede Art von Text und auch Musikdateien oder digitalisierte Bilder oder Videos. Die Texte können einfach mit einer Textverarbeitung, wie zum Beispiel Microsoft Word, erstellt werden.

3 Es gibt Software, zum Beispiel PageMill von Adobe, mit der Sie Text, Bilder und Multimedia-Elemente anordnen können, ohne eine einzelne Zeile HTML-Code schreiben zu müssen. Allerdings müssen auch so erstelle Seiten von Hand angepaßt werden, einige HTML-Kenntnisse sind also immer erforderlich. Bevor Sie eine neue Seite im WWW veröffentlichen, sollten Sie sie mit einem Web-Browser offline testen, so lange sie noch auf Ihrer Festplatte liegt. Notwendige Änderungen lassen sich in diesem Stadium leichter durchführen.

Textverarbeitung

Bildbearbeitung

Multimedia-Programme

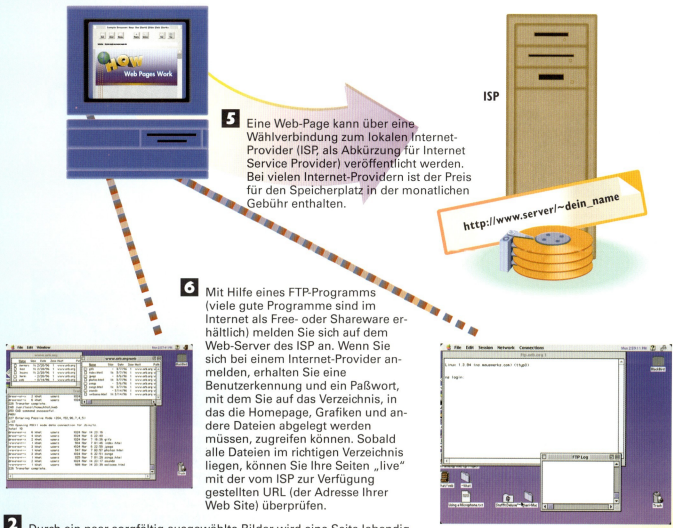

ISP

http://www.server/~dein_name

5 Eine Web-Page kann über eine Wählverbindung zum lokalen Internet-Provider (ISP, als Abkürzung für Internet Service Provider) veröffentlicht werden. Bei vielen Internet-Providern ist der Preis für den Speicherplatz in der monatlichen Gebühr enthalten.

6 Mit Hilfe eines FTP-Programms (viele gute Programme sind im Internet als Free- oder Shareware erhältlich) melden Sie sich auf dem Web-Server des ISP an. Wenn Sie sich bei einem Internet-Provider anmelden, erhalten Sie eine Benutzerkennung und ein Paßwort, mit dem Sie auf das Verzeichnis, in das die Homepage, Grafiken und andere Dateien abgelegt werden müssen, zugreifen können. Sobald alle Dateien im richtigen Verzeichnis liegen, können Sie Ihre Seiten „live" mit der vom ISP zur Verfügung gestellten URL (der Adresse Ihrer Web Site) überprüfen.

2 Durch ein paar sorgfältig ausgewählte Bilder wird eine Seite lebendig. Wenn Sie eine Homepage über Ihre Familie erstellen wollen, könnten Sie beispielsweise ein Foto der Familie einscannen. Icons oder farbige Aufzählungszeichen machen eine Liste hübscher und Navigations-Icons wie Pfeile oder Zeiger helfen dem Benutzer sich auf der Web Site zu bewegen. Im Internet gibt es viele Shareware-Programme zur Bildbearbeitung. Das wohl beste kommerzielle Bildbearbeitungsprogramm ist Photoshop von Adobe. Photoshop ist ein professionelles Programm mit dem Sie praktisch jedes digitale Bild modifizieren, erstellen und skalieren können.

HTML-Editor

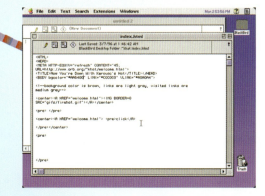

4 Wenn Sie Multimedia-Elemente wie digitale Soundeffekte, Musik oder Videos in Ihre Seiten einbinden wollen, brauchen Sie Zugriff auf diese Dateien. Sie können sie – entsprechende Hard- und Software vorausgesetzt – auch selbst erstellen. Wenn Sie große Dateien haben, wie zum Beispiel ein 4 Mbyte großes Video, dann denken Sie daran, daß es sehr lange dauert, bis ein Anwender diese Datei geladen hat. Wenn Sie eine Datei bearbeiten, versuchen Sie, Audio- und Videodateien abzuspecken. Sie können auch die Dateien kürzen, um die Größe zu verringern.

KAPITEL 20

So funktionieren Web-Browser

WIE so vieles im Internet basiert das World Wide Web auf einem Client-/Server-Modell. Sie benötigen einen Client für Ihren Computer. Diese Programme werden Browser genannt, wie z.B. der Netscape-Communicator oder der Internet-Explorer von Microsoft. Der Client kontaktiert einen Web-Server und fordert die gewünschten Informationen an. Der Server ortet diese und sendet sie an den Browser zurück, der die Ergebnisse dann auf Ihrem Computer darstellt.

Wenn Web-Browser Server kontaktieren, dann rufen sie Seiten, die mit der Beschreibungssprache Hypertext Markup Language (HTML) erstellt wurden, ab. Der Browser interpretiert die Befehle auf den Seiten und zeigt sie dann im Browser-Fenster auf Ihrem Computer an. Web-Browser können auch Anwendungen, Programme, Animationen u.a., die mit Programmier- oder Skriptsprachen wie Java, ActiveX oder JavaScript erstellt wurden, anzeigen.

Mitunter zeigt ein Link auf einer Seite auf eine Datei, die der Browser nicht abspielen oder anzeigen kann, beispielsweise Sound- oder Animationsdateien. In diesem Fall benötigen Sie eine Hilfsanwendung (Helper Application) oder ein Plug-In. Sie konfigurieren Ihren Browser so, daß diese Hilfsanwendung immer dann benutzt wird, wenn Sie auf eine Datei oder Anwendung stoßen, die ihr Browser normalerweise nicht direkt darstellen oder verarbeiten kann.

In den letzten Jahren wurden Web-Browser ständig verbessert, so daß sie inzwischen richtige Softwarepakete sind, mit denen Sie von einer Videokonferenz bis hin zur Erstellung und Veröffentlichung eigener HTML-Seiten alles machen können.

Das Internet gelangt nicht nur immer direkter und einfacher auf Ihren Computer, Microsoft hat inzwischen auch das Surfen im WWW und das Internet direkt in sein Betriebssystem integriert. Ab der Version 4.0 des Internet-Explorer kann die Arbeitsoberfläche von Windows auf HTML basieren. Sie können beispielsweise Links auf Ihre Lieblings-Webseiten direkt auf dem Desktop ablegen. Noch interessanter ist eine Technologie, die Microsoft „Active Desktop" nennt: Auf dem Internet basierende Desktop-Komponenten können auf Ihrer Arbeitsoberfläche existieren. Diese Komponenten sind zum Beispiel Aktien- oder Nachrichtenticker, die den Inhalt aus dem World Wide Web direkt und live auf Ihren Desktop bringen. Sie müssen diese Informationen nicht selbst aus dem Internet holen, sondern bekommen sie automatisch auf Ihre Windows-Benutzeroberfläche geliefert.

Sowohl Microsoft als auch Netscape haben ganze Software-Pakete für die Browser erstellt. Mit den enthaltenen Modulen können Sie Newsgroups lesen, E-Mails lesen, schreiben und verwalten, Audio-Konferenzen abhalten, Whiteboard-Anwendungen laufen lassen (damit können mehrere Leute gleichzeitig dasselbe Dokument bearbeiten) und vieles mehr. Diese Erweiterungen erleichtern uns das Computerleben in einer Ära der Zusammenarbeit. Das Internet dient nicht nur zur Informationsbeschaffung und -verteilung, sondern wird auch unser Arbeitsleben verändern und unsere Kommunikationsmöglichkeiten verbessern.

So funktioniert ein Web-Browser

1 Web-Browser bezeichnen Client-Programme, die auf Ihrem Computer ablaufen und Web-Homepages abbilden können. Es gibt Clients für den PC, Macintosh und Unix-Systeme.

2 Web-Dokumente oder Homepages werden mit der Befehlssprache HTML (Hypertext Markup Language) erstellt. Ihr Web-Browser kann diese interpretieren und auf Ihrem Computer darstellen. In diesen Dokumenten finden Sie Grafiken, Sound, Multimedia-Dateien, ladbare Dateien, Links zu weiteren Webseiten oder Verweise zu anderen Internet-Ressourcen.

Preston Gralla **Wie das Internet funktioniert**

Haben Sie sich jemals überlegt, was hinter dem Bildschirm passiert, wenn Sie in das Web eintauchen?

Möchten Sie Ihre eigene Webseite erstellen, wissen aber nicht, wie Sie anfangen sollen?

Ist das Internet für Sie ein Buch mit sieben Siegeln?

Dann sind Sie hier richtig! Diese Webseite soll Ihnen die Angst vor dem Internet nehmen und Ihnen auf einfache Weise das Internet nahebringen.

Sie erfahren hier

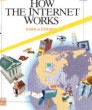

__wie Sie eine Verbindung zum Internet aufbauen__
__wie Multimedia im Internet funktioniert__
__welche Schutzvorrichtungen es im Internet gibt__

Machen Sie sich bereit zum Surfen!

Auf dieser Informationsseite finden Sie viele Hypertext-Links zu anderen Seiten im gesamten World Wide Web.

```
<HTML>
<HEAD>
<TITLE>
</TITLE>
</HEAD>
```

3 Die Befehlssprache HTML teilt Ihrem Browser mit, wie er die Texte, Grafiken, Links und Multimedia-Dateien auf der Homepage darzustellen hat. Die HTML-Datei, die Ihr Browser lädt, um die Homepage darzustellen, beinhaltet weder Grafiken, Sounds, Multimedia-Dateien oder andere Ressourcen. Statt dessen enthält sie Verweise auf diese Dateien. Anhand dieser Verweise findet Ihr Browser die Dateien auf dem Server und stellt sie dann auf der Homepage dar.

```
<BODY>
<P> Haben Sie sich jemals überlegt, was hinter dem
Bildschirm passiert, wenn Sie in das Web eintauchen?

<H3> Sie erfahren hier </H3>

<A HREF="URL"> Go To URL</A>
```

4 Ihr Web-Browser interpretiert spezielle HTML-Tags (Tags sind bestimmte Befehle oder Steuerzeichen) als Verweise auf andere Webseiten, Web-Ressourcen, Grafiken, Multimedia-Dateien, Newsgruppen oder Dateien, die Sie auf Ihren Computer laden können. Je nachdem, um welche Art von Link es sich handelt, führt Ihr Browser unterschiedliche Aktionen aus. Wenn der HTML-Code beispielsweise auf eine andere Homepage verweist, holt sich der Browser die im HTML-Dokument angegebene URL, sobald der Benutzer den unterstrichenen Link auf der Seite anklickt. Wenn der HTML-Code auf eine Datei verweist, die Sie auf Ihren Rechner laden können, so wird der Browser diese Aktion ausführen.

```
<P><IMG SRC="BOOK.GIF">

<H2> Machen Sie sich bereit zum Surfen! </H2>

<P> Auf dieser Informationsseite finden Sie viele
Hypertext-Links zu anderen Seiten im gesamten World
Wide Web.
```

HINWEIS Es gibt viele verschiedene Dateien im Internet, die Ihr Browser nicht selbst darstellen kann. Dies gilt insbesondere für Multimedia-Dateien wie beispielsweise Sound, Video und Animationen. Enthält eine Web-Page Verweise auf solche Dateien, benötigen Sie sogenannte „helper applications" (Hilfsanwendungen), die diese ausführen können. Ihr Web-Browser startet diese Hilfsanwendung, wenn Sie ein Objekt anklicken, das diese benötigt. Sie finden auch Verwendung bei Virtual-Reality-Dateien und um an einem Chat teilzunehmen.

```
</BODY>
</HTML>
```

HINWEIS Die Bedeutung von Tags ist oft leicht zu erraten. Jeder HTML-Tag oder Befehl ist in spitze Klammern eingeschlossen: <P>. Häufig treten diese paarweise als Start- und End-Tag auf. Diese sind identisch, abgesehen davon, daß der End-Tag einen zusätzlichen Schrägstrich hat. So werden Textabschnitte häufig auf folgende Weise definiert: <P> Text </P>. (P steht für englisch „paragraph", also „Absatz"). Groß- und Kleinschreibung spielt dabei keine Rolle, <P> und <p> sind identisch.

Wie der Netscape Communicator funktioniert

2 Das Herz des Communicator ist der Web-Browser Netscape-Navigator.

7 Der Communicator enthält auch einen HTML-Editor, mit dem Sie Webseiten bearbeiten, erstellen und veröffentlichen können.

6 Der Netcaster verwendet die sogenannte Push-Technologie und ist eine besondere Art von Offline-Reader, der den automatischen Empfang von Informationen aus dem Internet und das Abonnieren bestimmter Web Sites ermöglicht. So sparen Sie Zeit und Geld, da Sie nicht mit dem Internet verbunden sein müssen, um auf die Informationen zugreifen zu können.

1 Der Netscape-Communicator ist nicht nur ein Web-Browser, sondern ein ganzes Paket von Internet-Software. Jede Komponente kann unabhängig voneinander oder mit den anderen zusammen verwendet werden.

3 In Intranets verwendet man häufig die Workgroup- und Multimedia-Kommunikationskomponente des Communicator, „Netscape Conference" genannt. Hier können Sie Konferenzschaltungen von Ihrem Computer aus tätigen, und mit anderen Benutzern zusammen Dokumente und Dateien gemeinsam ansehen oder bearbeiten. Das Ganze wird als Whiteboard-Anwendung bezeichnet.

Conference

Messenger

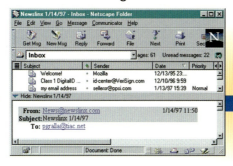

4 Netscape Messenger ist das E-Mail-Programm des Communicator. Im Gegensatz zu anderen E-Mail-Programmen kann Messenger auch HTML-Dokumente lesen, so daß Sie ganze Webseiten oder Nachrichten, die HTML, Bilder und Multimedia enthalten, versenden und empfangen können.

5 Mit zwei anderen Communicator-Anwendungen können Sie Newsgruppen lesen und an Online-Diskussionen teilnehmen. Der Newsreader gibt Ihnen Zugang zu den Artikeln im Usenet bzw. Netnews, während Sie mit der Software Collabra live mit anderen Leuten im lokalen Netzwerk oder im Internet diskutieren können.

Usenet

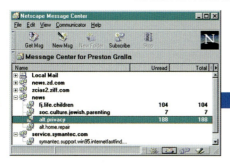

So wird der Internet-Explorer in Windows integriert

1 Ab Version 4.0 des Internet läßt sich die Grenze zwischen Ihrem Computer und dem Internet nicht mehr klar definieren. Die Verbesserungen wurde hauptsächlich durch eine Technologie namens Active Desktop möglich. Die Unterschiede wirken sich vor allem auf das Surfen im World Wide Web aus.

5 Über der HTML-Hintergrundschicht befindet sich die Icon-Schicht. Die Icons sind dieselben Verknüpfungen (Shortcuts) wie unter Windows 95 auch. Wenn Sie auf ein Icon klicken, passieren die gleichen Dinge wie bisher auch: ein Programm wird gestartet, eine Datei wird aufgerufen, ein Ordner wird geöffnet usw.

2 Der Active Desktop besteht aus mehreren Schichten. Die sogenannte Hintergrundschicht läßt den normalen Windows-95-Hintergrund wie eine HTML-Seite funktionieren. Sie können nun nicht nur eine Hintergrundfarbe oder ein -bild auswählen, sondern auch Links auf Webseiten auf Ihrer Arbeitsoberfläche ablegen. Wenn Sie auf den Link klicken, öffnet sich der Internet-Explorer und bringt Sie zur gewünschten Seite.

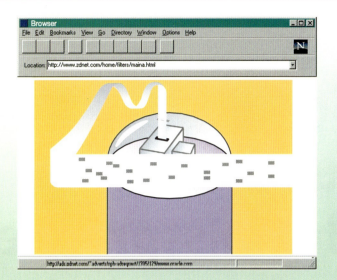

4 Eine Desktop-Komponente wie der Aktienticker kann eine Web Site oder irgendeine andere Komponente des Internet sein. Der Active Desktop kontaktiert den Web-Server, auf dem die Seite liegt, und lädt diese auf Ihren PC. Die Komponente wird (nachdem sie der Größe des Rahmens angepaßt wurde) innerhalb des Rahmens der Desktop-Komponente angezeigt.

3 Auf diese Hintergrundschicht können nun sogenannte Desktop-Komponenten plaziert werden. Das sind HTML-Rahmen, die auf HTML basierende Inhalte, Web Sites und Anwendungen enthalten. Eine Desktop-Komponente könnte beispielsweise ein Aktienticker sein, der laufend die steigenden und fallenden Aktienpreise live anzeigt.

7 Sie können nun jede Anwendung durch einen Doppelklick starten, wie bisher unter Windows auch. Ihre Dokumente werden auch nicht im Internet-Explorer sondern in der dazugehörigen Anwendung angezeigt.

6 Der Internet-Explorer integriert das Internet auch noch auf eine andere Weise in Ihren PC. Sie können nun auf den Inhalt Ihres PCs (also Verzeichnisse, Dateien, Programme etc.) mit dem Web-Browser zugreifen. Wenn Sie ein Laufwerk Ihres PCs eingeben (z.B. C:), wird die Verzeichnisstruktur Ihres Computers im Internet-Explorer dargestellt.

21

So funktionieren Befehlssprachen

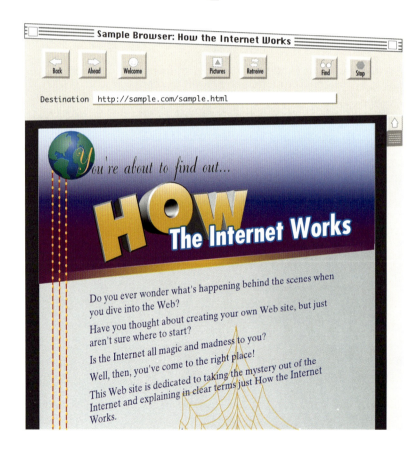

BEFEHLSSPRACHEN

(Markup Languages) sind die Wegweiser einer Webseite. Sie enthalten Anweisungen, die der Browser-Software mitteilen, wie ein Webdokument angezeigt und verwaltet werden soll, so wie Musiknoten einem Musiker mitteilen, wie ein bestimmtes Stück zu spielen ist. Diese Anweisungen oder Tags (Tags sind bestimmte Steuerzeichen oder Befehlsmarken) sind in das Quelldokument, aus dem die Webseite erstellt wird, eingebettet.

Tags verweisen auf Grafiken, die in eigenen Dateien lokalisiert sind, und weisen den Browser an, diese Grafiken abzurufen und auf der Seite anzuzeigen. Tags können einem Browser auch mitteilen, einen Anwender mit einer anderen Datei oder einer Web-Adresse (URL) zu verbinden, wenn er einen aktiven Hyperlink anklickt. Damit verfügt eine Webseite über alles, damit sie auf einem Computer, der über einen Browser verfügt, der die Befehlssprache verstehen kann, angezeigt werden kann.

Ihr Originaltext enthält wahrscheinlich Überschriften, viele Absätze und eine einfache Formatierung. Ein Web-Browser kann all diese Layout-Anweisungen nicht verstehen, weil der Originaltext nicht mit HTML, der Sprache des Web (siehe weiter unten in diesem Kapitel) formatiert ist. Absätze, Wagenrückläufe, Einzüge und mehrfache Zeilenabstände werden statt dessen als einfache Zeilenabstände angezeigt, wenn keine HTML-Auszeichnung hinzugefügt wird.

Befehlssprachen sind nicht mit Programmiersprachen wie C++ oder Pascal zu verwechseln. Programmiersprachen werden verwendet, um komplexe Anwendungen, wie zum Beispiel Textverarbeitungs- oder Tabellenkalkulationsprogramme, zu schreiben. Befehlssprachen sind dagegen viel einfacher und beschreiben die Art und Weise, wie Informationen angezeigt werden sollen – zum Beispiel wird festgelegt, daß der Text in Fettschrift angezeigt werden soll. Bei Befehlssprachen sind Tags in die Dokumente eingebettet, um zu beschreiben, wie die Dokumente formatiert und angezeigt werden sollen.

Die Befehlssprache des Web heißt Hypertext Markup Language oder kurz HTML. Sie legt das Format eines Webdokuments fest und ermöglicht das Einbetten von Hypertext-Links in das Dokument. Sie können jeden beliebigen Texteditor oder Textverarbeitungsprogramm verwenden, um einem ASCII-Textdokument HTML-Tags hinzuzufügen, aber auch eine Reihe von Sharewareprodukten und im Handel erhältlichen HTML-Editoren können für Autoren von Webseiten eine Hilfe sein.

Das Web entwickelt sich von Tag zu Tag weiter, und parallel dazu erweitert und verändert sich auch HTML. Als neueste Entwicklung von HTML wurden mehrere Technologien entwickelt, die zusammen als Dynamic HTML oder kurz DHTML bezeichnet werden. Sie machen aus HTML mehr als eine statische Sprache, ermöglichen das Ausführen von Animationen und bieten eine höhere Interaktivität und Flexibilität.

So funktioniert HTML

Um Webseiten in einem Browser anzuzeigen, müssen Sie Ihrem Originaltext HTML-Tags hinzufügen. Dieser Vorgang wird als *Tagging* bezeichnet.

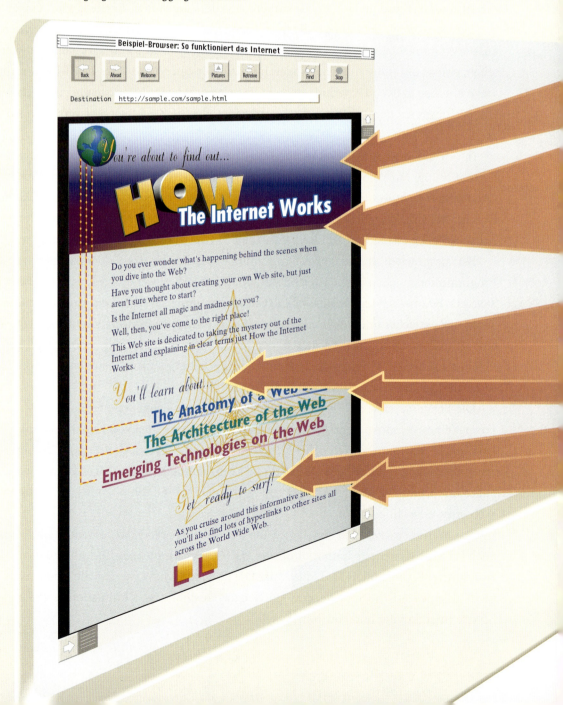

2 Sie verwenden HTML, um Ihrem Text eine Struktur zu verleihen. Sämtliche HTML-Dateien beginnen und enden mit HTML-Tags. Die Überschriften, Absätze, Zeilenwechsel, Zitatblöcke und Hervorhebungen einer bestimmten Zeichenauswahl werden als solche markiert. Eventuelle Wagenrückläufe oder Einzüge im Quelltext wirken sich nicht auf die Seitenanzeige des Browsers aus. Um den Text in einem Browser anzuzeigen, müssen HTML-Tags eingefügt werden.

3 Das fertiggestellte HTML-Dokument dient dem Browser eines Computers als Quellseite. Der einfache Charakter von HTML gestaltet plattformübergreifende Kompatibilität einfach und verläßlich. Je komplexer und spezieller das HTML-Tagging, desto länger dauert es, das Dokument herunterzuladen und anzuzeigen.

Text anzeigen: „So funktioniert das Internet"

```
<HTML>
<HEAD>
<TITLE>Sample Browser: How The Internet Works</TITLE>
</HEAD>
```

Text anzeigen: „Haben Sie sich schon mal gefragt..."

```
<BODY background= "Spider.GIF">
<IMG SRC = "top.gif">
<P>
<BLOCKQUOTE>
Do you ever wonder what's happening behind the scenes when you dive into the Web?
<P>
Have you thought about creating your own Web site, but just aren't sure where to start?
<P>
Is the Internet all magic and madness to you?
<P>
Well, then, you've come to the right place!
<P>
This web site is dedicated to taking the mystery out of the Internet and explaining in clear terms just How the Internet Works.
```

Text anzeigen: „Sie erfahren Näheres über..."

```
<H1> You'll learn about...</H1>
<BLOCKQUOTE>
<A HREF = "anatomy.html">The Anatomy of a Web Site</A>
<P>
<A HREF = "architecture.html">The Architecture of the Web</A>
<P>
<A HREF = "emerging.html">Emerging Technologies on the Web</A>
</BLOCKQUOTE>
</BLOCKQUOTE>
```

Verknüpfung zu dieser Seite erzeugen

```
<IMG SRC = "footer.gif" ALIGN=LEFT>
```

Text anzeigen: „Machen Sie sich bereit zum Surfen!"

```
<BLOCKQUOTE>
<H2> Get ready to surf!</H2>
```

Text anzeigen: „Auf dieser informativen Seite..."

```
As you cruise around this informative site, you'll also find lots of hyperlinks to other sites all across the World Wide Web.
</BLOCKQUOTE>

</BODY>
</HTML>
```

4 Die meisten Web-Browser erhalten die strukturelle Integrität eines Dokuments, wenn es angezeigt oder analysiert wird. Überschriften werden zum Beispiel in einer größeren Schriftgröße angezeigt als Text in Absätzen, und Zitatblöcke haben einen einheitlichen Einzug. Die Ansicht kann jedoch von Browser zu Browser unterschiedlich sein. Beachten Sie, daß Browser die genaue Schriftart, Schriftgröße und Farbe festlegen. Achten Sie auch darauf, daß die Abstufung der einzelnen Elemente untereinander immer erhalten bleibt.

So funktioniert Dynamic HTML

1 Dynamic HTML (DHTML) unterscheidet sich von konventionellem HTML dadurch, daß es die Möglichkeit bietet, Webseiten auf die Schnelle, nach dem Herunterladen, zu verändern. Bei gewöhnlichem HTML ist eine Seite, wenn sie einmal heruntergeladen ist, statisch und kann nur verändert werden, wenn der Anwender Aktionen initialisiert. Aber DHTML kann beispielsweise eine Animation ablaufen und mehrere Sekunden, nachdem die Seite heruntergeladen wurde, eine Rakete über Ihr Browserfenster fliegen lassen – ohne daß Sie irgend etwas dazu tun.

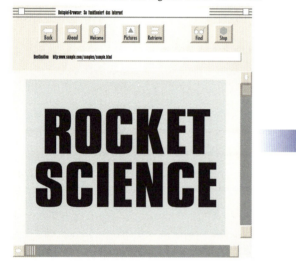

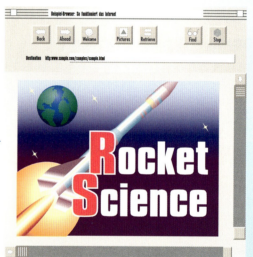

2 Für diese Aktion benötigt DHTML nach dem Herunterladen der Seite keinen Kontakt zum Server, das heißt, es kann einige interaktive Funktionen schneller als andere Technologien, die Kontakt zum Server haben, ausführen. Die Anweisungen zum Ausführen der Befehle befinden sich in den HTML-Befehlen auf der Seite selbst.

Webserver

Webseite

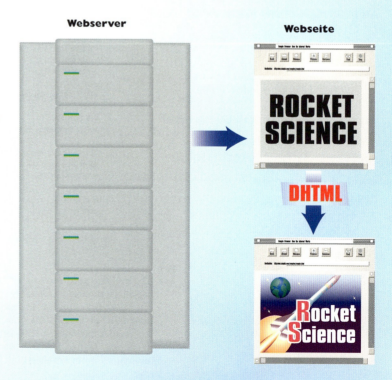

3 Obwohl auf DHTML häufig Bezug genommen wird, als hätte man es hier mit einer Einzeltechnologie zu tun, trifft das nicht zu. DHTML ist vielmehr der allgemeine Begriff für eine ganze Gruppe von Technologien, die entweder zusammenarbeiten oder unabhängig voneinander arbeiten, um eine Webseite zu ändern, nachdem sie auf Ihren Computer heruntergeladen wurde. Diese Technologien heißen im einzelnen Document Object Model (DOM), Cascading Style Sheets (CSS) und Client-Skriptsprachen wie zum Beispiel JavaScript.

DHTML-Elemente — **DOM (Document Object Model)** — **HTML** — **DHTML**

4 Die Technologie DOM definiert jedes Objekt und Element auf einer Webseite und ermöglicht die Bearbeitung oder den Zugriff auf diese Objekte. Dazu gehören Schriftarten, Grafiken, Tabellen und visuelle Elemente wie auch Elemente, die nicht immer sichtbar sind, wie zum Beispiel die Versionsnummer des Browsers sowie aktuelles Datum und Uhrzeit. Ohne DOM sind alle Elemente der Seite statisch. Auf einfachstem Niveau kann DHTML mit Hilfe dieser Technologie die Schriftart jedes Buchstabens auf der Webseite einzeln ändern.

CSS (Cascading Style Sheets)

5 Die Technologie Cascading Style Sheets (CSS) besteht im wesentlichen aus Vorlagen, die Formatierungen und Informationen von Formatvorlagen auf Elemente einer Webseite anwenden. Die Bezeichnung „cascading", stufen- oder kaskadenförmig, leitet sich daraus ab, daß mit jeder einzelnen Seite mehr als eine Formatvorlage verknüpft sein kann. Außerdem ermöglicht CSS die überlappende Darstellung von Grafiken. So lassen sich ohne weiteres Animationen auf einer Seite erzeugen.

Client-Skriptsprachen

6 Client-Skriptsprachen übernehmen einen Großteil der Arbeit von DHTML. Diese Sprachen greifen auf die DOM-Technologie zu und bearbeiten die einzelnen Elemente. Das gleiche Vorgehen gilt für CSS. Die Client-Skriptsprachen führen die Arbeitsschritte von DHTML aus. So kann ein Skript beispielsweise die Farbe eines Wortes ändern, wenn die Maus über das Wort gezogen wird, oder benutzerfreundliche ausblendbare Navigation auf jeder Seite einer Website erzeugen.

KAPITEL

22

So funktioniert Hypertext

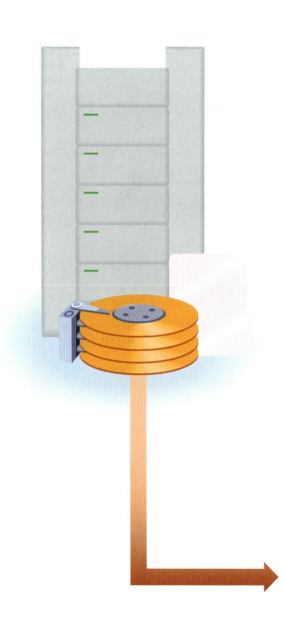

ENDE der 60er Jahre hat der Computerwissenschaftler Ted Nelson den Hypertext eingeführt und damit ein Konzept geschaffen, das die Grundlage des World Wide Web und seiner Verbindungen zwischen Dokumenten oder Seiten bildet.

Nelson wollte eine neue Form der Informationssuche schaffen. Er wollte dem Leser die Möglichkeit bieten, beim Lesen der Seite unmittelbar auf immer mehr und tiefergehende Informationen über ein für den Leser besonders interessantes Thema zuzugreifen. Der Leser mußte ein Dokument nicht von Anfang bis Ende lesen und die Informationen in der dargestellten Reihenfolge verarbeiten, sondern konnte zum Beispiel ein Wort markieren und sofort mehr Informationen über die Bedeutung dieses Wortes in Erfahrung bringen.

Offenbar hatte Tim Berners-Lee dieses Hypertext-Konzept vor Augen, als er darüber nachdachte, wie Nachforscher ihre Arbeit über das Internet gegenseitig ergänzen könnten. Er stellte sich ein System vor, in dem Dokumente mit anderen Dokumenten verbunden werden und Nachforscher leichten Zugang zu zusätzlichen und themenverwandten Informationen haben, indem sie einfach der Verknüpfung zwischen dem einen Netzwerkdokument und einem anderen folgen.

In der Regel besteht ein Hypertext aus einem Hyperlink, der auf dem Bildschirm als markiertes Wort, Symbol oder Grafik angezeigt wird. Wenn Sie die Maus über dieses Element oder Objekt ziehen und es danach anklicken, können Sie ohne weiteres zusätzliche Informationen ansteuern. Im Web kann diese Information in einer beliebigen anderen Webadresse lokalisiert sein, entweder auf dem gleichen Host-Server oder irgendwo auf der Welt. Die verknüpften Objekte können unterschiedliche Medien sein, wie zum Beispiel Text (etwa die Verknüpfung zwischen einem Buchstaben und einem ganzen Dokument), eine Grafikschaltfläche (wie beispielsweise Richtungspfeile, über die der Anwender von einer Seite auf die nächste gelangt) oder statische Bilder (wie Fotos, Symbole oder ein Comic strip). Die miteinander verknüpften Dokumente und Objekte können auf der gleichen Site wie das Originaldokument oder aber auch in einem ganz anderen Dokument lokalisiert sein.

Hypertext-Links sind in ein Webdokument eingebettet, das die Befehlssprache Hypertext Markup Language oder HTML verwendet. Eine Textverknüpfung wird in der Regel auf dem Bildschirm als unterstrichenes Wort oder Ausdruck angezeigt und hat manchmal eine andere Farbe als der übrige Text, je nachdem, wie Ihr Web-Browser den HTML-Code interpretiert. Wenn Sie die Maus über diesen unterstrichenen Text bewegen und anschließend auf die Maustaste klicken, initialisieren Sie eine Anfrage des Browsers nach einer neuen Webseite oder – wenn der Text eine interne Verknüpfung zu Informationen innerhalb des Dokuments enthält – eine Anweisung an Ihren Browser, einen Bildlauf zu einer anderen, spezifischen Stelle innerhalb des gleichen Dokuments durchzuführen.

Grafiken oder Symbole können ebenfalls als Hyperlinks fungieren. Wenn Sie die Maus über das Symbol bzw. die Grafik bewegen und anschließend die Maustaste anklicken, initialisieren Sie eine Anforderung, die verknüpften Informationen abzurufen.

So funktionieren Hyperlinks

Site

1 Der Hyperlink-Vorgang beginnt, wenn Sie eine Webseite von einem entfernten Webserver abrufen. Über Zielverknüpfungen innerhalb einer Seite gelangen Sie schnell von einem Seitenbereich zum nächsten.

KAPITEL

28 Wie Hypertext arbeitet

So funktioniert das Internet

Teil 6

Kapitel 25: So funktionieren Webseiten
Kapitel 26: So funktionieren Browser
Kapitel 27: So funktionieren Befehlssprachen
Kapitel 28: So funktioniert Hypertext

Kapitel 29: So funktionieren Webadressen
Kapitel 30: So funktionieren Image Maps und Interactive Forms
Kapitel 31: So funktionieren Befehlssprachen
Kapitel 32: So funktionieren Websites und Datenbanken

`<A HREF = "#TARGET">ZIELVERKNÜPFUNGEN<A/>`

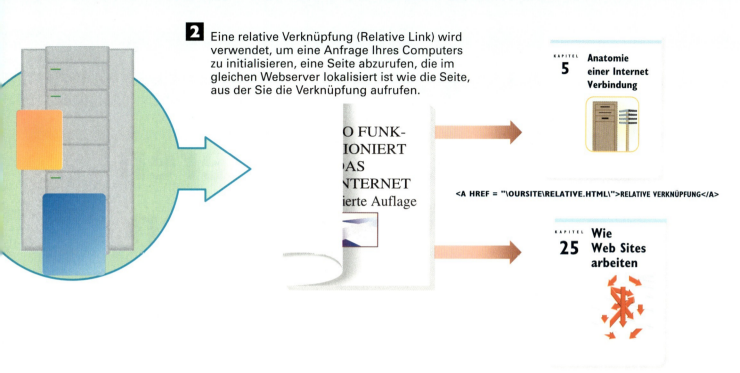

2 Eine relative Verknüpfung (Relative Link) wird verwendet, um eine Anfrage Ihres Computers zu initialisieren, eine Seite abzurufen, die im gleichen Webserver lokalisiert ist wie die Seite, aus der Sie die Verknüpfung aufrufen.

KAPITEL **5** Anatomie einer Internet Verbindung

<A HREF = "\OURSITE\RELATIVE.HTML\">RELATIVE VERKNÜPFUNG</A>

KAPITEL **25** Wie Web Sites arbeiten

<A HREF = "\OURSITE\RELATIVE.HTML\">RELATIVE VERKNÜPFUNGEN</A>

3 Ein Hyperlink, der zu einem ganz anderen Webserver verweist, verwendet eine absolute Verknüpfung (Absolute Link).

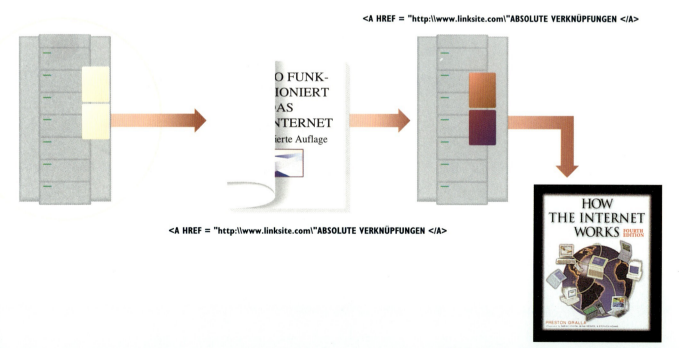

<A HREF = "http:\\www.linksite.com\"ABSOLUTE VERKNÜPFUNGEN </A>

<A HREF = "http:\\www.linksite.com\"ABSOLUTE VERKNÜPFUNGEN </A>

<A HREF = "http:\\www.linksite.com\"ABSOLUTE VERKNÜPFUNGEN </A>

KAPITEL

23

So funktionieren Webadressen

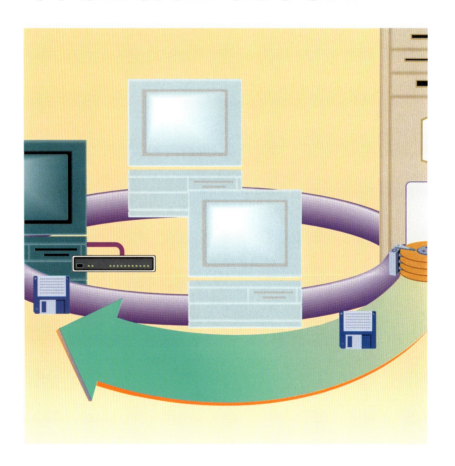

DIE Webseiten und Hosts, die das World Wide Web bilden, müssen spezifische Lokalisierungen aufweisen, damit Ihr Computer die Seiten finden und abrufen kann. Der spezifische Bezeichner eines Hostcomputers ist seine IP (Internet Protocol)-Adresse und der spezifische Bezeichner einer Seite ihre URL (Uniform Resource Locator). Die Webadresse ist durchaus mit einer Post- oder E-Mail-Adresse zu vergleichen. Wie Post- und E-Mail-Adressen einen Namen und einen bestimmten Standort enthalten, gibt auch die URL oder Webadresse unter anderem an, wo der Hostcomputer lokalisiert ist, wo die Website im Hostcomputer lokalisiert ist, nennt den Namen der Webseite und den Dateityp des jeweiligen Dokuments.

Eine typische Webadresse sieht folgendermaßen aus:

```
http://www.zdpress.com/internetworks/index.html/
```

Interpretiert man die Anweisungen dieser Webadresse in der Reihenfolge von links nach rechts, ergäbe sich Folgendes:

„Gehe zum Hostcomputer namens zdpress (eine Firma), in ein Verzeichnis namens internetworks, und rufe ein Hypertext-Dokument mit dem Dateinamen index.html ab." Die Webadresse oder URL teilt dem Browser mit, welches Dokument er abrufen soll und an welchem genauen Ort eines bestimmten entfernten Hostcomputers irgendwo im Internet es zu finden ist.

Der erste Teil der URL gibt an, welcher Übertragungsprotokolltyp zum Abrufen des angegebenen Dokuments verwendet wird. Am häufigsten wird ein Hypertext-Dokument angefordert, welches das Protokoll HTTP (Hypertext Transfer Protocol) verwendet.

Der zweite Teil der URL gibt den spezifischen Hostcomputer an, auf dem das Dokument lokalisiert ist, das von der Browser-Software abgerufen werden soll. Dieser Adressenbereich heißt auch Domänenname. (Siehe Kapitel 4 „Internet-Adressen und Domains verstehen" und Kapitel 6 „Internet-Dateitypen")

Der dritte Teil der URL gibt das Hostcomputer-Verzeichnis an, in dem sich die spezifische Website oder mehrere Websites befinden. Diese Angabe befindet sich immer hinter dem ersten Einzelschrägstrich der URL und bezeichnet im allgemeinen das Unterverzeichnis auf der Festplatte, auf der sich die Website befindet. In diesem Adressenbereich können auch weitere Unterverzeichnisse angegeben sein. Würde man die oben angegebene Webadresse beispielsweise folgendermaßen verändern:

```
http://www.zdpress.com/internetworks/Teil1/Kapitel/Kapite.html/
```

so gäbe es zwei Unterverzeichnisse – Teil1 und Kapitel.

Im obigen Beispiel lautet der Dateiname Kapite.html. Er bildet immer den letzten Teil der Webadresse. Sehen Sie eine Adresse ohne Dateinamen, ist anzunehmen, daß der Dateiname index.html die gewünschte Webseite enthält. Ist kein anderer Dateiname angegeben, so liefert der Webserver als Standarddokument die Datei index.html aus.

So ist eine Webadresse (URL) aufgebaut

1 Der erste Teil der Webadresse gibt an, welcher Übertragungsprotokolltyp verwendet wird, um das spezifische Dokument abzurufen. Am häufigsten wird ein Hypertext-Dokument angefordert, welches das Protokoll HTTP verwendet.

3 Der dritte Teil der Webadresse gibt das Verzeichnis im Hostcomputer an, in dem sich die spezifische Website befindet. Ein Hostcomputer kann mehrere Websites enthalten. Dieses dritte Adressensegment ist meist das Stammverzeichnis, in dem sich die Site befindet. In diesem Adressensegment können auch Unterverzeichnisse angegeben sein.

| Back | Ahead | Welcome | Pictures | Retrieve | Find | Stop |

Zieladresse   `http://www.Beispiel.com/Beispiele/Beispiel.html`

2 Der zweite Teil der Webadresse gibt den spezifischen Hostcomputer an, auf dem sich das Dokument befindet und mit dem die Browser-Software Kontakt aufnehmen muß. Dieser Teil der Adresse wird auch als Domäne bezeichnet. Domännennamen haben am Ende einen Zusatz, der angibt, um welche Organisationsart es sich bei dieser Domäne handelt. Gebräuchliche Domänen in den USA sind .com für Firmen und Unternehmen, .edu für Universitäten und Bildungseinrichtungen, .gov für Regierungsbehörden, .mil für militärische Organisationen und .org für nicht-profit-orientierte Organisationen. Der Zusatz kann auch auf das Land verweisen, in dem der Hostcomputer lokalisiert ist. So stehen beispielsweise .ca für Kanada, .au für Australien, .de für Deutschland und .uk für Großbritannien.

4 Das letzte Segment der Webadresse gibt den Dateinamen der spezifischen Webseite an, die Sie anfordern. Ist kein Dateiname angegeben, geht der Browser davon aus, daß es sich um eine Standardseite handelt, die in der Regel den Namen index.html trägt.

So helfen Webadressen beim Abrufen von Webdokumenten

1 Der auf Ihrem lokalen Computer installierte Web-Browser sendet Ihrer TCP/IP-Software ein Signal, daß er zur Anforderung eines Dokuments bereit ist. TCP/IP stellt eine Verbindung mit der TCP/IP-Software des Hosts her. Ist die Verbindung aufgebaut, sendet Ihr Browser eine Dokumentanforderung, indem er seine URL über die Zweiwegeverbindung sendet, die TCP/IP zum Server unterhält.

2 Der HTTP-Server ist die Komponente des Hostcomputers, auf der die HTTP-Server-Software ausgeführt wird. So wird die Verbindung von TCP/IP hergestellt und aufrechterhalten. Der Browser kann HTTP verwenden, um über die Webserver-Software des Hostcomputers Seiten anzufordern und zu empfangen. Diese Software ermöglicht dem Hostcomputer, unter Verwendung von HTTP über die TCP/IP-Verbindung mit dem Client-Browser zu kommunizieren.

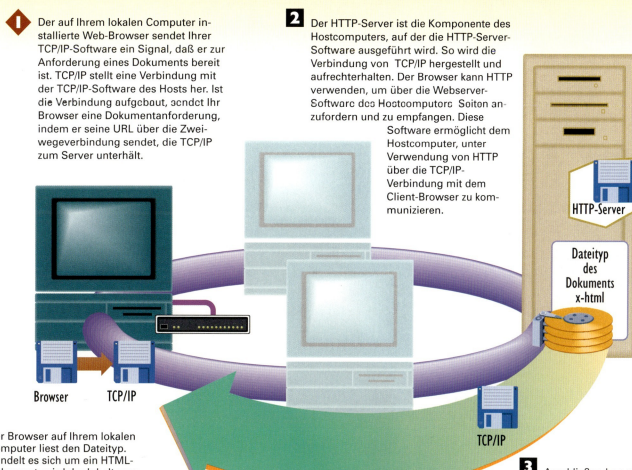

HTTP-Server

Dateityp des Dokuments x-html

Browser   TCP/IP

TCP/IP

5 Der Browser auf Ihrem lokalen Computer liest den Dateityp. Handelt es sich um ein HTML-Dokument, wird der Inhalt vom Browser geprüft und in zusammengehörige Segmente aufgeteilt. Zwei allgemeine Segmente enthalten unter anderem Text, der vom Browser Wort für Wort angezeigt wird; das andere Segment besteht aus HTML-Code, sogenannten Tags, die nicht angezeigt werden, aber Formatierungsinformationen enthalten wie zum Beispiel: normaler Text, Überschrift in Fettschrift oder farbiger Hypertext. Die Ergebnisse werden auf Ihrem Monitor angezeigt.

4 Wird das Dokument gefunden, prüft der Host den Dateityp (in der Regel entweder HTML- oder Text-Format) des Dokuments und leitet diese Information zusammen mit der angeforderten Seite an den Client weiter. Wenn der Client die Seite empfängt, prüft er zunächst den Dateityp. Handelt es sich um einen Dateityp, der von ihm angezeigt werden kann, initialisiert er die Anzeige. Andernfalls erscheint eine Eingabeaufforderung für den Benutzer, um festzustellen, ob die Seite auf die Festplatte gespeichert oder mit einer Hilfsanwendung geöffnet werden soll. Der HTML-Dateityp ist bei weitem der häufigste Dateityp für die Übertragung von Webseiten.

3 Anschließend empfängt der Server die übermittelte URL und kann auf drei verschiedene Weisen darauf reagieren:
1. Er verfolgt den in der URL angegebenen Verzeichnispfad.
2. Er sucht die Datei auf seiner lokalen Festplatte und öffnet sie. Oder:
3. Der Server führt ein CGI-Skript aus oder stößt auf eine Fehlermeldung (wie zum Beispiel „Datei nicht gefunden") und erzeugt ein Fehlermeldungsdokument, das an den Client zurückgesendet wird.

KAPITEL 24

So funktionieren Webserver

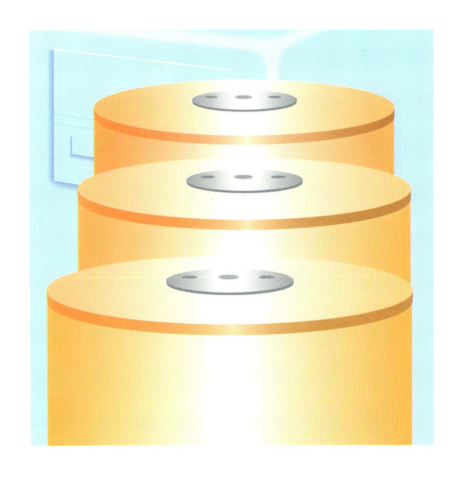

UM Seiten handhaben zu können, benötigen Websites einen Host – einen Computer – und eine Server-Software, die auf dem Hostcomputer ausgeführt wird. Der Host verwaltet die Kommunikationsprotokolle und beherbergt die Seiten und die dazugehörige Software, die für das Erstellen einer Website im Internet benötigt werden. Der Host verwendet häufig die Betriebssysteme Unix, Windows NT oder Macintosh, in die TCP/IP-Protokolle integriert sind.

Die Server-Software befindet sich auf dem Hostcomputer und bedient die Seiten, reagiert aber auch auf Anforderungen der Browser-Software des Clients. Der Webserver ist nicht zuständig für die TCP/IP-Kommunikation – das ist Aufgabe des Betriebssystems –, statt dessen ist er verantwortlich für die Handhabung von HTTP-Anforderungen und die Kommunikation mit dem Betriebssystem des Hostcomputers.

Es gibt unterschiedliche Serversoftware-Typen (wie zum Beispiel Datenbankserver- oder Netzwerkserver-Software), die unterschiedliche Arten von Diensten für unterschiedliche Arten von Clients durchführen. Der Webserver ist insbesondere ein HTTP-Server und hat die Funktion, Informationen an die Client-Software (in der Regel ein Browser) weiterzuleiten, die das Hypertext Transfer Protocol verwendet.

In der Regel sendet der Client-Browser eine Anforderung, daß der Server ein HTML-Dokument zurückgeben soll. Der Server empfängt diese Anforderung und schickt eine Antwort zurück. Der obere Teil der Antwort enthält Übertragungsdaten, und der übrige Teil der Antwort besteht aus einer HTML-Datei.

Ein Webserver sendet jedoch nicht nur Seiten an einen Browser. Er leitet Anforderungen zur Ausführung von CGI (Common Gateway Interface)-Skripts an die CGI-Anwendungen weiter. Diese Skripts führen externe Miniprogramme aus, wie eine Datenbanksuche oder die Bearbeitung interaktiver Formulare. Der Server leitet das Skript über CGI an die Anwendung weiter und teilt die Skript-Ergebnisse bei Bedarf dem Browser mit. Außerdem enthält die Server-Software auch Konfigurationsdateien und Dienstprogramme, um die Website auf verschiedene Art und Weise zu sichern und zu verwalten.

So funktioniert Webserver-Software

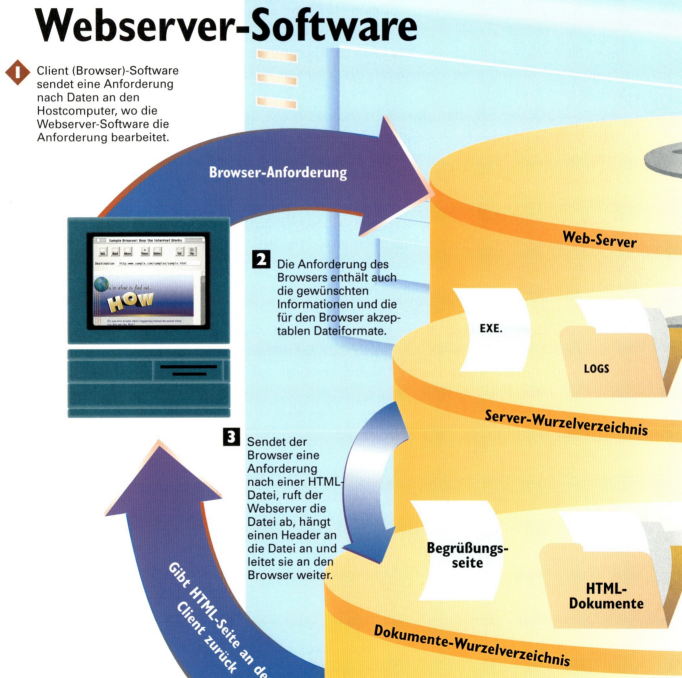

1 Client (Browser)-Software sendet eine Anforderung nach Daten an den Hostcomputer, wo die Webserver-Software die Anforderung bearbeitet.

Browser-Anforderung

2 Die Anforderung des Browsers enthält auch die gewünschten Informationen und die für den Browser akzeptablen Dateiformate.

3 Sendet der Browser eine Anforderung nach einer HTML-Datei, ruft der Webserver die Datei ab, hängt einen Header an die Datei an und leitet sie an den Browser weiter.

Gibt HTML-Seite an den Client zurück

Web-Server

EXE.

LOGS

Server-Wurzelverzeichnis

Begrüßungs-seite

HTML-Dokumente

Dokumente-Wurzelverzeichnis

IP-Adresse

83.382.1.838

BEACHTE: Ein Computer mit einer IP-Einzeladresse kann mehrere Servertypen beherbergen. Soll nicht der IP-Standardserver, sondern ein anderer Server adressiert werden, ist unter Umständen die Angabe einer Portnummer erforderlich, damit der richtige Server identifiziert werden kann. Jeder Port ist mit einem bestimmten Server verbunden. Ports werden mit einer Zahl zwischen 0 und 65535 identifiziert, aber allgemeine Servertypen wie zum Beispiel FTP-Server erhalten üblicherweise immer die gleiche Portnummer.

4 Hat der Browser zum Beispiel eine spezifische Datenbankinformation angefordert, leitet der Webserver eine Anforderung über CGI an die Anwendung weiter, die dann eine Datenbanksuche durchführt. Das CGI-Skript gibt die Ergebnisse an den Webserver zurück, der den Daten wiederum einen Header hinzufügt und sie an den Browser weiterleitet.

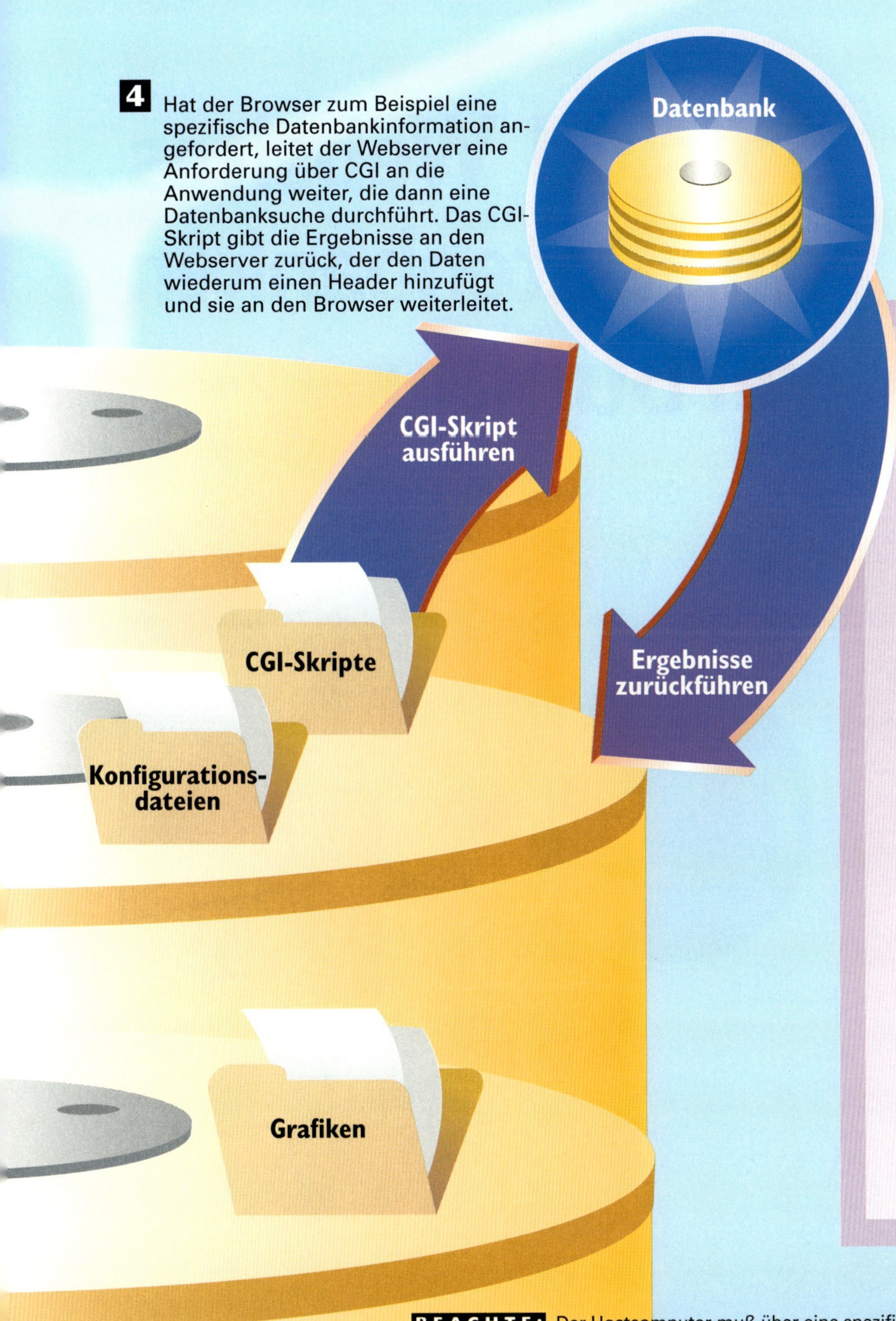

Datenbank

CGI-Skript ausführen

CGI-Skripte

Konfigurations-dateien

Ergebnisse zurückführen

FTP Server #21

Gopher Server #70

Telnet Server #23

Usenet Server #119

Grafiken

WAIS Server #210

BEACHTE: Der Hostcomputer muß über eine spezifische IP-Adresse verfügen, um über das Internet Daten empfangen und senden zu können. Weil die eigentlichen IP-Adressen schlecht zu merken sind, wird ihnen ein spezifischer Domänenname zugeordnet, der leichter einprägsam ist. Der Domänenname ist Bestandteil eines hierarchischen Suchsystems, dem Domain Name System (DNS).

Domänenname

books.zdp.com

Kapitel

25

So sind Websites mit Datenbanken verbunden

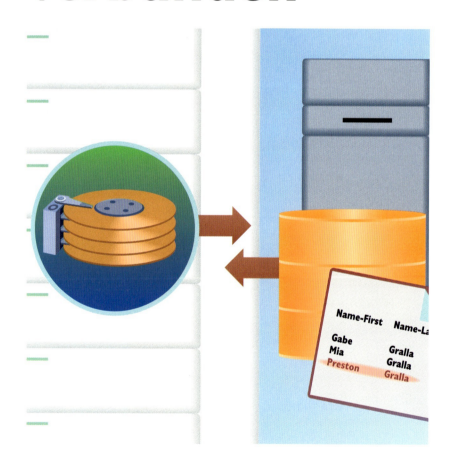

EINE der nützlichsten Anwendungen des Webs ist die Möglichkeit, eine Website mit einer Datenbank zu verbinden, um Web-Surfer bei der Informationssuche zu unterstützen. Im Grunde genommen wird die Webseite zur Vorschalteinrichtung von Datenbankanwendungen. Sie ermöglicht die Auswahl bestimmter Suchkriterien und das Ausführen selbst komplexer Suchvorgänge einer Datenbank, die sich auf dem Hostcomputer befindet.

Ein bekanntes und häufig angeführtes Beispiel für diesen Verbindungstyp zwischen Websites und Datenbanken ist die beliebte Website Yahoo!. Sie dient als Vorschalteinrichtung für eine umfangreiche Datenbank mit Website-Beschreibungen, die nach Schlüsselwörtern durchsucht werden kann. Die Begrüßungsseite enthält ein Such-Dialogfeld, in das ein Schlüsselbegriff eingegeben werden kann, um das Thema einzugrenzen, zu dem Sie Informationen suchen. Wenn Sie auf dieser Seite die Schaltfläche „Suchen" anklicken, leitet der Browser eine Anforderung an den Webserver weiter mit der Mitteilung, eine Liste aller Websites zurückzugeben, in denen dieser Schlüsselbegriff vorkommt.

Außerdem kann das Web nicht nur Daten bereitstellen, sondern es kann auch Daten sammeln. Viele Websites fordern den Anwender zum Beispiel auf, Namen, Adresse und andere Daten „zu registrieren", die dann in einer Datenbank gespeichert werden.

Aber wie funktioniert das alles? Sie müssen kein Konzernriese – aber auch kein fähiger Programmierer – sein, um Ihre Website mit einer Datenbank zu verbinden. Das Herstellen einer Verbindung zwischen einer Website und einer Datenbank kann ein relativ einfacher Vorgang sein. Die Datenbank kann fast jedes beliebige Format haben und so einfach wie eine FileMaker-Pro-Datenbank oder so komplex wie eine Oracle-SQL-Datenbank strukturiert sein. Die Brücke, die die Websites mit den Datenbanken verbindet, ist das Common Gateway Interface (CGI).

Der Datenbank-Client zeigt eine Webseite an, die ein Formularfeld enthält, in das Sie Suchbegriffe eintragen können. Führen Sie die Suche durch, wird ein CGI-Skript initialisiert, das über eine Verknüpfung mit dem auf dem Webserver lokalisierten CGI-Binverzeichnis einen Suchbefehl an den Webserver weiterleitet. Eine Suche in der Yahoo!-Site nach Public-Relations-Firmen sieht zum Beispiel folgendermaßen aus:

```
http://search.yahoo.de/search/de?p=public+relations
```

Wenn der Webserver diese URL erhält, identifiziert er sie als Auslöser für ein CGI-Skript und leitet dieses Skript zusammen mit den Suchkriterien (in diesem Beispiel Public Relations) über CGI an das Miniprogramm weiter. Das CGI-Skript leitet dann die Suche an die Datenbank weiter. Anschließend empfängt es die Suchergebnisse zusammen mit der von der Datenbank erstellten HTML-Seite mit dem Ergebnis und leitet sie an den Webserver weiter, der sie anschließend an den Client zurücksendet.

So sind Websites mit Datenbanken verbunden

1 Die Suche beginnt auf einer Webseite, die über ein Formularfeld verfügt, in das Suchbegriffe eingegeben werden können, und die HTML-Code zum Ausführen eines CGI-Skripts enthält. Der Browser kann die Daten über eine Abfragezeichenfolge an den Webserver weiterleiten. Die Abfragezeichenfolge enthält den Namen des CGI-Skripts in einem Verzeichnis namens cgi-bin. Diesem Verzeichnis folgt ein Unterverzeichnis, das die Suchbegriffe enthält und häufig durch ein Fragezeichen oder Schrägstriche abgegrenzt ist. Der HTML-Code für einen eigenen Pfad könnte lauten: <a href="cgi-bin/search?preston+gralla/">.

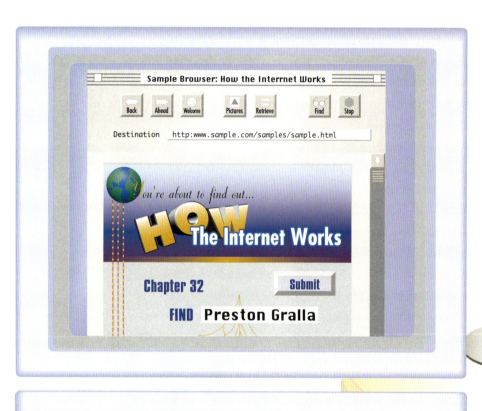

<a href="cgi-bin/search?pre

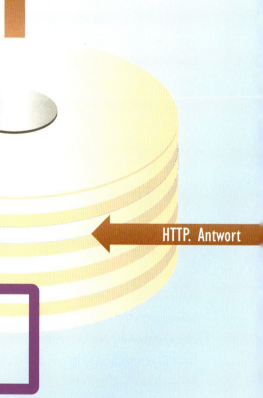

HTTP. Antwort

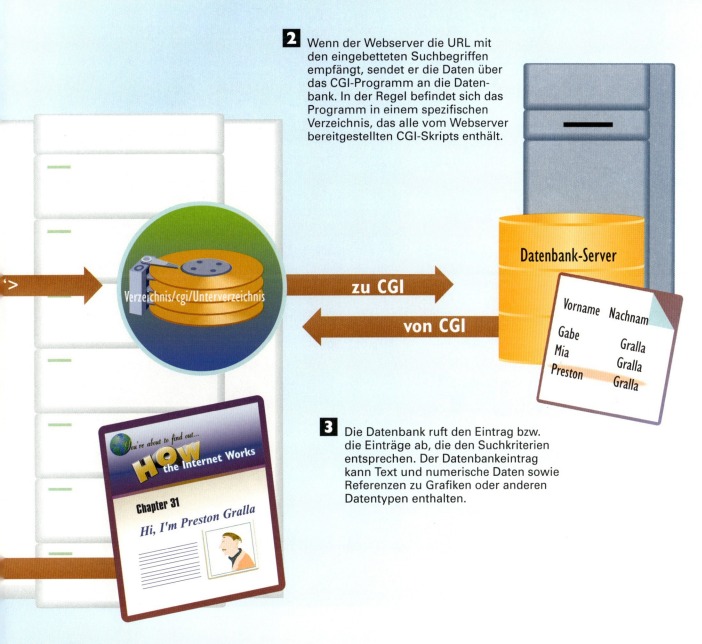

2 Wenn der Webserver die URL mit den eingebetteten Suchbegriffen empfängt, sendet er die Daten über das CGI-Programm an die Datenbank. In der Regel befindet sich das Programm in einem spezifischen Verzeichnis, das alle vom Webserver bereitgestellten CGI-Skripts enthält.

Verzeichnis/cgi/Unterverzeichnis

zu CGI

von CGI

Datenbank-Server

Vorname	Nachnam
Gabe	Gralla
Mia	Gralla
Preston	Gralla

You're about to find out...
HOW the Internet Works

Chapter 31

Hi, I'm Preston Gralla

3 Die Datenbank ruft den Eintrag bzw. die Einträge ab, die den Suchkriterien entsprechen. Der Datenbankeintrag kann Text und numerische Daten sowie Referenzen zu Grafiken oder anderen Datentypen enthalten.

4 Die Datenbank gibt die Daten über CGI in Form einer neuen HTML-Seite an den Webserver zurück. Der Server leitet die Seite anschließend als neue HTML-Seite an den Client-Browser zurück.

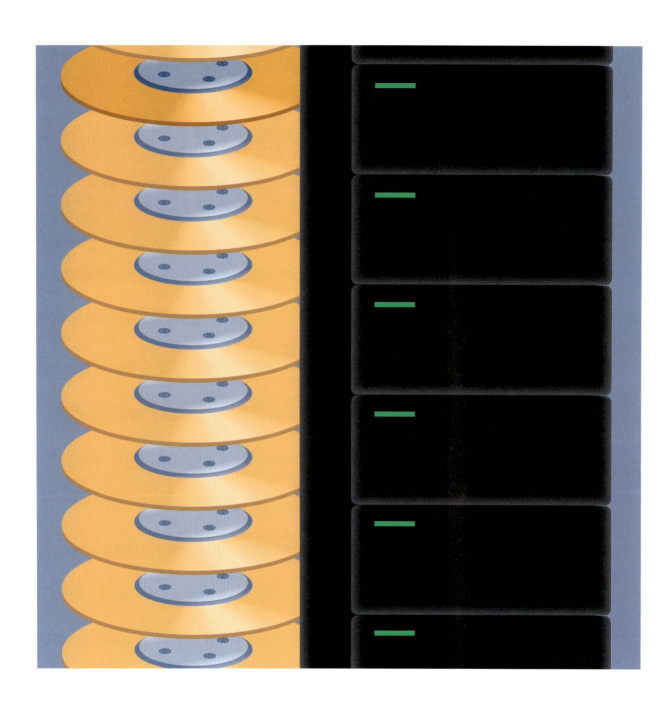

T E I L

INTERNET-WERKZEUGE FÜR FORTGESCHRITTENE

Es ist die ständige Veränderung, die das Internet so viel interessanter als die ganzen anderen Kommunikations- und Informationsmedien wie Fernsehen oder Radio macht. Bereits bestehende Technologien werden verbessert und jeden Tag kommen neue hinzu, die das Medium Internet vielfältiger, interaktiver, unterhaltsamer und produktiver machen.

Die neuen Technologien entwickeln sich so schnell, daß Leute, die in Ihrem Beruf mit dem Internet zu tun haben, eine neue Art von Zeitmessung erfunden haben: „WWW-" oder „Internet-Jahre". Die Anzahl der Veränderungen im Internet innerhalb von zwei Monaten ist so groß wie die der Veränderungen im „richtigen" Leben in einem Jahr. Ein Internet-Jahr entspricht also etwa zwei Monaten.

Die meisten Veränderungen passieren in den Internet-Technologien. Gewöhnlicherweise entspringt eine neue Idee der Kreativität einer kleinen Firma oder einer Einzelperson. Sie verbreitet sich dann meist über das Internet und entwickelt sich in kürzester Zeit von einer Idee zu einem neuen Standard im Internet.

In diesem Teil betrachten wir einige dieser fortgeschrittenen Internet-Technologien und -Werkzeuge. Viele von ihnen haben das Internet extrem verändert und es in ein echtes interaktives Medium verwandelt, in dem sich alle Leute leicht zurechtfinden können. Mit Hilfe dieser Technologien können Web-Publisher und Internet-Entwickler Informationen für alle effektiver gestalten und präsentieren.

Wir behandeln eine Technologie, die das Internet mehr als alle anderen verändert hat: Java. Mit Java wird Interaktivität und Multimedia möglich. Wichtiger ist jedoch, daß das Internet auf einmal zu einer Erweiterung Ihres Computers wird. Wie ein einziges großes Computersystem wirken nun das Internet und Ihr Computer aufeinander ein. Java ist eine Programmiersprache, die von Sun Microsystems entwickelt wurde. Damit können Sie Anwendungen aus dem Internet heraus laufen lassen, d.h., die Programme laufen in Ihrem Browser ab. Der große Vorteil von Java-Anwendungen ist, daß sie auf allen Computern laufen, egal ob PC, Macintosh oder Unix-Workstation.

Dann besprechen wir Agenten und CGI-Skripts. Agenten sind Programme, die automatisch bestimmte Aufgaben erledigen. Sie laufen im Hintergrund, ohne beachtet zu werden und können viele Dinge für Sie erledigen, wie zum Beispiel Informationen suchen. Agenten sind so komplex, daß Systeme entwickelt wurden, die Agenten miteinander arbeiten und kooperieren lassen.

Ohne CGI gäbe es praktisch keine Interaktivität im World Wide Web. Das CGI (Common Gateway Interface) ist ein Standard, der es Programmierern ermöglicht, Programme zu schreiben, die auf Informationen von Internet-Servern (wie z.B. Web-Server) zugreifen und diese Informationen an Benutzer schicken können. Sie haben bestimmt schon häufig CGI-Skripts verwendet, ohne zu wissen, daß es sich um solche handelt. Wenn Sie zum Beispiel schon einmal ein Formular auf einer Webseite ausgefüllt haben, um sich dort zu registrieren, und anschließend eine E-Mail erhalten haben, die Ihnen das Paßwort mitgeteilt hat, haben Sie mit Sicherheit ein CGI-Skript verwendet. In diesem Fall hat das CGI-Skript mit Ihren Informationen verschiedene Aufgaben ausgeführt, wie z.B. die Informationen in einer Datenbank abgelegt, automatisch ein Paßwort erzeugt und Ihnen eine E-Mail zugesandt.

KAPITEL 26

So funktionieren Java, ActiveX und JavaScript

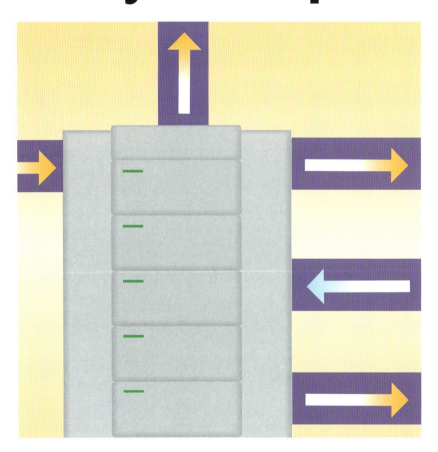

DIE beiden Programmierwerkzeuge, die am häufigsten mit Web-Technologie assoziiert werden, sind Java und ActiveX. Java ist eine Programmiersprache, die von Sun Microsystems entwickelt wurde. Es ist eine objektorientierte Sprache und C++ sehr ähnlich. Objektorientiert bedeutet, daß man für ein Programm bereits vorhandene Komponenten verwenden kann und nicht alles von Grund auf neu schreiben muß. Diese Sprache ermöglicht es Programmierern, Autoren und Grafikern, interaktive Programme zu erstellen und Multimedia-Elemente in das World Wide Web einzubringen. Anwendungen können nun vom Internet aus laufen, genauso wie Ihr Textverarbeitungs- oder Tabellenkalkulationsprogramm, das Sie auf Ihrem Computer installiert haben.

Java-Programme laufen innerhalb Ihres Browsers ab, soweit dieser Java unterstützt (z.B. Netscape). Java-Programme, die innerhalb eines Browsers laufen, werden „Applets" genannt. Sofern Ihr Browser Java unterstützt, müssen Sie nichts weiter tun, um ein Java-Applet ablaufen zu lassen. Wenn Sie sich eine Webseite ansehen, die Java-Applets enthält, werden diese vom Web-server heruntergeladen. Sobald sich das Applet auf Ihrem Computer befindet, läuft es automatisch ab. Ein Vorteil von Java-Applets und Java-Programmen ist, daß sie auf allen Computern und Plattformen laufen, egal ob es sich um einen PC, Macintosh oder eine Unix-Workstation handelt.

ActiveX, eine Technologie, die von Microsoft entwickelt wurde, bietet Internet-Programmierern die Möglichkeit, Programme zu erzeugen – sie werden gemeinhin als ActiveX-Steuerelemente oder ActiveX-Komponenten bezeichnet –, die das Internet zu einer Erweiterung Ihres Computers machen. Wie Java-Applets werden diese Steuerelemente auf Ihren Computer heruntergeladen und dort ausgeführt. Sie haben gleiche Fähigkeiten wie normale Anwendungen, können aber darüber hinaus mit dem Web, dem Internet sowie mit anderen Computern im Internet interagieren. Um diese Steuerelemente ausführen zu können, wird ein Browser benötigt, der ActiveX unterstützt (zum Beispiel Internet Explorer).

JavaScript ist eine Skriptsprache, die weniger komplex ist und daher viel leichter zu erlernen ist als Java und ActiveX. Anwender, die nicht über umfassende Programmierkenntnisse verfügen, können mit JavaScript Skripts schreiben. JavaScript ist eine interpretierte Sprache, das heißt, der Browser führt ihre Befehle in der gelesenen Reihenfolge aus. Sie wird in der Regel verwendet, um Drop-down-Felder, Navigierhilfen und interaktive Formulare zu erzeugen, kann aber auch zum Erzeugen komplexerer Anwendungen verwendet werden.

So funktioniert Java

1 Java ist eine Compiler-Sprache. Das bedeutet: Nachdem Sie ein Java-Programm geschrieben haben, müssen Sie es kompilieren, damit es der Computer verstehen kann. Bei anderen Compiler-Sprachen werden die Programme für jeden Computertyp in einen speziellen, ausführbaren Binärcode übersetzt. Bei Java wird im Gegensatz dazu nur eine einzige Version erzeugt – Java-Bytecode genannt. Auf den verschiedenen Computern (z.B. PC, Macintosh, SPARC-Workstation) laufen Interpreter, die den Bytecode verstehen und ausführen. Dadurch muß ein Java-Programm nur einmal erzeugt werden, um auf verschiedenen Computertypen zu laufen. Java-Programme, die geschrieben wurden, um innerhalb eines Web-Browser zu laufen, werden Applets genannt. Web-Browser, die Java unterstützen, besitzen einen Java-Bytecode-Interpreter.

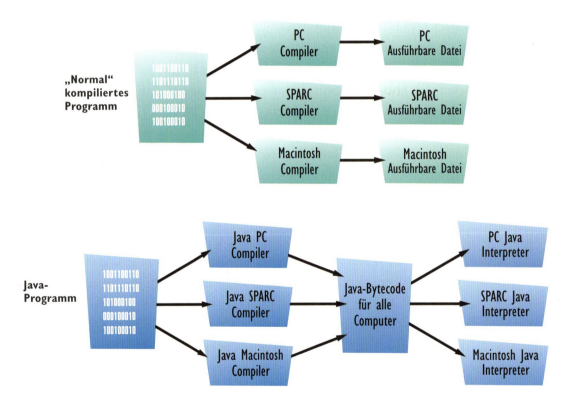

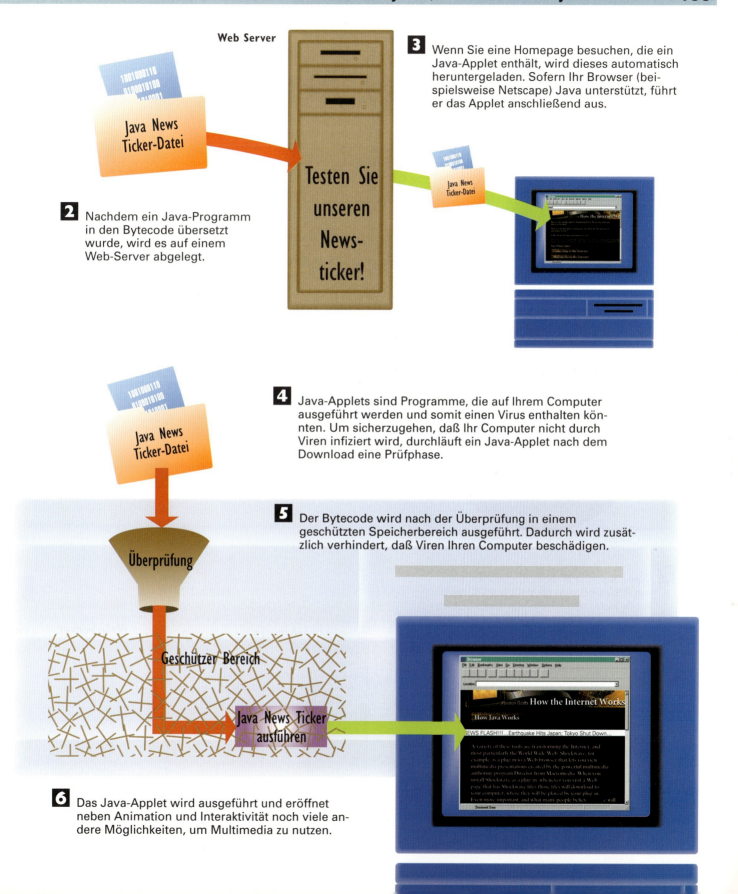

Web Server

3 Wenn Sie eine Homepage besuchen, die ein Java-Applet enthält, wird dieses automatisch heruntergeladen. Sofern Ihr Browser (beispielsweise Netscape) Java unterstützt, führt er das Applet anschließend aus.

2 Nachdem ein Java-Programm in den Bytecode übersetzt wurde, wird es auf einem Web-Server abgelegt.

Testen Sie unseren News-ticker!

Java News Ticker-Datei

4 Java-Applets sind Programme, die auf Ihrem Computer ausgeführt werden und somit einen Virus enthalten könnten. Um sicherzugehen, daß Ihr Computer nicht durch Viren infiziert wird, durchläuft ein Java-Applet nach dem Download eine Prüfphase.

5 Der Bytecode wird nach der Überprüfung in einem geschützten Speicherbereich ausgeführt. Dadurch wird zusätzlich verhindert, daß Viren Ihren Computer beschädigen.

Überprüfung

Geschützer Bereich

Java News Ticker ausführen

6 Das Java-Applet wird ausgeführt und eröffnet neben Animation und Interaktivität noch viele andere Möglichkeiten, um Multimedia zu nutzen.

So funktioniert ActiveX

Programmierer

1 Zunächst erzeugt der Programmierer ein ActiveX-Steuerelement. Steuerelemente können mit Hilfe verschiedener Programmierwerkzeuge wie zum Beispiel Visual Basic oder über die Programmiersprache C erstellt werden. Ein Steuerelement kann so komplex sein wie ein Programm, das Ihren Computer nach Viren überprüft und sie anschließend zerstört, oder so einfach wie ein Programm, das die Anzeige einer Seite in der Gliederungsansicht ermöglicht. Wenn das Steuerelement erzeugt ist, wird es an den Webserver weitergeleitet, und die Steuerelementdaten werden unter Verwendung des HTML-Tags <object> in der Webseite codiert.

ActiveX-Steuerelement

Web-Server

2 Wenn Sie eine Webseite besuchen, die ein ActiveX-Steuerelement enthält, sieht Ihr Browser das HTML-Tag <object>. Es teilt Ihrem Browser mit, daß ein ActiveX-Steuerelement existiert. Das Tag enthält verschiedene Informationen, die für die Ausführung des Steuerelements benötigt werden. Es kann dem Browser beispielsweise mitteilen, an welcher Stelle des Servers das Steuerelement lokalisiert ist und um welchen Dateityp es sich handelt. Es kann auf das Steuerelement (mit der Erweiterung .OCX), auf eine Installationsdatei (mit der Erweiterung .INF), auf eine komprimierte Datei (mit der Erweiterung .CAB) oder auf verschiedene andere Dateitypen verweisen.

```
<OBJECT ID="OurMenu" WIDTH=0
HEIGHT=0
CLASSID="CLSID:9BC24D87-E21A-
10DF-B7D2-180089E9610A"
CODEBASE="http://www.zdnet.co
m/ActiveX/ZDNetControls.CAB#
Version=1,0,8,0">
```

Web-Server

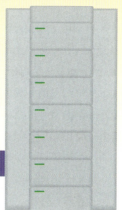

3 Einige ActiveX-Steuerelemente benötigen mehr als ein Steuerelement, um zu funktionieren. In diesem Fall enthält die HTML-Seite mehrere Referenzen zu ActiveX-Steuerelementen, die benötigt werden, um das Steuerelement auf dieser Seite auszuführen. Die Steuerelemente können auf dem gleichen Server, auf einem anderen Server der gleichen Website oder auf anderen Sites oder Servern im Internet lokalisiert sein.

ActiveX-Steuerelement abrufen

4 Der Browser verwendet die Informationen des <object>-Tags und beginnt die ActiveX-Steuerelemente herunterzuladen. Haben Sie für Ihren Browser eine bestimmte Sicherheitsstufe eingestellt, erhalten Sie eine Meldung mit der Anfrage, ob Sie das Steuerelement herunterladen wollen. Um mehr Sicherheit zu gewährleisten, können ActiveX-Steuerelemente eine digitale Berechtigung erhalten und zum Beispiel über VeriSign digital „signiert" werden. Diese Signatur gewährleistet, daß das Steuerelement, das Sie ausführen wollen, von der Person geschrieben wurde, deren Name angegeben ist. Bei Problemen mit dem Steuerelement können Sie mit dieser Person Kontakt aufnehmen.

Web-Browser

Wollen Sie das Steuerelement herunterladen?

Ja

ActiveX-
Steuerelement

5 Wenn Sie eine niedrige Sicherheitsstufe für Ihren Computer eingestellt haben, oder wenn Sie bestätigen, daß Sie das Steuerelement herunterladen wollen, werden das Steuerelement und die dazugehörigen ActiveX-Steuerelemente auf Ihren Computer heruntergeladen. Einige der Steuerelemente befinden sich vielleicht bereits auf Ihrem Computer, und diese müssen dann nicht erneut heruntergeladen werden. Wenn das Steuerelement heruntergeladen ist, wird die Datei dekomprimiert (falls sie komprimiert war), die Informationen über die Datei werden in der Windows-Registrierung abgelegt, und die Datei wird auf die Festplatte Ihres Computers gespeichert. Das Steuerelement kann dann ausgeführt werden. Ein ActiveX-Steuerelement hat alle Fähigkeiten wie ein anderes Programm auch. Es kann mit Ihrem Computer und mit allen Internet-Ressourcen wie dem Web, FTP, Telnet und praktisch jeder anderen Internet-Ressource interagieren. Es kann auch direkt auf die TCP/IP-Protokolle des Internets zugreifen und muß daher nicht über einer anderen Internet-Ressource ausgeführt werden.

So funktioniert JavaScript

JavaScript bietet Web-Designern die Möglichkeit, die Funktionalität und Interaktivität von Webseiten zu erweitern, wie es über die Websprache HTML nicht möglich wäre. JavaScript kann zum Beispiel interaktive Formulare erzeugen oder veranlassen, daß die Farben eines Textes verändert werden, wenn die Maus über ihn gezogen wird, und es bietet noch viele andere Möglichkeiten der Interaktivität. Trotz seines Namens ist JavaScript nicht die Variante einer Java-Programmiersprache. Es ist vielmehr eine einfachere Skriptsprache. JavaScript kann nur auf Browsern ausgeführt werden, die sie spezifisch unterstützen, wie zum Beispiel der Microsoft Internet Explorer oder der Netscape Navigator.

1 JavaScript ist eine objektorientierte Sprache, das heißt, sie funktioniert, indem sie Objekte einer Webseite, wie zum Beispiel Fenster, Schaltflächen, Grafiken und Dokumente, bearbeitet. Sie gruppiert diese Objekte in Hierarchien, so daß der Programmierer sie leichter bearbeiten kann.

```
<HTML>
<READ>
<SCRIPT LANGUAGE="JavaScript">
<!--Hide script from older browsers
document.write
```

3 JavaScript-Befehle befinden sich direkt in der HTML-Datei, aus der die Webseite erstellt wird. Je nachdem, welches Script gerade ausgeführt wird, können die Befehle an mehreren Stellen in der Datei plaziert sein. Häufig werden die Befehle unter dem Dateianfang plaziert. Ein spezieller Code grenzt die Befehle vom übrigen Text ab und teilt dem Browser mit, daß es sich hier um JavaScript-Befehle handelt. Werden die Befehle am Dateianfang vor das HTML-Tag <body> plaziert, so kann die Ausführung des Scripts beginnen, während die HTML-Seite noch geladen wird.

```
window.open
then
document.write
then
window.status=
   "These are the times that
   try men's souls"
then
```

2 JavaScript ist auch eine Interpreter-Sprache, das heißt, der Browser führt ihre Befehle in der Reihenfolge aus, in der die Befehle von ihm gelesen werden.

```
window.open
```

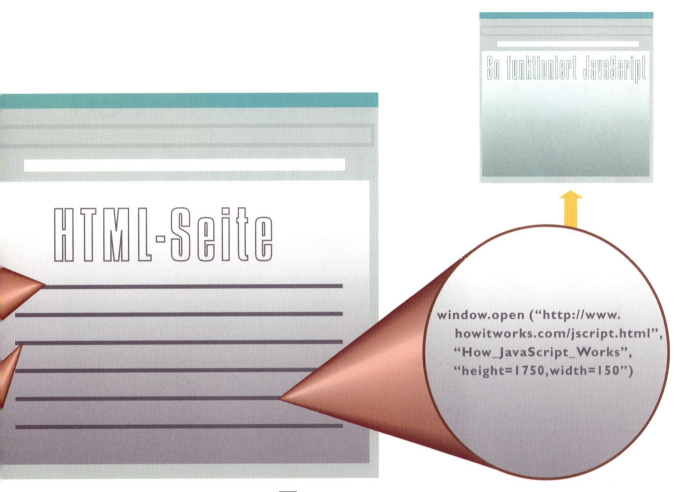

So funktioniert JavaScript

HTML-Seite

window.open ("http://www.
howitworks.com/jscript.html",
"How_JavaScript_Works",
"height=1750,width=150")

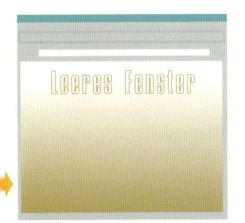

Leeres Fenster

5 Sie können dem Befehl window.open auch weitere Anweisungen hinzufügen, indem Sie nach dem Befehl weitere Parameter hinzufügen. Sie geben alle Parameter in Klammern ein, setzen jeden einzelnen Parameter in Anführungszeichen und trennen die Parameter durch Kommas. Somit öffnet der Befehl window.open("http://www.howitworks.com/jscript.html","How_JavaScript_0Works","height=1750, width=150") ein neues Browserfenster mit einer Höhe von 175 Pixel und einer Breite von 150 Pixel mit der Web-Adressenangabe http://www.howitworks.com/jscript.html.

4 Im wesentlichen besteht die Funktionsweise von JavaScript darin, daß es bestimmte Aktionen an Objekten durchführt. Diese Aktionen bezeichnet man als Methoden. Mit diesem Grundkonzept kann JavaScript für eine breite Vielfalt fortgeschrittener, interaktiver Merkmale verwendet werden. Wir wollen als Beispiel aber ein einfaches Skript betrachten, das ein neues Browserfenster in einer spezifischen Größe öffnet, eine spezifische Webseite hineinplaziert und das Fenster benennt. Die Grundsyntax von JavaScript nennt an erster Stelle das Objekt, dann folgt ein Punkt, und anschließend wird der Vorgang, der an dem Objekt vorgenommen werden soll – die Methode – benannt. Somit lautet der Befehl, ein neues Fenster zu öffnen, bei JavaScript: window.open. In diesem Beispiel ist window (Fenster) das Objekt und open (öffnen) die Methode. Mit diesem Befehl wird ein neues Browser-Fenster geöffnet.

So funktionieren Agenten und das CGI

DAS Internet ist so schnell gewachsen, und die angebotene Informationsmenge ist so groß, daß wir Hilfe brauchen, wenn wir uns darin zurechtfinden wollen. Für diesen Zweck gibt es Programme, die Agenten genannt werden. Diese Agenten helfen uns dabei, Zugang zu den Ressourcen des Internet zu erhalten.

Agenten können auf einem einzelnen Computer oder über das Internet ausgeführt werden. Viele Agenten werden tagtäglich im Internet eingesetzt. Sie laufen unbeachtet im Hintergrund. Agenten sind in der Lage, die neuesten Informationen oder Nachrichten für Sie zu finden und diese auf Ihren Rechner zu transferieren. Sie können automatisch die Internet-Nutzung überwachen und die gesamte Auslastung ermitteln. Sie können auch beispielsweise das beste Angebot für eine CD, die Sie kaufen wollen, finden. Daneben sind sie in der Lage, wichtige Wartungsarbeiten im WWW durchführen. Inzwischen sind diese Systeme aber so komplex geworden, daß mehrere Agenten zusammenarbeiten müssen, um bestimmte Aufgaben zu erledigen.

Im Internet werden Agenten „Spiders" (Spinnen) genannt. Dies kommt daher, daß Spinnen in einem Netz leben – in unserem Fall dem World Wide Web. Ein anderer Name ist „Robots" (Roboter) oder einfach nur Bots bzw. Knowbots (ein zusammengezogenes Wort aus „know", wissen, und „robot"). Diese werden verwendet, um automatisch Indizes fast aller Web-Ressourcen anzulegen, die man dann dazu verwenden kann, das WWW zu durchsuchen. So lassen sich Informationen schneller finden. Gebräuchliche Suchwerkzeuge wie Lycos, InfoSeek und Altavista verwenden Spider auf diese Art und Weise. Wir werden uns in Kapitel 25 dieser speziellen Einsatzart von Spidern zuwenden.

Bei sämtlichen Agenten handelt es sich um Programme, die für den Benutzer nicht sichtbar sind. Er muß nur die Aufgabe beschreiben, die zu erledigen ist, und der Agent führt sie im Hintergrund aus. Um Agenten zu schreiben, lassen sich mehrere Programmiersprachen verwenden. Eine Möglichkeit dazu ist das Common Gateway Interface, allgemein als CGI bezeichnet. Eine ganze Reihe verschiedener Agenten sind auf diese Weise entstanden.

CGI kann aber nicht nur zur Programmierung von Agenten verwendet werden. Wenn Sie durch das Web surfen, werden Sie sehr häufig auf CGI-Programme stoßen, die CGI-Skripts genannt werden. Im wesentlichen ist CGI eine Methode, wie das WWW mit bestimmten Ressourcen Informationen austauscht. Häufig ist eine Datenbank eine solche Ressource. Ein Programmierer kann mit CGI zum Beispiel ein Programm für das WWW schreiben, mit dem man in einer Datenbank nach Informationen wie Nachrichten oder Kinofilme suchen kann. Die gefundenen Informationen werden dann als HTML-Seiten angezeigt. CGI wird aber auch verwendet, um elektronische Formulare im Internet, z.B. einen Fragebogen, zu erstellen, die von Benutzern ausgefüllt werden können. In dem Beispiel auf den folgenden Seiten sehen wir uns ein CGI-Programm an, mit dessen Hilfe man eine Kinofilm-Datenbank durchsuchen kann.

Agenten im Internet

1 Ein einfacher Agent ist ein Programm, das für Sie Nachrichten sucht, während Sie nicht am Computer arbeiten oder mit anderen Dingen beschäftigt sind. Diese Agenten können auf vielerlei Arten funktionieren. Bei den einfachsten Vertretern geben Sie an, welche Nachrichten Sie in welchen Zeitabständen bekommen möchten. Aufgrund dieser Informationen wählt sich der Agent zu festgelegten Zeiten in Web Sites ein, die Nachrichten zur Verfügung stellen, und lädt die aktuellen Nachrichten auf Ihren Computer, wo Sie sie als HTML-Seiten lesen können.

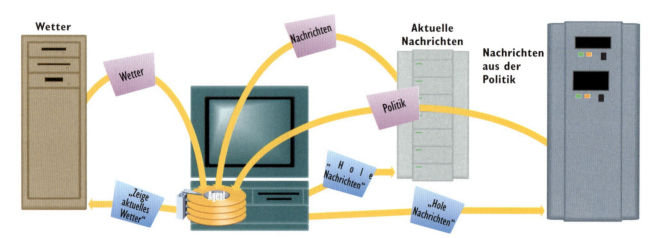

2 Einkaufs-Agenten helfen Ihnen dabei, das Internet nach den besten Einkaufs-schnäppchen zu durchsuchen. Dazu füllen Sie im Web ein Formular aus, in dem Sie angeben, welches Produkt Sie kaufen wollen. Der Agent sucht in Daten-banken nach dem besten Angebot. Anschließend sendet er den Link zu den gefundenen Sites an Sie, damit Sie die Sites mit den besten Angeboten selbst ansehen können.

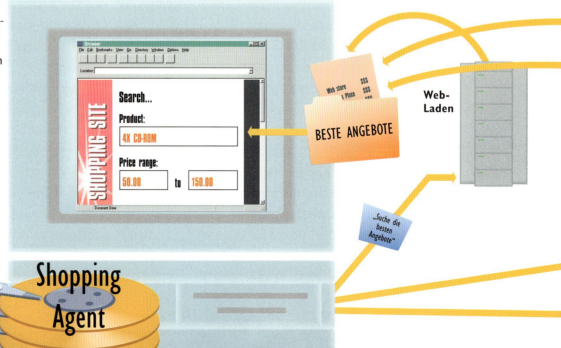

4 Wenn Robots und Spiders auf einer Internet-Site ihrer Arbeit nachgehen, können sie deren Systemressourcen stark belasten, indem sie beispielsweise zu viele Anfragen an den Server in kurzer Zeit schicken. Aus diesem Grund möchten viele Systemadministratoren, daß Robots unter bestimmten Umständen ausgegrenzt werden, z.B. kann den Robots der Zugang zu bestimmten Web-Verzeichnissen verwehrt werden. Es gibt eine ganze Reihe von Möglichkeiten, wie sich die Zugangsmöglichkeiten von Robots einschränken lassen. Eine davon ist der Einsatz einer Datei namens ROBOTS.TXT, die die Bereiche kennzeichnet, zu denen Robots keinen Zugang haben. Die Robots lesen diese Datei automatisch.

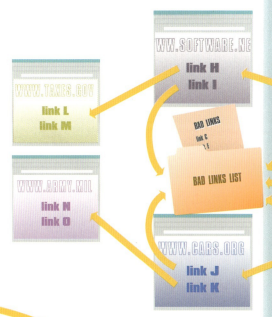

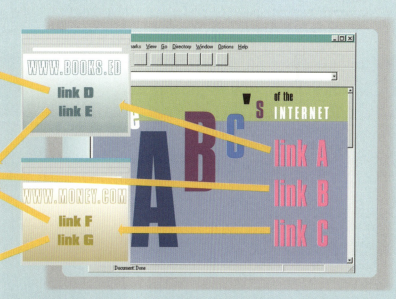

3 Web-Robots, Web-Wartungs-Spiders genannt, übernehmen wichtige Wartungsaufgaben im Web. Auf Web-Sites (insbesondere auf sehr umfangreichen) kommt es häufig vor, daß bestimmte Links nicht mehr aktuell sind. Mit anderen Worten heißt das, daß bestimmte Objekte, auf die ein Link existiert, nicht mehr im Internet vorhanden sind. Wenn nun ein Benutzer auf den Link klickt, erscheint eine Fehlermeldung. Web-Wartungs-Spiders können auf jeden Link auf jeder Homepage zugreifen und zurückverfolgen, ob dieser noch aktuell ist. Anschließend erzeugt er einen Bericht über die toten Links. Mit diesem Bericht kann der Systemadministrator diese Links aus dem HTML-Code der Seite entfernen.

Schnäppchen-Laden

„Suche die besten Angebote"

„Suche die besten Angebote"

Hardware-Himmel

So funktionieren CGI-Skripts

1 Man muß keine Programmierkenntnisse besitzen, um CGI-Programme auf einer Web Site verwenden zu können – die Programme schreiben Programmierer. Es können viele verschiedene Programmiersprachen wie z.B. C oder C++, Fortran, Visual Basic und AppleScript verwendet werden, um CGI-Programme zu erstellen. Eine Anwendung, die in einer Programmiersprache wie C geschrieben ist, muß vor ihrem Einsatz mit einem Compiler kompiliert werden. Dieser Compiler übersetzt das Programm in eine Sprache, die das CGI versteht. Andere Sprachen – Skript-Sprachen – müssen nicht kompiliert werden. CGI-Skripts sind leichter zu debuggen (von Fehlern zu bereinigen), zu ändern und zu pflegen als kompilierte Programme und werden deshalb häufiger verwendet. Die am häufigsten verwendete Sprache zur Erstellung von CGI-Skripts ist vermutlich Perl.

2 Nachdem ein Programm geschrieben und kompiliert ist bzw. das Skript fertiggestellt ist, wird es in einem speziellen Verzeichnis des Web-Server, z.B. /cgi-bin, abgelegt. In diesem Verzeichnis sind alle CGI-Skripts gespeichert, die dort auch gepflegt werden. Der Server-Administrator legt dieses Verzeichnis fest. Wenn jemand ein CGI-Programm schreibt und es nicht im richtigen Verzeichnis ablegt, kann es nicht ausgeführt werden. Dies trägt zur Sicherheit bei. Gäbe es nämlich mehrere Verzeichnisse für CGI-Programme, könnte man leicht den Überblick verlieren. Diese Tatsache würde es jemanden von außen erleichtern, ein CGI-Programm einzuschleusen, das für die vorhandene Software gefährlich sein könnte.

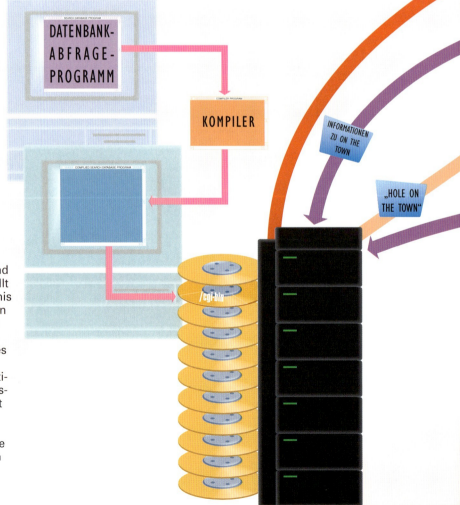

DATENBANK-ABFRAGE-PROGRAMM

KOMPILER

INFORMATIONEN ZU ON THE TOWN

„HOLE ON THE TOWN"

/cgi-bin

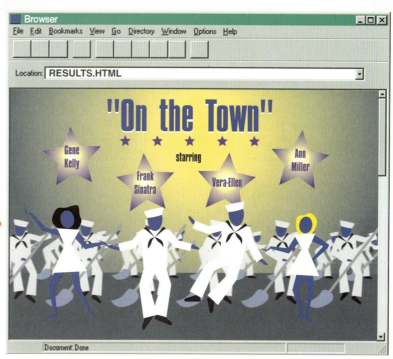

6 Das CGI-Programm erhält die Informationen von der Datenbank und formatiert sie so, daß sie für den Anwender verständlich sind. Es könnte z.B. die Informationen in das HTML-Format bringen, damit der Benutzer diese mit seinem Browser betrachten kann. So formatiert werden die Informationen an den Anwender geschickt. Diese HTML-Seite kann der Benutzer wie jede andere HTML-Seite auch verwenden. Er kann über Links andere Seiten besuchen, die Seite drucken, Grafiken anzeigen lassen und Multimedia-Dateien abspielen.

Datenbank

5 Das CGI-Programm nimmt Verbindung mit der Datenbank auf und fragt die Daten ab, die der Benutzer sucht. Die Datenbank schickt daraufhin die Informationen an das CGI-Programm. Diese Informationen können in vielen verschieden Formaten vorliegen, z.B. Text, Grafik, Klang- und Videodateien bzw. URLs.

4 Wenn Sie die Webseite besuchen und auf die URL klicken, wird das CGI-Programm gestartet. Wenn das Programm beispielsweise die Suche in einer Datenbank ermöglicht, wird es Ihnen ein Formular im HTML-Format zusenden. In diesem Formular geben Sie an, was Sie suchen. Die Daten aus dem Formular werden an das CGI-Programm gesendet.

3 Nachdem des CGI-Programm im entsprechenden Verzeichnis abgelegt wurde, wird darauf ein Link in eine URL auf einer Webseite eingefügt.

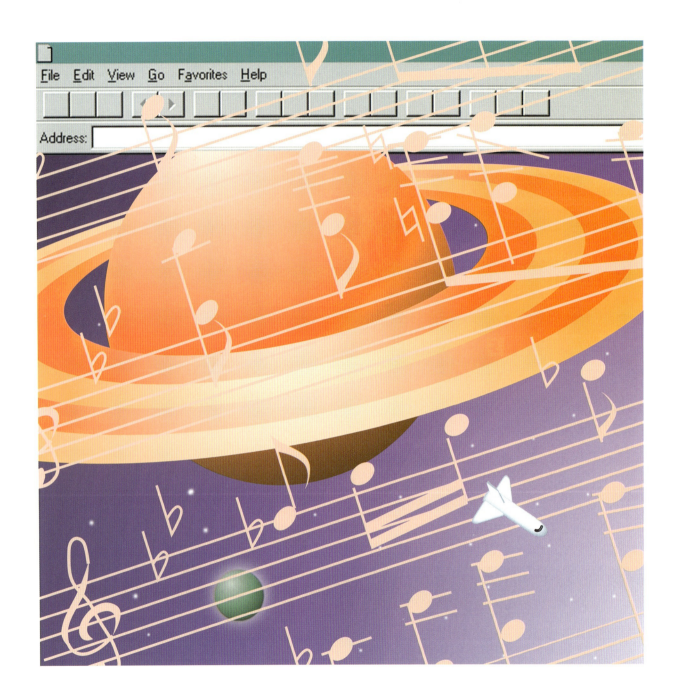

TEIL 7

MULTIMEDIA IM INTERNET

MULTIMEDIA

ist der vielleicht bemerkenswerteste Teil des Internet. Sie können sich auf Ihrem Computer Musik- und Soundclips anhören sowie Radiosender empfangen. Sie können Astronauten live im Space Shuttle beobachten, Sie können sich Videoclips ansehen und sogar an Videokonferenzen mit Menschen aus der ganzen Welt teilnehmen.

Das Internet bietet Ihnen alle Möglichkeiten zur Verarbeitung von Audio und Video. Sie benötigen keine spezielle Hard- und Software und in vielen Fällen nicht einmal eine Hochgeschwindigkeitsverbindung zum Internet. Eine gewöhnliche Modemverbindung zum Internet ist ausreichend, obwohl die Qualität von Sound und Video bei höherer Übertragungsgeschwindigkeit besser wird. Sie brauchen lediglich kostenlose oder preiswerte Software sowie eine Soundkarte und Lautsprecher.

Multimedia im Internet ist jedoch mehr als nur Video und Audio. Sie können durch virtuelle Welten wandern und an „Chats" teilnehmen, bei denen Sie eine fiktive Identität, genannt „Avatar", annehmen und mit anderen „Avatars" kommunizieren. Mit Technologien wie der Programmiersprache Java lassen sich Animationen, Sound und Programmierung entsprechend kombinieren und auf diese Weise bemerkenswerte Multimedia-Anwendungen realisieren.

In diesem Teil des Buches werfen wir einen Blick auf Multimedia im Internet. Es befaßt sich mit Audio im Internet. Sie werden erfahren, wie sich Audiodateien auf Ihren Rechner transferieren und abspielen lassen. Sie werden die Funktionsweise des Streaming Audio im Detail kennenlernen. Streaming Audio ermöglicht es Ihnen, eine Audiodatei noch während des Transfers auf Ihrem Rechner abzuspielen.

Ein Kapitel ist Video im Internet gewidmet. Zunächst lernen wir den MBone kennen, ein Hochgeschwindigkeits-Backbone zum Transfer von Video im Internet. Danach beschäftigen wir uns mit Streaming Video, das ähnlich wie Streaming Audio die Betrachtung einer Datei während des Dateitransfers ermöglicht. Abschließend beschäftigen wir uns mit Videokonferenzen im Internet.

Ein weiteres Kapitel erklärt, wie Webkameras funktionieren. Webkameras sind ans Internet angeschlossene Kameras, die in regelmäßigen Abständen Fotos ins Internet einspeisen. Webkameras finden sich über die ganze Welt verteilt – von Hongkong bis zum Nordpol.

Abschließend befassen wir uns mit virtuellen Realitäten und Animationen. Sie lernen eine der spannendsten Technologien kennen, die es heute im Internet gibt. Hier erfahren Sie, wie virtuelle Realitäten funktionieren, und betrachten die verschiedenen Möglichkeiten für Animationen im Internet.

KAPITEL
28

Audio im Internet

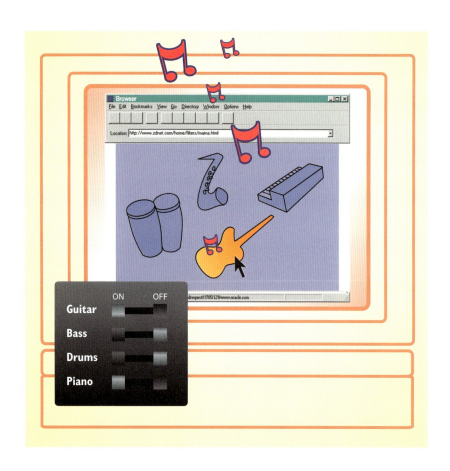

KLÄNGE, Stimmen und Musik sind inzwischen ein alltäglicher Bestandteil des Internet. Im Internet findet man überall Radiostationen, Interviews, Musik, Klangdateien und vieles mehr.

Eines der interessantesten Experimente im Internet mit Audio ist das Internet Talk Radio. Es ist den „normalen" Radiostationen nachempfunden und bietet Sendungen zu verschiedensten Themen, Interviews und Reportagen. Die wahrscheinlich bekannteste Show im Internet Talk Radio ist „Geek of the Week". In dieser Sendung wird jede Woche ein Internet-Fachmann interviewt.

Trotz seiner Beliebtheit ist das Internet Talk Radio einer technischen Einschränkung unterworfen. Um nämlich die Sendungen hören zu können, müssen Sie Audiodateien auf Ihren Computer laden. Sobald sie auf Ihrem Computer sind, können Sie sie mit einer speziellen Software anhören. Das Problem dabei ist die Dateigröße – oftmals über zehn Megabyte. So kann es teilweise Stunden dauern, bis die Dateien übertragen sind und Sie sich diese anhören können.

Im Internet gibt es viele verschiedene Audiodatei-Typen. Alle haben aber eines gemeinsam: Sie wurden digitalisiert, damit sie auf Ihrem Computer abgespielt werden können. Es gibt für diese Dateien viele verschiedene Formate z.B. .WAV oder .AU. Um sich diese Dateien anzuhören, müssen Sie diese zuerst auf Ihren Computer übertragen. Auf Ihrem Computer brauchen Sie dann ein Programm, um diese Dateien abzuspielen (einen Audio-Player). In Netscape und einigen anderen Browsern sind bestimmte Player schon integriert. Um andere Formate abspielen zu können, müssen Sie den entsprechenden Player im Internet suchen und herunterladen. Anschließend müssen Sie Ihren Browser richtig konfigurieren.

In der Regel werden Audiodateien sehr groß sein – selbst wenn sie komprimiert wurden. Deshalb können Sie sich die Datei erst anhören, nachdem Sie sie komplett übertragen haben. Das kann mitunter sehr lange dauern. So kann es Ihnen passieren, daß Sie auf eine Datei von einer Minute Länge 15 Minuten warten müssen.

Eine weitaus bessere und auch modernere Verwendung von Audio im Internet nennt sich Streaming Audio. Hierbei werden die Audiodaten sehr viel intelligenter verarbeitet. Bei Streaming Audio müssen Sie nicht warten, bis die gesamte Datei übertragen wurde, um sie abspielen zu können. Statt dessen hören Sie die Töne schon während des Download. Es gibt inzwischen eine ganze Reihe von Technologien, die Streaming Audio ermöglichen. Für jede benötigen Sie allerdings den entsprechenden Player. In diesem Kapitel wenden wir uns einer der populärsten Streaming-Audio-Technologien zu: RealAudio.

Wie RealAudio funktioniert

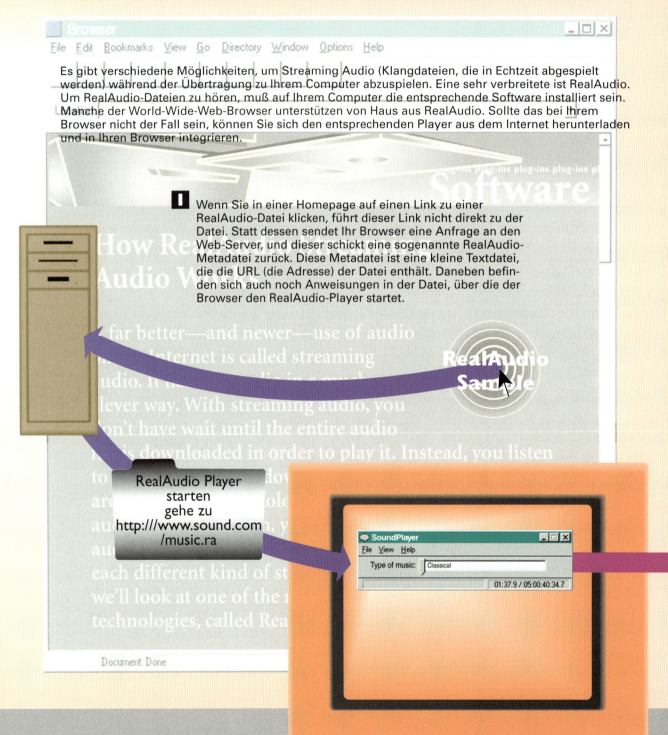

Es gibt verschiedene Möglichkeiten, um Streaming Audio (Klangdateien, die in Echtzeit abgespielt werden) während der Übertragung zu Ihrem Computer abzuspielen. Eine sehr verbreitete ist RealAudio. Um RealAudio-Dateien zu hören, muß auf Ihrem Computer die entsprechende Software installiert sein. Manche der World-Wide-Web-Browser unterstützen von Haus aus RealAudio. Sollte das bei Ihrem Browser nicht der Fall sein, können Sie sich den entsprechenden Player aus dem Internet herunterladen und in Ihren Browser integrieren.

■ Wenn Sie in einer Homepage auf einen Link zu einer RealAudio-Datei klicken, führt dieser Link nicht direkt zu der Datei. Statt dessen sendet Ihr Browser eine Anfrage an den Web-Server, und dieser schickt eine sogenannte RealAudio-Metadatei zurück. Diese Metadatei ist eine kleine Textdatei, die die URL (die Adresse) der Datei enthält. Daneben befinden sich auch noch Anweisungen in der Datei, über die der Browser den RealAudio-Player startet.

RealAudio Player
starten
gehe zu
http:///www.sound.com
/music.ra

5 Auf der Empfangsseite werden die Pakete in einem Puffer abgelegt. Sobald dieser Puffer voll ist, werden die Pakete an den Player geschickt, der die Klangdatei abspielt. Mit RealAudio ist es möglich, innerhalb einer Audiodatei vor- oder zurückzuspulen. Wenn Sie in einer RealAudio-Datei vor- oder zurückzuspulen, teilt der Player dem Server die neue Startposition mit, und der Server sendet die Datei von dem neuen Startpunkt aus.

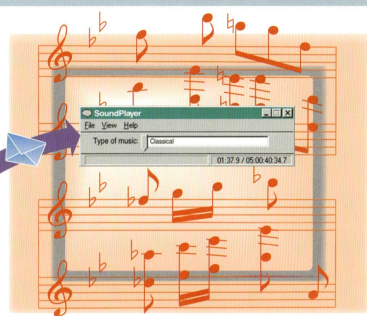

4 Die RealAudio-Datei wurde komprimiert und kodiert. Ohne Komprimierung würde es zu lange dauern, um die gesamte Datei zu übertragen und anschließend abzuspielen. Durch Verwendung des User Datagram Protocol (UDP) wird die Datei in IP-Pakete aufgeteilt. Im Normalfall käme hier das Transmission Control Protocol (TCP) zum Einsatz. Hier wird UDP verwendet, da es im Gegensatz zu TCP die Pakete nicht erneut sendet, wenn Fehler auftreten.

3 Durch den RealAudio-Player erfährt der RealAudio-Server, mit welcher Geschwindigkeit der Benutzer im Internet eingeloggt ist. Bei einer langsamen Verbindung sendet der Server eine Datei mit niedriger Klangqualität. Dies hat zur Folge, daß weniger Daten übertragen werden müssen. Bei einer schnellen Verbindung ist die Klangqualität hoch, so daß entsprechend mehr Daten übertragen werden müssen.

Hole http://www.sound.com/music.ra

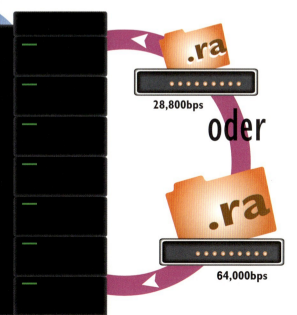

28,800bps

oder

.ra

64,000bps

2 Die Metadatei sorgt dafür, daß der RealAudio-Player gestartet wird. Dieser versucht dann, die URL in der Metadatei zu erreichen. Diese URL befindet sich allerdings nicht auf dem Web-Server, sondern auf einem speziellen RealAudio-Server, der darauf spezialisiert ist, RealAudio-Dateien zu liefern.

RealAudio-Server

KAPITEL 29

Video im Internet

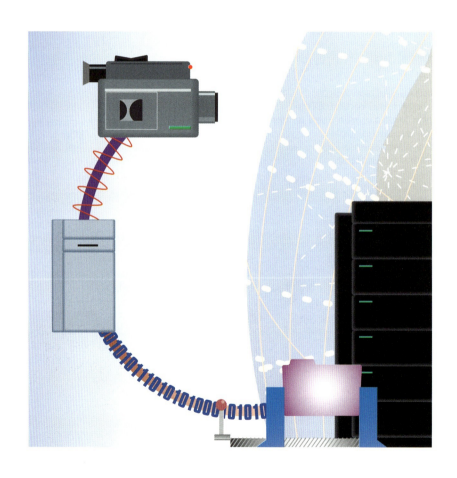

ANFANGS war das Internet ein Mittel, um textbasierte Informationen wie beispielsweise elektronische Post auszutauschen, an Diskussionsforen teilzunehmen und Dateien zu transferieren. Heute gehen die technischen Möglichkeiten weit über den Austausch von Text hinaus. Heute können Sie über das Internet Videokonferenzen veranstalten. Dabei sprechen Sie live mit jemandem und sehen ihn gleichzeitig auf Ihrem Bildschirm. Sie können auch gleichzeitig an einer Datei arbeiten, wobei Sie Ihren Partner sehen und sich mit ihm unterhalten können. Oder Sie beobachten live, wie ein Astronaut im All spazieren geht. Und Sie können aus vielen verschiedenen Quellen Videos abrufen und sich diese ansehen, wann Sie wollen – nicht wenn ein Fernsehsender Ihnen die Sendezeit vorschreibt.

Um nachvollziehen zu können, wie all das funktioniert, müssen Sie drei verschiedene Technologien verstehen. Die erste nennt sich MBone (Multicast Backbone). Dies ist ein spezielles Hochgeschwindigkeits-Backbone im Internet, über das sehr große Datenmengen übertragen werden können. Viele Videodaten – insbesondere die Live-Videos – werden wegen ihrer großen Bandbreite über das MBone übertragen.

Die zweite Technologie in diesem Zusammenhang wird Streaming Video genannt. Streaming Video löst das alte Problem der Videodatenübertragung über das Internet. Da ein Video von Natur aus sehr viele Daten enthält, sind diese Dateien in der Regel auch sehr groß. Aus diesem Grund war es fast nie möglich, Videodaten zu übertragen – es kann Stunden dauern, bis nur eine einzige Datei übertragen ist.

Streaming Video geht die Lösung dieses Problems auf zwei Arten an. Erstens werden die Videodaten sehr stark komprimiert, so daß weniger Daten übertragen werden müssen. Und zweitens können die Videos schon während der Übertragung abgespielt werden. Wenn Sie also eine Streaming-Video-Datei empfangen, können Sie noch während der Übertragung das Video bereits auf dem Bildschirm ansehen. Normalerweise beinhalten Streaming-Video-Dateien keine Live-Sendungen, sondern wurden in der Vergangenheit erzeugt und können nun über das Internet verschickt werden. Es gibt eine ganze Reihe verschiedener Methoden, um Streaming Video im Internet zu übertragen. In diesem Kapitel sehen wir uns eine der verbreitetsten an: VDOLive.

Die dritte Technologie, die Sie kennen müssen, ist die Videokonferenz. Videokonferenzen werden normalerweise direkt abgehalten, obwohl sich diese Technologie auch für die Übertragung von gespeicherten Videos eignet. In diesem Kapitel werden wir uns die älteste und beliebteste Videokonferenz-Methode ansehen: CU-SeeMe.

So funktioniert das MBone

1 Das MBone ist eine Hochgeschwindigkeits-Internet-Verbindung, mit der Video- und Audiodaten übertragen werden können. Es handelt sich dabei um ein Netzwerk aus Host-Computern, die untereinander über das Internet-Multicast-Prokoll (IP-Multicast) kommunizieren. Eine MBone-Übertragung startet, sobald ein Videosignal digitalisiert und komprimiert ist, um es über das Internet zu senden. Ohne die Komprimierung wäre die Datenmenge des Videos zu groß, und es würde zu lange dauern, es zu übertragen.

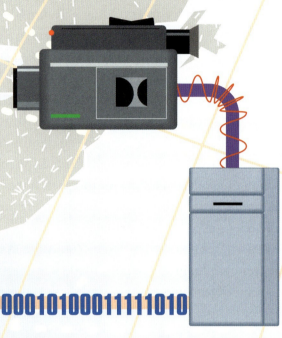

2 Das komprimierte und digitalisierte Signal wird in Paketen, die das IP-Multicast-Prokoll statt des normalen TCP verwenden, übertragen. Das Multicast-Protokoll ermöglicht es, das Signal zu vielen verschiedenen Internet-Sites gleichzeitig zu senden. Normalerweise wird im Internet das Unicast verwendet, das heißt, das Signal kann nur zu einem einzigen Ziel gesendet werden.

IP

IP-Multicast-Protokoll

3 Ein großer Vorteil des Multicast-Protokolls ist die Tatsache, daß die Videopakete – z.B. von Amerika nach Europa – nur einmal gesendet werden, selbst wenn sie mehrere Ziele erreichen sollen. Normalerweise würden die Videopakete an jede Zieladresse einzeln gesendet. Dieses Problem wird dadurch gelöst, daß das Protokoll die Informationen über die Empfänger in die Videopakete einfügt. Dadurch erreichen die Pakete während der Übertragung alle Empfänger.

IP-Multicast-Protokoll

MBone

IP-Multicast-Protokoll   IP-Multicast-Protokoll   IP-Multicast-Protokoll   IP-Multicast-Protokoll

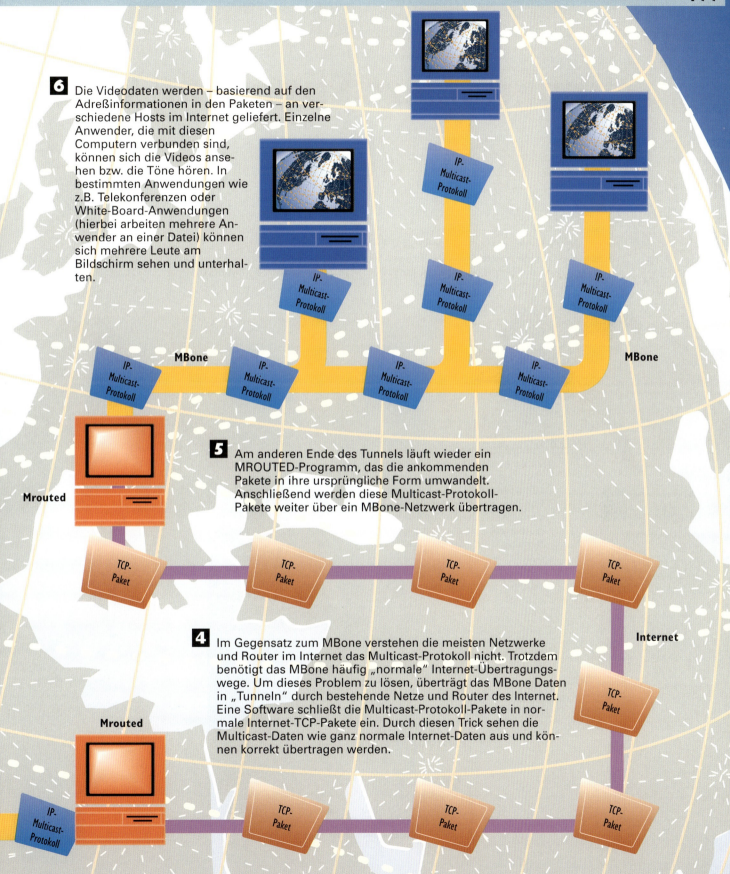

6 Die Videodaten werden – basierend auf den Adreßinformationen in den Paketen – an verschiedene Hosts im Internet geliefert. Einzelne Anwender, die mit diesen Computern verbunden sind, können sich die Videos ansehen bzw. die Töne hören. In bestimmten Anwendungen wie z.B. Telekonferenzen oder White-Board-Anwendungen (hierbei arbeiten mehrere Anwender an einer Datei) können sich mehrere Leute am Bildschirm sehen und unterhalten.

IP-Multicast-Protokoll

MBone

MBone

Mrouted

5 Am anderen Ende des Tunnels läuft wieder ein MROUTED-Programm, das die ankommenden Pakete in ihre ursprüngliche Form umwandelt. Anschließend werden diese Multicast-Protokoll-Pakete weiter über ein MBone-Netzwerk übertragen.

TCP-Paket

Internet

4 Im Gegensatz zum MBone verstehen die meisten Netzwerke und Router im Internet das Multicast-Protokoll nicht. Trotzdem benötigt das MBone häufig „normale" Internet-Übertragungswege. Um dieses Problem zu lösen, überträgt das MBone Daten in „Tunneln" durch bestehende Netze und Router des Internet. Eine Software schließt die Multicast-Protokoll-Pakete in normale Internet-TCP-Pakete ein. Durch diesen Trick sehen die Multicast-Daten wie ganz normale Internet-Daten aus und können korrekt übertragen werden.

Mrouted

IP-Multicast-Protokoll

TCP-Paket

So funktioniert Streaming Video

1 Streaming Video bedeutet, daß Sie Videos im Internet live ansehen können. Sie müssen also nicht warten, bis eine komplette Datei übertragen wurde. Statt dessen können Sie das Video bereits betrachten, während die Dateiübertragung noch läuft. Ein Beispiel für Streaming Video ist VDOLive.

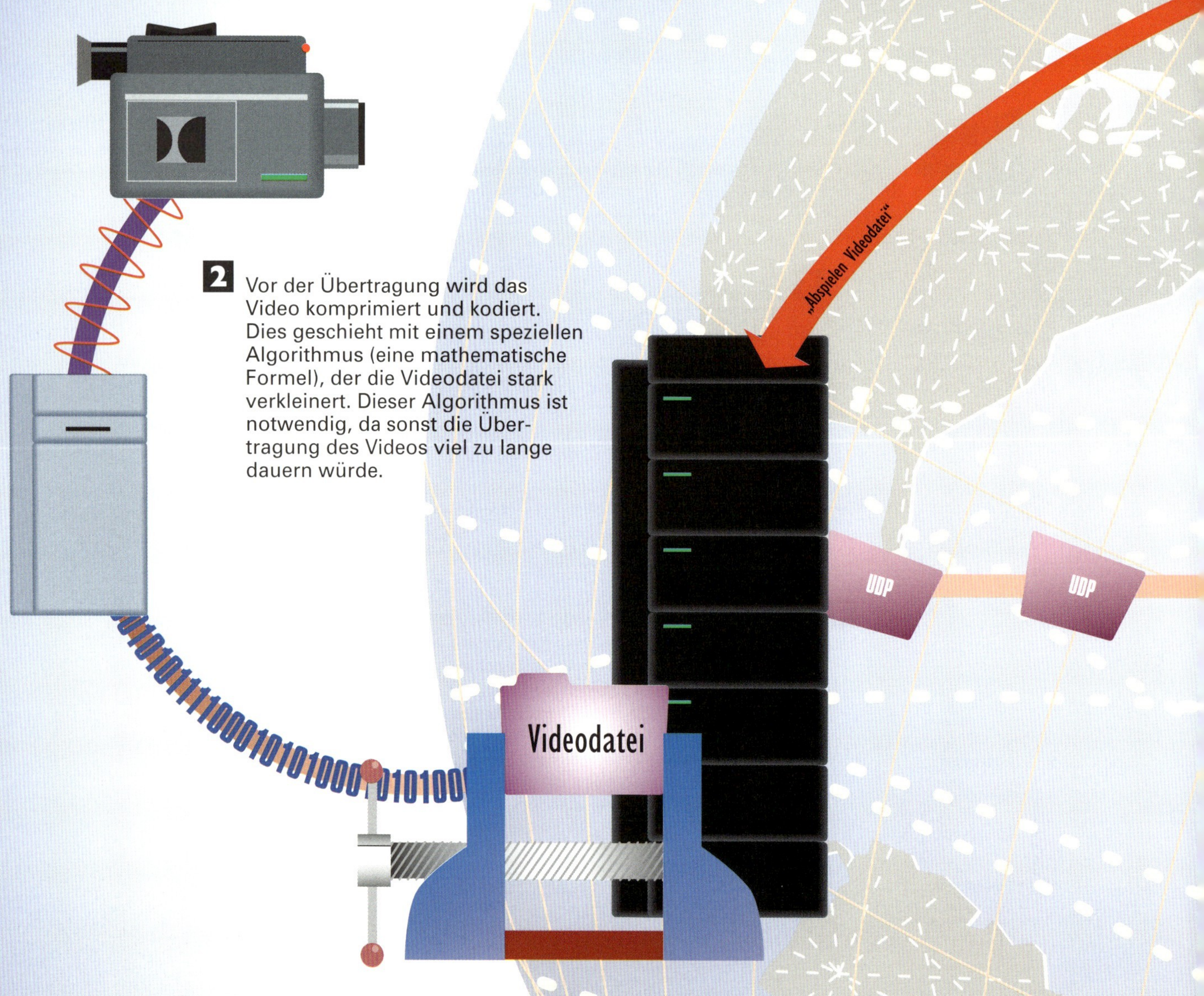

2 Vor der Übertragung wird das Video komprimiert und kodiert. Dies geschieht mit einem speziellen Algorithmus (eine mathematische Formel), der die Videodatei stark verkleinert. Dieser Algorithmus ist notwendig, da sonst die Übertragung des Videos viel zu lange dauern würde.

»Abspielen Videodatei«

Videodatei

UDP

UDP

WIE VIDEO-STREAMING FUNKTIONIERT   VIDEO-DATEIEN

Bei Streaming-Video-Dateien handelt es sich üblicherweise nicht um echte live-Übertragungen, stattdessen sind es Dateien, die vor geraumer Zeit aufgezeichnet und im Internet gepostet worden sind. Sie können sich das Video anschauen wann immer Sie mögen, dazu klicken Sie einfach auf den LINK.

Sie benötigen allerdings einen speziellen Player, um sich die Videos ansehen zu können. Es gibt verschiedene Methoden, um Streaming-Videos im Netz zu übertragen. In diesem Kapitel konzentrieren wir uns auf die gebräuchlichste, die VDOLive-Methode

3 Wenn Sie dem Computer durch einen Klick auf ein Symbol oder einen Link einer Webseite mitteilen, daß Sie ein Video sehen wollen, schicken Sie eine Botschaft an einen Server. Mit dieser Botschaft „bitten" Sie den Server um das Video. Der Server sendet daraufhin die Datei über das Internet. Dabei verwendet er IP (Internet Protocol) und UDP (User Datagram Protocol) anstelle des normalerweise verwendeten TCP. Im Gegensatz zu TCP prüft UDP nicht ständig, ob alle Daten gesendet wurden, was eine kontinuierlichere Datenübertragung zur Folge hat.

4 Die Videopakete werden in einem Puffer in Ihrem Computer abgelegt – der Puffer ist ein 5 bis 30 Kbyte großer Speicherbereich. Der Server ermittelt aus der Füllgeschwindigkeit des Puffers die Übertragungsgeschwindigkeit der Verbindung. Bei höherer Geschwindigkeit werden mehr Videodaten übertragen, wodurch das Video Live-Charakter erhält. Bei niedrigerer Geschwindigkeit werden weniger Videodaten übertragen, wobei jedoch die Videoqualität leidet.

5 Während der Puffer gefüllt wird – dies dauert nur ein paar Sekunden – startet Ihr Computer einen Video-Player, der das Video abspielt. Während Sie das Video betrachten, werden weitere Videopakete in den Puffer übertragen und gleichzeitig Daten aus dem Puffer an den Player gesendet. So können Sie das gesamte Video sehen. Nachdem alle Daten des Videos übertragen wurden, wird auch die Anzeige beendet. Die Videodatei wird nicht auf Ihrem Rechner gespeichert, sondern jeder Teil nach dem Abspielen sofort gelöscht.

So funktionieren CU-SeeMe-Videokonferenzen

1 Es gibt eine ganze Reihe von Möglichkeiten, um Videokonferenzen über das Internet abzuhalten. Eine der ersten Anwendungen und auch eine der beliebtesten ist CU-SeeMe. CU-SeeMe ermöglicht es Ihnen, über einen Computer Live-Videokonferenzen mit einzelnen Personen oder ganzen Personengruppen abzuhalten. Da weder die Software noch die Hardware besonders teuer sind, ist es für jeden möglich, Videokonferenzen abzuhalten.

2 Wenn jemand mit einem anderen Anwender eine Konferenzschaltung aufbauen will, meldet er sich mit der CU-SeeMe-Software bei einem „Reflektor" an. Ein Reflektor ist ein Computer im Internet, der viele Videokonferenzen betreut, an denen sich die Anwender beteiligen können. Wenn Sie sich bei einem Reflektor anmelden, können Sie an jeder bestehenden Videokonferenz teilnehmen. Nachdem Sie beim Reflektor angemeldet sind, sendet Ihr Computer ein Signal, das allen, die mit dem Reflektor verbunden sind, mitteilt, daß Sie da sind und an einer Videokonferenz teilnehmen möchten.

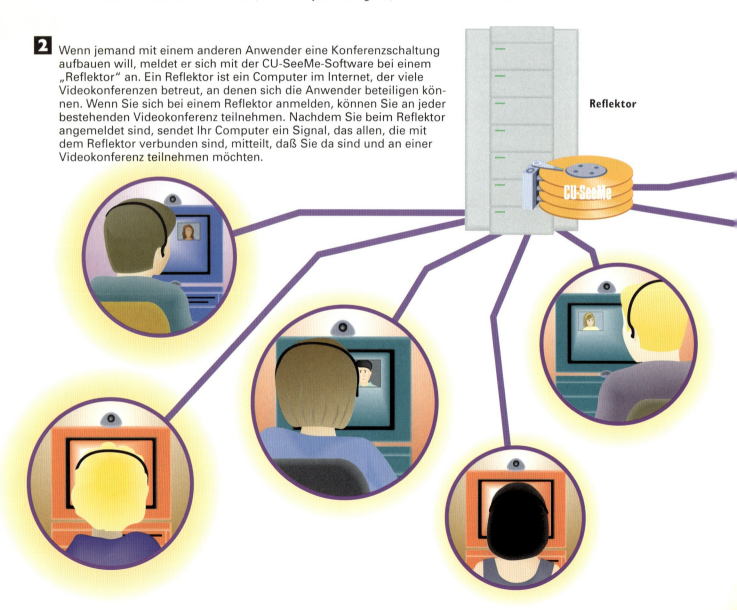

Reflektor

CU-SeeMe

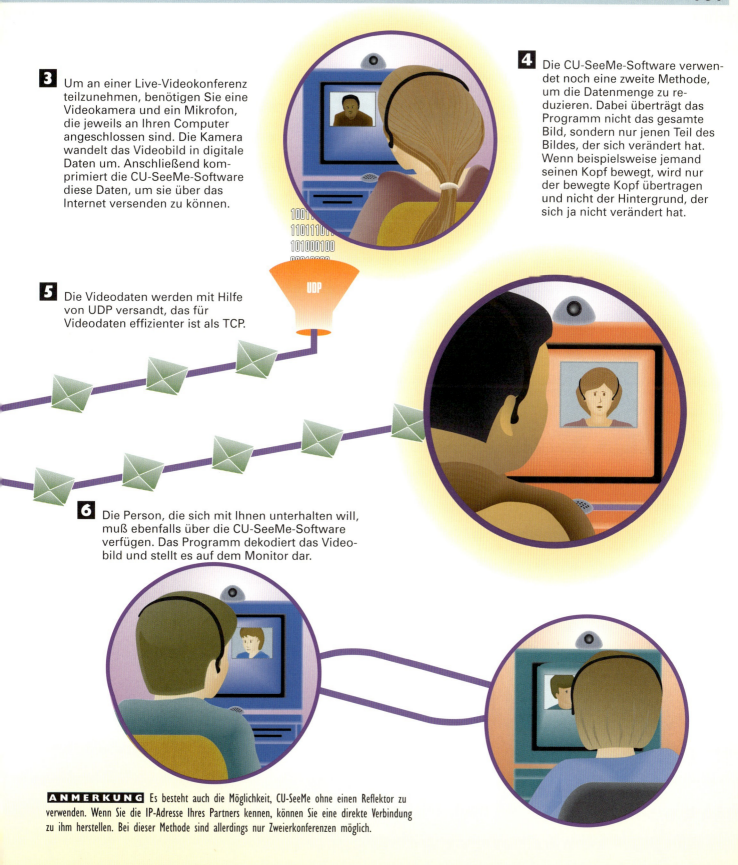

3 Um an einer Live-Videokonferenz teilzunehmen, benötigen Sie eine Videokamera und ein Mikrofon, die jeweils an Ihren Computer angeschlossen sind. Die Kamera wandelt das Videobild in digitale Daten um. Anschließend komprimiert die CU-SeeMe-Software diese Daten, um sie über das Internet versenden zu können.

4 Die CU-SeeMe-Software verwendet noch eine zweite Methode, um die Datenmenge zu reduzieren. Dabei überträgt das Programm nicht das gesamte Bild, sondern nur jenen Teil des Bildes, der sich verändert hat. Wenn beispielsweise jemand seinen Kopf bewegt, wird nur der bewegte Kopf übertragen und nicht der Hintergrund, der sich ja nicht verändert hat.

5 Die Videodaten werden mit Hilfe von UDP versandt, das für Videodaten effizienter ist als TCP.

6 Die Person, die sich mit Ihnen unterhalten will, muß ebenfalls über die CU-SeeMe-Software verfügen. Das Programm dekodiert das Videobild und stellt es auf dem Monitor dar.

ANMERKUNG Es besteht auch die Möglichkeit, CU-SeeMe ohne einen Reflektor zu verwenden. Wenn Sie die IP-Adresse Ihres Partners kennen, können Sie eine direkte Verbindung zu ihm herstellen. Bei dieser Methode sind allerdings nur Zweierkonferenzen möglich.

KAPITEL 30 Webkameras

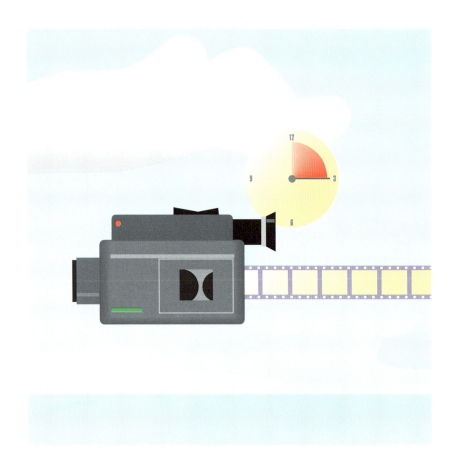

VIELE Dinge im Internet sind amüsant und aufregend, obwohl sie nicht besonders nützlich sind. Diese zu entdecken, kann richtig Spaß machen. Aus welchem Grund auch immer, surfen manche Leute nur im Internet, um interessante Informationen oder Technologien zu finden – solchen „Freaks" kann durch Webkameras geholfen werden. Eine Webcam ist eine Kamera, die mit dem Internet verbunden ist und von Zeit zu Zeit Bilder ihrer Umgebung aufnimmt und diese dann in alle Welt sendet. Es gibt eine ganze Menge Webkameras, die auf die unterschiedlichsten Dinge gerichtet sind. Sie können sich z.B. das Wetter auf dem Gipfel des Pike's Peak, die Bostoner Skyline vom Charles River aus, eine Straßenszene in Hongkong, einen Golfkurs auf Maui, tropische Fische in einem Aquarium oder auch einen Papagei ansehen, der in seinem Käfig herumhüpft (natürlich gibt es noch viel, viel mehr). Irgendwie ist es schon ziemlich aufregend und interessant, Live-Szenen aus anderen Teilen der Erde zu sehen, während man zu Hause an seinem Computer sitzt.

Die Funktionsweise der Webkameras ist relativ simpel. Eine Videokamera sendet ein Bild zu einem Computer. Dieser wandelt das Bild in ein Format um, das andere Computer verstehen können, und verschickt anschließend dieses Bild so, daß es jeder im Internet sehen kann.

Während Webkameras heute nur aus Spaß betrieben werden, könnten sie zukünftig viele Aufgaben übernehmen. Beispielsweise könnten sie zur Verkehrsüberwachung und Umleitung genutzt werden, um Feierabendstaus zu verhindern. Man könnte sie auch als Sicherheitskameras verwenden. Es gibt ohne Zweifel viele Anwendungsmöglichkeiten für Webkameras.

Webkameras sind nur ein Vertreter einer etwas bizarren Art von Internet-Ressourcen. Es wurden schon die unterschiedlichsten Geräte an das Internet angeschlossen. Eines der ersten und wohl auch der berühmtesten war ein Getränkeautomat, bei dem jeder abfragen konnte, welches Getränk und wieviel davon sich in ihm befand. Es gibt inzwischen viele dieser Getränkeautomaten (und auch Kaffeeautomaten) auf der ganzen Welt – Sie können sich's ja mal ansehen. Es wurden aber auch schon CD-Player angeschlossen, bei denen man abfragen konnte, welches Lied sie gerade spielten. Man konnte auch einen anderen Song wählen und sich Ausschnitte anhören.

Wesentlich interessanter und auf lange Sicht gesehen nützlicher sind Roboter, die man über die Tastatur steuern kann. Es gibt bereits eine ganze Menge davon, und die Anzahl wächst beständig. Mit einem Roboter können Sie bei einer archäologischen Ausgrabung mithelfen, indem Sie Sand wegblasen und graben. Anschließend können Sie sich Ihr Werk durch eine Videokamera ansehen. Sie können aber auch ein Teleskop fernsteuern, oder Sie navigieren von Ihrem Computer aus einen Roboter durch ein Gebäude.

So funktionieren Webkameras

Eine Webcam ist eine Kamera, die mit dem Internet verbunden ist und automatisch Fotos oder bewegte Bilder sendet, die sich jeder im Internet ansehen kann. Es gibt im Internet Hunderte solcher Webkameras, die Live-Bilder aus aller Welt senden.

4 Wenn jemand auf den Link klickt, wird das Bild an dessen Web-Browser gesandt und angezeigt. Manche Webkameras senden Live-Bilder, so daß Sie nicht nur Standbilder sehen. Tatsächlich sind diese bewegten Bilder allerdings nur eine Serie von Fotos, von der alle paar Sekunden eines gesendet wird, so daß der Eindruck eines bewegten Bildes entsteht. Nachdem Sie den Link angeklickt haben, werden neue Bilder automatisch an Ihren Web-Browser gesendet, sobald sie von der Kamera aufgenommen werden.

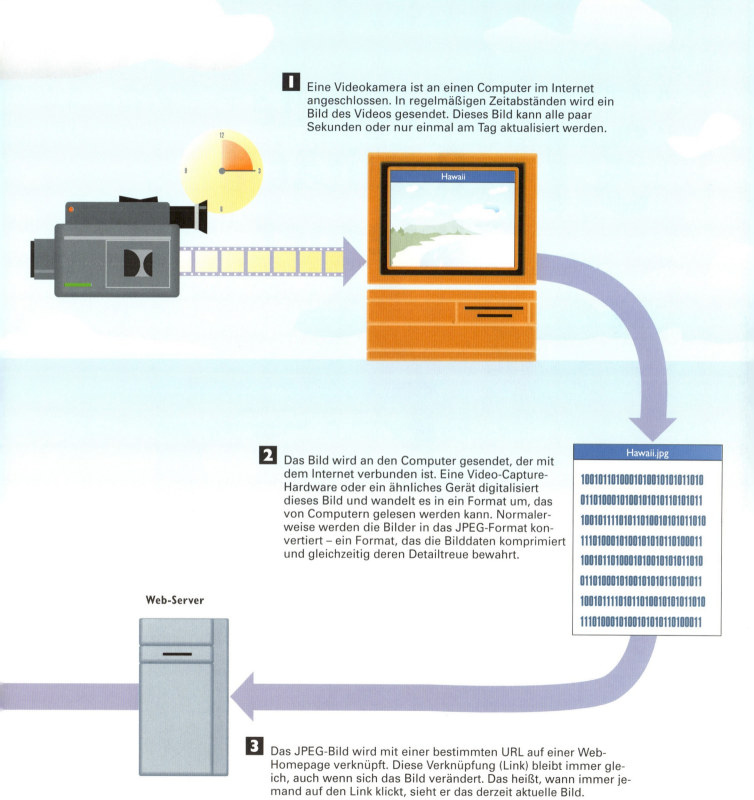

1 Eine Videokamera ist an einen Computer im Internet angeschlossen. In regelmäßigen Zeitabständen wird ein Bild des Videos gesendet. Dieses Bild kann alle paar Sekunden oder nur einmal am Tag aktualisiert werden.

Hawaii

2 Das Bild wird an den Computer gesendet, der mit dem Internet verbunden ist. Eine Video-Capture-Hardware oder ein ähnliches Gerät digitalisiert dieses Bild und wandelt es in ein Format um, das von Computern gelesen werden kann. Normalerweise werden die Bilder in das JPEG-Format konvertiert – ein Format, das die Bilddaten komprimiert und gleichzeitig deren Detailtreue bewahrt.

Hawaii.jpg

10010110100010100101011010
01101000101001010110101011
10010111101011010010101011010
11101000101001010110100011
10010110100010100101011010
01101000101001010110101011
10010111101011010010101011010
11101000101001010110100011

Web-Server

3 Das JPEG-Bild wird mit einer bestimmten URL auf einer Web-Homepage verknüpft. Diese Verknüpfung (Link) bleibt immer gleich, auch wenn sich das Bild verändert. Das heißt, wann immer jemand auf den Link klickt, sieht er das derzeit aktuelle Bild.

KAPITEL

31

Virtuelle Realität im Internet

STELLEN Sie sich vor, das Internet wäre ein Ort, an dem Sie durch drei-
dimensionale Welten gehen könnten. Sie könnten Gegenstände in
die Hand nehmen und betrachten und zu anderen Orten fliegen oder durch Türen gehen.
Homepages mit Bildern wären nicht nur flache, zweidimensionale Oberflächen, die man lesen
kann. Vielmehr könnten Sie sich darin befinden und wie durch ein Gebäude oder eine Stadt
spazieren.

Das alles verspricht Virtuelle Realität (VR) im Internet. Eigentlich ist es mehr als nur ein
Versprechen – Virtuelle Realität ist bereits da. Es gibt viele virtuelle Welten im Internet, die Sie
erkunden können. Sie sind z.B. in der Lage, durch einen riesigen Computer zu gehen, eine bizarre
Kunstgalerie zu besichtigen oder ins Weltall zu fliegen. Sie können aber auch Sites besuchen, die
wie antike Ruinen aussehen, oder das menschliche Gehirn erforschen, und vieles mehr.

Virtuelle Welten werden mit einer Computersprache erzeugt, die Virtual Reality Modeling
Language (VRML) heißt. Diese Sprache weist Computer an, wie sie dreidimensionale,
geometrische Objekte aufbauen sollen. Eine VRML-Welt wird durch eine ASCII-Textdatei
erzeugt, die VRML-Kommandos enthält. Um das Ganze realistischer erscheinen zu lassen, können dieser Welt auch Grafiken hinzugefügt werden.

Wenn eine virtuelle Welt erzeugt wurde, wird sie auf einen Internet-Server übertragen.
Wenn Sie diese Welt besuchen wollen, tippen Sie deren URL ein oder klicken auf einen Link,
wie Sie es auch bei anderen Seiten im World Wide Web tun. Um die virtuelle Welt anzuzeigen,
benötigen Sie ein Programm, das in der Lage ist, diese darzustellen. Sie können dafür einen
speziellen Virtual-Reality-Browser verwenden oder besser einen Plug-In-Player, der sich automatisch in Ihren Browser einklinkt.

Die VRML-Datei zur Beschreibung der virtuellen Welt wird auf Ihren Computer übertragen. Dies kann, abhängig von der Geschwindigkeit Ihrer Verbindung und der Dateigröße, ein
paar Minuten, aber auch über eine halbe Stunde dauern. Sobald sich die VRML-Datei auf Ihrem
Computer befindet, berechnet die CPU aus den VRML-Anweisungen die Geometrie der Welt.
Dies kann wieder eine Zeitlang dauern – abhängig von der Dateigröße und der CPU-Geschwin-
digkeit zwischen ein und über zehn Minuten. Nachdem die Welt berechnet ist, können Sie durch
sie hindurchgehen oder -fliegen und Objekte untersuchen oder rotieren lassen.

Virtuelle Realität wird im Internet nicht nur benutzt, um Welten zu schaffen, die man durch-
wandern kann. So wurden zum Beispiel verschiedene Ansichten des menschlichen Gehirns und
von diversen Molekülen mit Virtueller Realität erzeugt. Astronomen haben sie eingesetzt, um bestimmte Zustände in einer Galaxie zu visualisieren. Daneben wird es – wie es mit den meisten
Dingen im Internet der Fall ist – Anwendungen geben, die sich heute keiner vorstellen kann.

So funktioniert Virtuelle Realität

Im Internet können Sie durch virtuelle Orte – auch virtuelle Welten genannt – spazieren und mit dreidimensionalen Gegenständen interagieren. Dazu benötigen Sie ein spezielles Plug-In-Programm für Ihren Web-Browser. Diese Orte werden mit Hilfe der Virtual Reality Modeling Language (VRML) erzeugt.

1 Wenn jemand eine virtuelle Welt erzeugen will, benutzt er dafür VRML. Durch diese Sprache werden die Objekte der Welt nicht gezeichnet, sondern beschrieben. VRML-Dateien sind sehr viel kleiner als Grafikdateien, da sie lediglich normalen Text enthalten. Die Dateierweiterung ist .WRL. Nachdem eine Welt erstellt wurde, wird sie auf einen Web-Server übertragen.

```
SPACE.WRL
#VRML V1.Ø ascii
Separator {
    DirectionalLight {
        direction Ø Ø -1  # Light
shining from viewer into scene
    }
    PerspectiveCamera {
        position   -8.6 2.1 5.6
        orientation -Ø.1352 -Ø.9831 -
Ø.1233  1.1417
        focalDistance      1Ø.84
    }
```

SPACE.WRL

```
OBJECTS.WRL
#VRML V1.Ø ascii
Separator {
  DirectionalLight {
     direction Ø Ø -1  # Light shining from viewer into scene
  }
  PerspectiveCamera {
     position   -8.6 2.1 5.6
     orientation -Ø.1352 -Ø.9831 -Ø.1233  1.1417
     focalDistance      1Ø.84
  }
  Separator {  # The red sphere
     Material {
        diffuseColor 1 Ø Ø   # Red
     }
     Translation { translation 3 Ø 1 }
     Sphere { radius 2.3 }
  }
  Separator {  # The blue cube
     Material {
        diffuseColor Ø Ø 1  # Blue
     }
     Transform {
        translation -2.4 .2 1
        rotation Ø 1 1 .9
     }
     Cube {}
  }
}
```

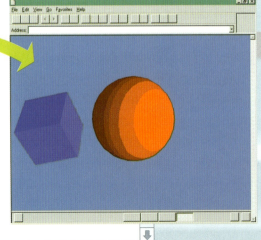

2 Dies ist ein Beispiel für eine VRML-Datei, die eine Szene mit einer roten Kugel und einem blauen Würfel beschreibt, die direkt beleuchtet werden.

6 Um die Darstellung realistischer erscheinen zu lassen, können auf Objekte der virtuellen Welt Grafiken „gemalt" werden. Auf diese Weise lassen sich zum Beispiel Gemälde einer Kunstgalerie darstellen. Um diese Grafiken anzeigen zu können, müssen sie mit der .WRL-Datei heruntergeladen werden (meist als GIF- oder JPEG-Datei). Wenn der Browser die virtuelle Welt anzeigt, stellt er die Grafiken über den VR-Objekten dar. Dadurch entsteht der Eindruck, daß die Grafiken zu der Szene gehören.

5 Objekte der virtuellen Welt können Links zu anderen Sites im Web, zu anderen virtuellen Welten und zu Animationen sein. Wenn Sie beispielsweise durch eine Tür gehen, könnten Sie zu einer Webseite geschickt werden oder auch zu einer anderen virtuellen Welt.

4 Während die Datei übertragen wird, startet das VR-Plug-In und übernimmt die Kontrolle über Ihren Browser. Nachdem die gesamte Datei übertragen ist, berechnet das Plug-In anhand der VRML-Anweisungen die Szene. Ist die Szene fertiggestellt, können Sie in ihr umherlaufen oder auch darin umherfliegen. Je nachdem, wie aufwendig die Szene gestaltet ist, kann es sein, daß der Computer während Ihrer Bewegungen einige Berechnungen durchführen muß.

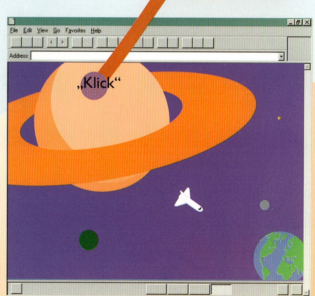

„Klick"

Web-Server

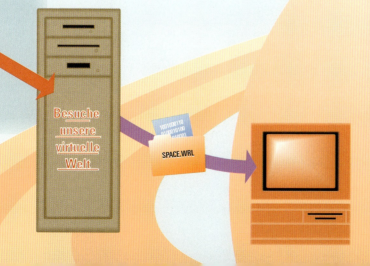

Besuche unsere virtuelle Welt

SPACE.WRL

3 Wenn Sie ein VRML-Plug-In installiert haben, können Sie eine virtuelle Welt besuchen, indem Sie auf deren URL klicken. Anschließend wird die VRML-Datei auf Ihren Computer geladen, was eine Zeitlang dauert.

KAPITEL

32

Animationen im WWW

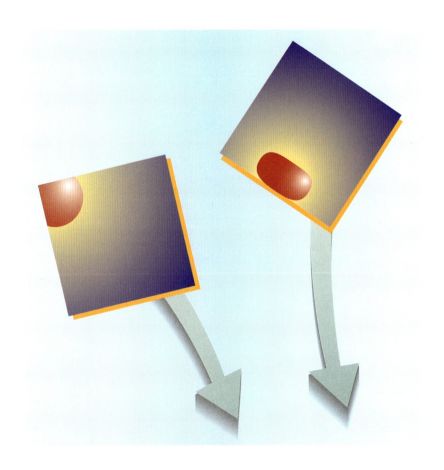

ANIMATIONEN

im World Wide Web funktionieren im Prinzip wie sonst überall auch. Wie animierte Bilder sind sie – vergleichbar mit dem Daumenkino – eine Serie unbewegter Bilder, die nacheinander angezeigt werden und so dem Auge die Illusion einer tatsächlichen Bewegung vermitteln. Je schneller die Einzelbilder einanderfolgen, desto flüssiger ist die Bewegung. Leider ist das WWW häufig recht langsam, so daß eine Animation, die eigentlich schnell ablaufen sollte, über den Bildschirm schleicht, wenn man nicht spezielle Techniken anwendet. Es gibt verschiedene Techniken, mit denen man animierte Bilder im WWW erzeugen kann, zum Beispiel Client Pull, Server Push, animierte GIFs und Shockwave, ein Multimedia-Plug-In von Macromedia. Beim Client Pull („pull" heißt „ziehen") stehen in einer HTML-Seite Anweisungen für den Browser, so daß er automatisch nach einer gewissen Zeit ein neues Dokument beantragt und lädt. Wie bei einer Diashow werden einzelne Webseiten nacheinander geladen. Die Zeit zwischen den Seiten läßt sich genau festlegen, was so eine Animation für Schritt-für-Schritt-Anweisungen nützlich macht. Was Client Pull langsam macht, ist, daß immer eine ganze Webseite neu geladen werden muß und nicht nur einzelne Bereich; daher kommt auch keine Illusion eines bewegten Bildes zustande.

Client-Pull-Anfragen sind im HTTP-Antwort-Header am Anfang einer Webseite, die vom Server zurück an den Client geschickt wird, eingebettet. Der <META>-Tag fügt Meta-Informationen in den Antwort-Header ein. Meta-Informationen werden nicht vom Browser dargestellt, sondern dienen dazu, eine Webseite zu analysieren.

Server Push („push" heißt „schieben" oder „drücken") ist eine Ergänzung zu Client Pull, obwohl diese Technologie weitaus komplexer ist. Server Push benötigt ein CGI-Skript („Common Gateway Interface Skript", eine externe Anwendung, die von einem HTTP-Server als Reaktion auf eine Anfrage durch einen Browser ausgeführt wird, das dem Server mitteilt, wenn er automatisch ein neues Dokument oder Bild zustellen soll. Der Browser auf dem Client-Rechner muß dabei in der Lage sein, den MIME-Typ „multipart/x-mixed-replace" zu erkennen. Mit diesem MIME-Typ lassen sich mehrere Dokumente in einer einzigen Nachricht zugleich verschicken. Um zu verstehen, wie Server Push funktioniert, stellen Sie sich eine E-Mail mit Text, Hypertext, einem digitalen Video und Sound vor. So können mehrere „Dokumente" (verschiedene Medien) innerhalb einer Nachricht verschickt werden. Die Nachricht aus verschiedenen Teilen ist einfach eine Serie von Bildern, die nacheinander dargestellt werden. Jedes Bild wird vom Server geschickt oder geschoben („push"). So kann eine kleine Animation in den Text einer ansonsten statischen Webseite integriert werden.

Animierte GIFs sind eine Folge von Einzelbildern, die nacheinander angezeigt werden und so den Eindruck eines bewegten Bildes vermitteln – wie beim Daumenkino. Sie werden wie eine normale GIF-Datei in den Browser geladen, aber der Reihe nach, so daß die Illusion einer tatsächlichen Bewegung entsteht. Animierte GIFs sind schnell, da sie im Cache des Client-PCs abgelegt und von dort und nicht vom Internet aus geladen werden. Das ist eine unkomplizierte Lösung, wenn Sie Bewegung zu Ihren Webseiten hinzufügen möchten.

Animationen im World Wide Web

Client Pull

Client Pull wird durch das Refresh-Kommando ausgeführt („refresh" heißt „auffrischen"). Ein Refresh-Kommando wird mit Hilfe des Tag-<META> in ein HTML-Dokument eingefügt. Der Inhalt des <META>-Tag wird zur Meta-Information im Header hinzugefügt, die vom Server mit der HTTP-Antwort geschickt wird. Während einem Client Pull liest der Browser die Informationen im Header. Er wird angewiesen, mittels der eingebauten Echtzeituhr Ihres Computers, die Zeit zwischen den einzelnen Seiten zu messen. Wenn die angegebene Zeit vergangen ist, fordert der Browser die nächste Seite an und stellt sie dar.

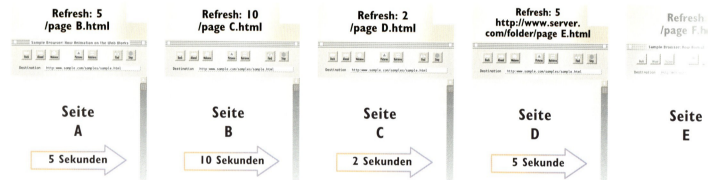

Refresh: 5
/page B.html
Seite A — 5 Sekunden

Refresh: 10
/page C.html
Seite B — 10 Sekunden

Refresh: 2
/page D.html
Seite C — 2 Sekunden

Refresh: 5
http://www.server.com/folder/page E.html
Seite D — 5 Sekunde

Refresh
/page F.h
Seite E

1 Das Refresh-Kommando hat zwei Aufgaben. Es gibt einmal die Zeit an, die vergehen soll, bevor die nächste Seite angefordert oder die gleiche Seite neu geladen wird. Dann, wenn nach der Anzahl der Sekunden eine URL steht, wird automatisch eine entsprechende Anfrage gesendet. Nachdem der Browser die Meta-Information der Seite analysiert und das Refresh-Kommando im Header erkannt hat, weiß er, daß er die Seite, die in der dem Kommando folgenden URL angegeben ist, beantragen muß.

2 Wenn das nächste Dokument auch wieder ein Refresh-Kommando im Header hat, wird der Prozeß einfach wiederholt. Im Beispiel wird der Browser nach zehn Sekunden die Seite C anfordern und darstellen.

ANMERKUNG Eine Client-Pull-Sequenz kann so viele Seiten umfassen wie man möchte. Die letzte Seite hat dann einfach kein Refresh-Kommando mehr. Ein Benutzer kann den Prozeß unterbrechen, indem er auf die Stop-Schaltfläche im Browser klickt.

3 Derjenige, der die HTML-Seite erstellt, kann angeben, nach welcher Zeit die nächste Seite beantragt werden soll. Seite C wird nach nur zwei Sekunden aufgefrischt – gefolgt von Seite D.

4 In einer Client-Pull-Abfolge kann sich jede Seite an einem beliebigen Ort im World Wide Web befinden. Die URL nach dem Refresh-Kommando kann auf irgendeinen aktiven Server verweisen. Die Seite E liegt beispielsweise auf einem anderen Server als die Seiten A–D, wird aber trotzdem automatisch nach fünf Sekunden angefordert.

Server Push

Server Push ist komplizierter als Client Pull, aber man kann eine Inline-Animation erstellen, bei der man nicht für jedes Einzelbild die ganze Webseite neu laden muß.

===== HTML-Seite =====

<H1>Überschrift 1 </h1>

<IMG SRC="http://some.server/

animation.cgi>

<P>

1 Der HTML-Quellcode für eine Server-Push-Animation schaut ausgesprochen einfach aus. Auf die Anweisungen wird mittels des Tag-<IMG> (IMG steht für „image", also „Bild") verwiesen, genauso wie auf ein statisches Bild oder Icon auch.

Text Text Text Text Text

Text Text **2** Wenn der Browser das <IMG>-Tag erkennt, schickt er eine einzelne Anfrage an den Server um die Datei zu erhalten. Aber anstatt auf eine Bilddatei zu verweisen, wird die Anfrage durch das HTML-Tag <IMG SRC="URL"> an ein CGI-Skript, das die Animation ausführt, weitergeleitet.

Internet

3 Wenn die Anfrage beim Server eintrifft, wird das CGI-Skript geöffnet und ausgeführt. Ein Programmierer muß, wie andere Programme auch, ein CGI-Skript zuerst schreiben.

===== **CGI Script** =====

multipart/x-replace

: frame 1

-Boundary-

file: frame 2

-Boundary-

file: frame 3

-Boundary-

file: frame 4 etc.

Einzelbilder der Animation

4 Das Skript nutzt den MIME-Typ Multipart/x-replace aus. Auf diese Weise kann das CGI-Skript eine Serie von unbewegten Bildern vom Server zum Client schicken („push"), genauso wie normalerweise eine einzelne Datei übertragen wird. Im Beispiel links besteht die Animation aus vier Einzelbildern, d.h., aus vier verschiedenen Dateien. Jedes neue Bild, das auf dem Client ankommt, ersetzt das vorherige, so daß der Eindruck einer flüssigen Bewegung vermittelt wird.

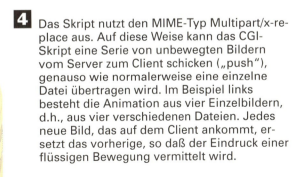

ANMERKUNG Der Server und der Client bauen eine Verbindung auf, die solange bestehen bleibt, wie das CGI-Skript läuft. Sie können eine Server-Push-Animation abbrechen, indem Sie auf die Stop-Schaltfläche im Browser klicken.

TEIL

DIE MÖGLICHKEITEN DES INTERNET NUTZEN

DAS Internet ist kein in sich geschlossener Bereich ohne Anbindung zur Außenwelt mehr. Es ist eng mit unserem Arbeits- und Lebensstil verbunden und wird jedes Jahr mehr damit verschmelzen. Das Internet wird immer mehr ein Teil unseres Lebens: Wir benutzen es in der Arbeit, zur Unterhaltung, zur Beschaffung von Informationen und zum Einkaufen.

Das Internet hat seine Wurzeln beim Militär und im akademischen Bereich. Sein enormes Wachstum wurde aber im wesentlichen durch die Anwendung in der Wirtschaft und in privaten Bereichen ausgelöst. Es ist durchaus möglich, daß das Internet DER Marktplatz überhaupt wird, auf dem jedes Jahr Waren und Dienstleistungen im Wert von vielen Milliarden Mark umgesetzt werden.

Wenn Firmen ihre Produkte im Internet vertreiben, wird es natürlich auch viele Leute geben, die diese dann von zu Hause oder vom Arbeitsplatz aus kaufen, anstatt in ein Geschäft zu gehen. Es wird irgendwann völlig „normal" sein, online Kataloge zu durchstöbern und Waren zu bestellen. Die Firmen müssen nicht nur herausfinden, wie sie ihre Waren online am besten verkaufen, sondern werden auch Möglichkeiten brauchen, wie sie ihre eigenen Computer- und Verrechnungssysteme einbinden können.

In diesem Teil des Buches beschäftigen wir uns mit den verschiedenen Möglichkeiten wie sich die Internet-Technologien und die „echte Welt" gegenseitig beeinflussen, und wie Sie diese Möglichkeiten zu Ihrem Vorteil verwenden können.

Wir werden uns ansehen, wie Intranets funktionieren. In steigendem Umfang verwenden Firmen das Internet für geschäftliche Zwecke. Sie errichten Intranets. Sie können innerhalb eines Intranets zum Beispiel E-Mails versenden, Arbeitsgruppen koordinieren, gemeinsam mit anderen Leuten die gleichen Dokumente ansehen und bearbeiten und auf Firmendatenbanken zugreifen. Dabei handelt es sich um firmeninterne Netzwerke, die genauso aufgebaut sind und arbeiten wie das Internet. Allerdings mit der Ausnahme, daß sie nicht öffentlich zugänglich, sondern nur für den Gebrauch innerhalb der Firma gedacht sind. Durch einen Firewall-Rechner wird ein Intranet vom Internet getrennt. Ein

Firewall-Rechner hat die Aufgabe, nichtautorisierte Zugriffe auf die Ressourcen des Intranets zu verhindern. Die Angestellten können dabei sowohl das Intranet als auch das Internets nutzen, Eindringlinge von außen werden dagegen von der Firewall ferngehalten. Ein Kapitel beschäftigt sich ausführlich mit der Firewall-Technologie.

Dann werden die verschiedenen Möglichkeiten erläutert, nach denen Indizierungs- und Suchtechnologien im Internet arbeiten. Mit Hilfe von Indizes können Sie Informationen in bestimmte Kategorien, wie Kunst, Computer, Sport usw. suchen. Suchmaschinen durchsuchen das Internet und indizieren Webseiten. Sie können dann den Index durchsuchen, um die gewünschten Informationen oder Webseiten zu finden.

KAPITEL

33

So funktionieren Intranets

IMMER mehr Firmen errichten private Computernetzwerke für den Informationsaustausch innerhalb der Firma. Diese Netzwerke, die sich die Technologie und das Konzept des Internet zunutze machen, werden Intranets genannt. Sie bieten im Gegensatz zu herkömmlichen Netzwerktechnologien einige Vorteile, so daß die Intranet-Technologie wohl zum Standard für die Datenverarbeitung und Kommunikation in der Geschäftswelt werden wird.

Intranets können für verschiedene Aufgaben genutzt werden, beispielsweise zur Versendung von E-Mails, Gruppenkoordination, Zugriff auf Datenbanken, Verteilung von Dokumenten und Software, Videokonferenzen und auch um Produkte und Dienstleistungen zu verkaufen.

Im Intranet werden TCP/IP-Netzwerke, TCP/IP-Technologien und Internet-Ressourcen wie das World Wide Web, E-Mail, Telnet und FTP verwendet. Das Netzwerk und seine Ressourcen werden ausschließlich von Firmenangehörigen benutzt und stehen Leuten außerhalb der Firma nicht zur Verfügung. Intranets müssen auch nicht unbedingt mit dem Internet verbunden sein. Wenn doch, dann wird es von einem sogenannten Firewall-Rechner vom Internet abgeschirmt. Eine Firewall ist eine Kombination aus Hard- und Software, die das Internet vor unbefugten Zugriff von außen schützt. Die Angestellten können jedoch vom Intranet aus auf das Internet und dessen Ressourcen zugreifen. In Kapitel 35 wird die Firewall-Technologie näher besprochen.

In Intranets wird eine Kombination aus gebrauchsfertiger Software, die es überall zu kaufen gibt, wie zum Beispiel Web-Browser, und speziell für die Firma geschriebenen Anwendungen, zum Beispiel Tools zur Datenbankabfrage, verwendet. Da Intranets auf Protokollen basieren, die zum Internet-Standard zählen, können sie immer einfach und schnell mit den neuesten Netzwerktechnologien auf den neuesten Stand gebracht werden.

Den größten Nutzen von Intranets werden Firmen wohl durch sogenannte Workgroup-Anwendungen haben. Diese Art von Software erlaubt den Anwendern die Zusammenarbeit auf elektronischem Weg. Es gibt verschiedene Workgroup-Software-Produkte. Mit Hilfe dieser Programme können Benutzer in verschiedenen Teilen des Landes oder der Welt an Diskussionen oder Videokonferenzen teilnehmen, die gleichen Datenbanken benutzen, gleichzeitig am selben Dokument arbeiten und vieles mehr.

Das Intranet:
Das Internet in der Firma

1 Ein Intranet wird durch eine Firewall vom Rest des Internet getrennt. Firewalls sind Hardware-Software-Kombinationen, die das Firmen-Intranet vor unberechtigten Zugriffen von außen schützen sollen. Auf der anderen Seite ermöglicht die Firewall den Angestellten der Firma, das Internet zu nutzen. Sie erlaubt auch, daß Leute von außen auf bestimmte Bereiche des Intranet zugreifen können.

2 Eine Schlüsselrolle im Intranet spielt das E-Mail-System. Dieses E-Mail-System funktioniert genauso wie das E-Mail-System des Internet und verwendet ebenso ganz normale E-Mail-Programme. Der einzige Unterschied ist, daß das System dafür ausgelegt ist, den E-Mail-Verkehr lediglich innerhalb der Firma zu dirigieren. Interne Router und Mail-Server senden die E-Mails über das Intranet an andere Angestellte der Firma. E-Mails, die aus dem Internet kommen oder in das Internet geschickt werden sollen, müssen die Firewall passieren.

Firmendatenbank

aknox@biz.zd.com

mhall@biz.zd.com

ajones@biz.zd.com

vperry@biz.zd.com

sweber@biz.zd.com

pgralla@biz.zd.com

An.
pgralla@biz.zd.com

Finanzberichte

Verkaufsergebnisse

Marketingpläne

Prognosen

Mail-Server

3 Firmendatenbanken mit wichtigen Informationen können über das Intranet durch HTML-Dokumente und World-Wide-Web-Suchwerkzeuge zugänglich gemacht werden. Im Normalfall ist es notwendig, CGI-Skripts oder Java-Programme zu erstellen, um solche Datenbanken zu durchsuchen. Sie sind nur für die Angestellten der Firma zugänglich und werden nach außen, wie der Rest des Intranet, durch die Firewall geschützt.

Internet

7 Die Firma kann es ihren Kunden ermöglichen, über das Internet Waren und Dienstleistungen zu kaufen, indem sie ihr Verkaufssystem über das Intranet mit dem Internet verbindet. Dadurch sind Internet-Teilnehmer in der Lage, sich Kataloge und die öffentliche Webseite der Firma anzusehen, Waren zu bestellen und sichere Zahlungsanweisungen zu übermitteln. Die Transaktion läuft über die Firewall. Durch die Verwendung von Verschlüsselungsmethoden wird für die Sicherheit der Transaktion gesorgt.

Verbraucher

6 Intranets vereinfachen auch die Zusammenarbeit mit anderen Firmen, wie z.B. Zulieferern oder Dienstleistern. So können beispielsweise Zulieferer über eine sichere Web-Verbindung Angebote für bestimmte Projekte machen, Rechnungen stellen und sogar Zahlungen über das Netz erhalten. Auf der anderen Seite können die Angestellten einer Firma das World Wide Web verwenden, um bei anderen Firmen Produkte oder Dienstleistungen zu bestellen. Diese Anforderungen werden durch die Firewall ins Internet geschickt.

Subunternehmer

SICHERE VERBINDUNG

Server

Firewall

Elektronischer Katalog

5 Über Intranets können auch Videokonferenzen abgehalten werden. Diese ermöglichen es den Mitarbeitern, die sich in verschiedenen Teilen des Landes oder der Welt befinden, sich über ihren PC zu sehen und miteinander zu sprechen. Da die Firmen selbst für die Verbindungen innerhalb des Intranet zuständig sind, ist es möglich, spezielle Hochgeschwindigkeitsverbindungen speziell für Videokonferenzen zu schaffen. Dies wäre im Internet nur sehr schwierig zu realisieren.

Router

4 Durch die Verwendung einer Workgroup-Software, auch Groupware genannt, ist es möglich, daß verschiedene Mitarbeiter über das Intranet gemeinsam an bestimmten Aufgaben arbeiten. Workgroup-Anwendungen gestatten es, online Brainstorming-Sitzungen abzuhalten, die Terminplanung von Konferenzen zu erledigen, an Plänen und Dokumenten gemeinsam zu arbeiten u.v.a.m.

34

Im Internet suchen

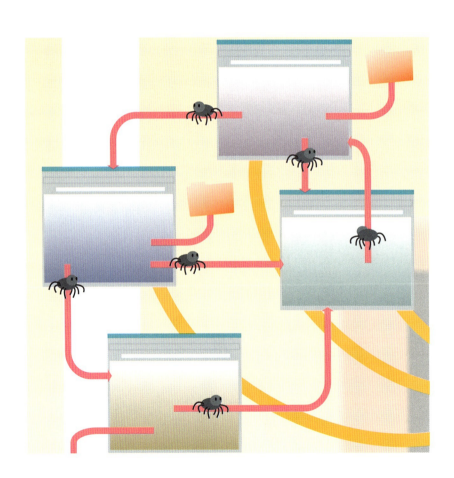

INZWISCHEN

stehen im Internet auf der einen Seite ungeheuer viele Informationen zur Verfügung, andererseits gibt es aber so gut wie keine Organisation. Das hat zur Folge, daß es nahezu unmöglich erscheint, die Informationen oder Dokumente zu finden, die man sucht. Für dieses Problem gibt eine Reihe von Lösungen. Die populärsten sind Indizes und Suchmaschinen.

Indizes stellen einen sehr strukturierten Weg dar, um Informationen zu finden. Mit Hilfe der Indizes können Sie Informationen in bestimmten Kategorien mit Unterkategorien, z.B. die Kategorie Sport mit den Unterkategorien Baseball, Basketball, Fußball und Eishockey, suchen. Abhängig von der Größe des Index kann es einige Unterkategorieschichten geben. Wenn Sie sich in der Unterkategorie befinden, die Sie interessiert, wird Ihnen eine Liste von relevanten Dokumenten angezeigt. Um diese Dokumente einzusehen, klicken Sie einfach auf den entsprechenden Link. Firmen wie Lycos, Altavist und Yahoo! bieten einen solchen Index im Internet an. Bei Yahoo! und anderen Indizes gibt es auch die Möglichkeit, nach Stichwörtern zu suchen. Sie erhalten dann eine Liste mit Links zu den gefundenen Dokumenten.

Eine andere beliebte Methode, um Informationen im Internet ausfindig zu machen, sind Suchmaschinen, auch Suchwerkzeuge oder WebCrawlers genannt. Suchmaschinen arbeiten anders als Indizes. Es handelt sich dabei um sehr große Datenbanken, die große Teile des Internet beinhalten. Allerdings präsentieren sie die Informationen nicht in hierarchischer Ordnung, sondern man durchsucht sie wie eine Datenbank über Stichwörter, die die gesuchte Information beschreiben.

Es gibt eine ganze Menge beliebter Suchmaschinen, darunter Lycos, Infoseek, Web.de, Fireball und Alta Vista. Während sich deren Arbeitsweise im Detail etwas unterscheidet, sind sie im allgemeinen aus drei Teilen aufgebaut: erstens ein Spiders oder mehrere Spider, die das Internet nach Informationen durchsuchen, zweitens eine Datenbank, die die Informationen des Spiders speichert, und drittens ein Suchwerkzeug, das es den Benutzern ermöglicht, die Datenbank zu durchsuchen. Suchmaschinen werden ständig aktualisiert, um die jeweils aktuellen Informationen bereitzuhalten. Sie stellen eine sehr große Menge an Information zur Verfügung. Alta Vista z.B. durchsucht täglich 2,5 Millionen Homepages. Die Datenbank von Alta Vista kann pro Stunde ungefähr ein Gigabyte Text indizieren.

Indizes und Suchmaschinen machen es Ihnen relativ einfach, im Internet Informationen zu finden. Die E-Mail-Adresse einer Person herauszufinden, ist dagegen schon schwieriger. Für diesen Zweck wurde WHOIS entwickelt. Dieses System sucht auf WHOIS-Servern nach Adressen. Das System unterliegt allerdings einigen Einschränkungen und hält auch nicht sonderlich viele Adressen bereit. Es gibt inzwischen auch andere E-Mail-Verzeichnisse wie z.B. das „Distributed Internet Directory", doch auch diese Versuche haben nicht sehr gut funktioniert. Bis jetzt ist es außerordentlich schwierig, die E-Mail-Adresse von jemandem herauszufinden.

So funktionieren Suchmaschinen

Das Internet ist so umfangreich, daß es sehr schwierig sein kann, genau jene Informationen zu finden, die man sucht. Um dieses Problem in den Griff zu bekommen, gibt es im Web einige Suchwerkzeuge, sogenannte „Suchmaschinen". Diese Suchmaschinen werden auch Web-Spiders bzw. WebCrawlers genannt, weil sie auf der Suche nach Informationen durch das WWW und das Internet „krabbeln" (englisch: to crawl). Spiders sind Programme, die das WWW nach Dokumenten durchstöbern, indem sie den Hyperlinks auf den Webseiten folgen. Beliebte Suchmaschinen sind z.B. Lycos, Alta Vista, WebCrawler und InfoSeek.

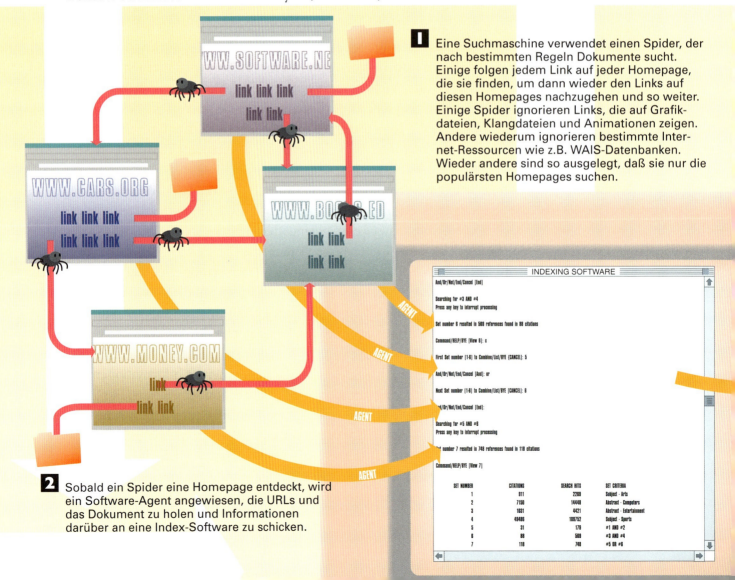

1 Eine Suchmaschine verwendet einen Spider, der nach bestimmten Regeln Dokumente sucht. Einige folgen jedem Link auf jeder Homepage, die sie finden, um dann wieder den Links auf diesen Homepages nachzugehen und so weiter. Einige Spider ignorieren Links, die auf Grafik-dateien, Klangdateien und Animationen zeigen. Andere wiederum ignorieren bestimmte Internet-Ressourcen wie z.B. WAIS-Datenbanken. Wieder andere sind so ausgelegt, daß sie nur die populärsten Homepages suchen.

2 Sobald ein Spider eine Homepage entdeckt, wird ein Software-Agent angewiesen, die URLs und das Dokument zu holen und Informationen darüber an eine Index-Software zu schicken.

6 Wenn Sie auf den Link eines Dokuments aus der Ergebnisliste klicken, wird eine Verbindung zu diesem Dokument hergestellt, da sich das Dokument selbst nicht in der Datenbank bzw. der Site der Suchmaschine befindet.

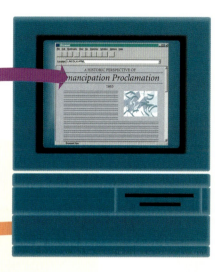

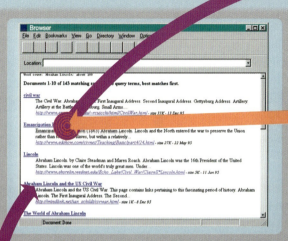

5 Die Datenbank wird mit Hilfe der angegebenen Kriterien durchsucht. Die Ergebnisse werden als HTML-Seite zurückgeschickt. Jede Suchmaschine verwendet dafür eine andere Art der Darstellung. Manche gewichten die Ergebnisse noch, um zu zeigen, wie gut das jeweilige Ergebnis die Suchkriterien erfüllt. Daneben zeigen manche die ersten paar Sätze aus dem Dokument an und andere geben neben der URL auch den Titel des Dokuments aus.

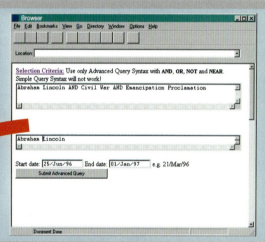

4 Wenn jemand mit einer Suchmaschine bestimmte Informationen suchen will, gibt er dafür Stichwörter ein, die die Information beschreiben. Je nach Suchmaschine können dafür außer Stichwörtern noch andere Kennzeichen verwendet werden. So können Sie beispielsweise bei manchen Suchmaschinen auch das Datum als Kriterium eingeben.

3 Die Index-Software erhält von dem Agenten die Dokumente und die URLs. Das Programm zieht aus den Dokumenten bestimmte Informationen heraus und indiziert diese, indem sie sie in einer Datenbank ablegt. Jede Suchmaschine verwendet andere Informationen aus den Dokumenten. Manche indizieren jedes einzelne Wort der Dokumente, andere nur die Top-100-Wörter, und manche speichern auch noch die Größe des Dokuments und die Anzahl der Wörter. Andere dagegen indizieren den Titel und die Überschriften. Die Art der Indizierung hängt davon ab, welche Suchmethoden von der Suchmaschine unterstützt und wie die Informationen angezeigt werden.

So funktioniert Meta-Search-Software

Meta-Search-Software ist Software, die sich auf Ihrem Computer befindet und es Ihnen ermöglicht, gleichzeitig mehrere Internet-Suchmaschinen zu durchsuchen, die Ergebnisse anzuzeigen und zu verwenden. Sie können auf Ihrem Computer die Ergebnisse durchsuchen und die Seiten anklicken, die Sie besuchen wollen. Diese Illustration zeigt, wie die zu Meta-Search-Software gehörige Komponente Copernic funktioniert.

2 Die Meta-Search-Software sendet gleichzeitig v „Agenten" – die genaue Zahl ist abhängig v der Geschwindigkeit der jeweiligen Verbindu normalerweise sind es 4 bis 8, es können jed bis zu 32 verschiedene Agenten sein. Jeder Agent nimmt Kontakt mit einer oder mehre Suchmaschinen oder Suchindices wie zum Beispiel Yahoo!, Lycos oder Excite auf.

Preston's Picks

http://www.hotfiles.com/home.html
http://www.hotfiles.com/index.html
http://www.hotfiles.com/prespick/presmain.html

1 Wenn Sie etwas im Internet suchen wollen, geben Sie beschreibende Wörter oder einen Suchbegriff in die Meta-Search-Software ein.

Preston's Picks

http://www.hotfiles.com/index.html
http://www.hotfiles.com/prespick/presmain.html

Query

Enter your search word(s) or phrase:

Preston's Picks

5 Der Agent sendet die Ergebnisse zurück an die Meta-Search-Software. Nachdem der Agent seinen Bericht an die Meta-Search-Software zurückgesendet hat, begibt er sich zu einer anderen Suchmaschine und initiiert eine Suche in der Syntax dieser Suchmaschine. Anschließend sendet er die Ergebnisse wiederum an die Meta-Search-Software zurück.

Preston's Picks

http://www.hotfiles.com/home.html
http://www.hotfiles.com/index.html
http://www.hotfiles.com/prespick/0498/pc.html

6 Die Meta-Search-Software sammelt die Ergebnisse von allen Suchmaschinen und überprüft sie auf Doppelergebnisse. Werden Doppelergebnisse gefunden, so werden diese gelöscht. Anschließend zeigt die Meta-Search-Software die Suchergebnisse an. Sämtliche „Treffer" werden in einer bestimmten Reihenfolge aufgelistet, die dem Wahrscheinlichkeitsgrad entspricht, mit dem die gewünschten Informationen in dieser Site enthalten sind. Um diese Rangordnung zu erstellen, untersucht die Meta-Search-Software den Titel der gefundenen Site sowie die in der Site enthaltenen Header-Informationen und Wörter.

Preston's Picks

http://www.hotfiles.com/prespick/0498/pc.html
http://www.hotfiles.com/prespick/.../presD498.ht
http://www.hotfiles.com/prespick/pres1097/pc.ht

		Title	Address	Rank	Hit Count	Date Found
		ZDNet Software Library - Top Rated Home & ...	http://www.hotfiles.com/home.html	8	2	5/8/98 4:16:10
		write(''); Home & Education options Make the grade in math. You need not be a believer to appreciate Bible's poetry and parables.				
		ZDNet Software Library - Top Rated Shareware	http://www.hotfiles.com/index.html	2	3	5/8/98 4:16:10
		.leftnav2 { color: #FFFF00; } .leftnav { color: white; } = 3.0) {btype=1;} else if (browser_name == Microsoft Internet Explorer && browser_version = 3.0) {btype=1;} // popup window //interURL = url; if (btype==1) { var ApplyWindow = window. Our collection of top-rated b...				
		Preston's Picks for April	http://www.hotfiles.com/prespick/0498/more.html	4	3	5/8/98 4:16:10
		More Free Files on ZDNet There are lots more places in the ZDNet Software Library and on ZDNet with collections of free files. .. - Vinson Clair Bushnell RE: Doug Gibson Regarding.				
		Preston's Picks for April	http://www.hotfiles.com/prespick/0498/pc.html	4	5	5/8/98 4:16:10
		It also lets you create playlists of your files, so that you can in essence put together your own multimedia album. .. - Chris Wilson Fakalofa, Kia ora, Preston, ... - Sione My sympathies to owners of Win.				
		Preston's Picks for April	http://www.hotfiles.com/prespick/.../pres0498.html	6	2	5/8/98 4:16:10
		var cleargif_date=(new Date()). .. - Preston Gralla Clyde: We use cookies for our ... - Preston Gralla Just wanted to say THANKS for ... - Larry D. Stauffer Hey Clyde, you should have thr.				
		ZDNet Software Library - Preston's Picks for ...	http://www.hotfiles.com/prespick/pres1097.html	6	1	5/8/98 4:16:10
		ZDNet Software Library - Preston's Picks for October Join for FREE! Editors' Picks / Preston's Picks Downloads Internet Explorer 4.... 10/06/97				
		ZDNet Software Library - Preston's Picks	http://www.hotfiles.com/prespick/presmain.html	1	5	5/8/98 4:16:10
		Preston Gralla, ZDNet's "shareware guru", is executive editor of software for ZDNet. Each month, Preston selects his favorite new shareware programs from the ZDNet Software Library, giving you a chance to download the very best we have to offer.				

3 Die Agenten sind intelligent und wissen, wie jede der Suchmaschinen funktioniert – sie wissen zum Beispiel, ob eine bestimmte Suchmaschine Boolesche Suchen (die Suche mit Hilfe der Variablen UND, ODER oder anderen Variablen) zuläßt. Die Agenten kennen auch die genaue Syntax der jeweiligen Suchmaschine. Die Agenten wenden auf die Suchbegriffe die richtige Syntax der jeweiligen Suchmaschine an und initiieren die Suche – im Gegensatz zum Anwender müssen sie für die Suchmaschinen keine Formulare ausfüllen.

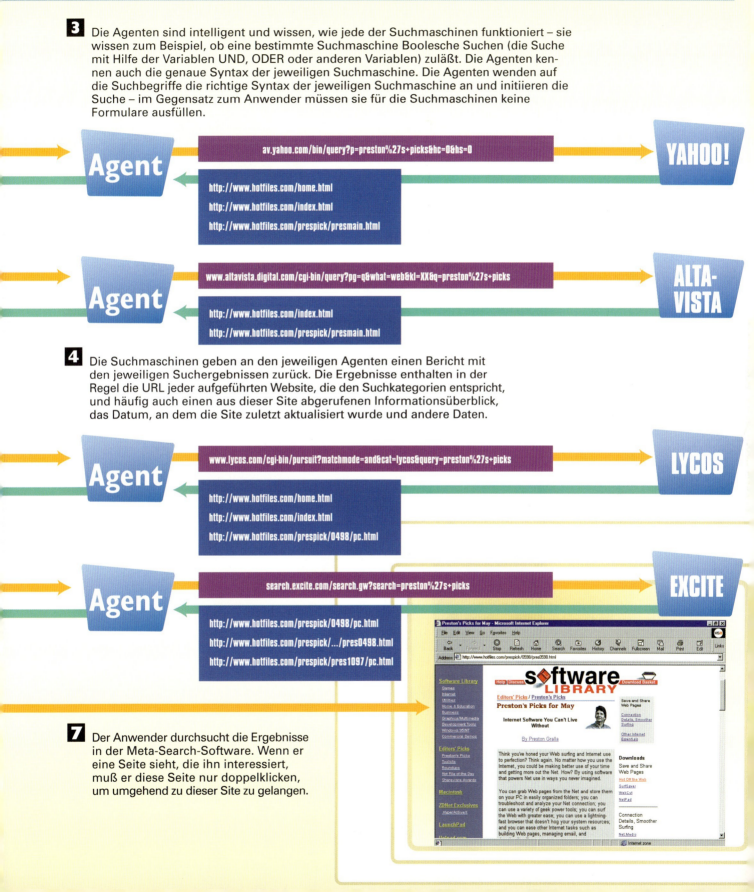

Agent

av.yahoo.com/bin/query?p=preston%27s+picks&hc=0&hs=0

YAHOO!

http://www.hotfiles.com/home.html

http://www.hotfiles.com/index.html

http://www.hotfiles.com/prespick/presmain.html

Agent

www.altavista.digital.com/cgi-bin/query?pg=q&what=web&kl=XX&q=preston%27s+picks

ALTA-VISTA

http://www.hotfiles.com/index.html

http://www.hotfiles.com/prespick/presmain.html

4 Die Suchmaschinen geben an den jeweiligen Agenten einen Bericht mit den jeweiligen Suchergebnissen zurück. Die Ergebnisse enthalten in der Regel die URL jeder aufgeführten Website, die den Suchkategorien entspricht, und häufig auch einen aus dieser Site abgerufenen Informationsüberblick, das Datum, an dem die Site zuletzt aktualisiert wurde und andere Daten.

Agent

www.lycos.com/cgi-bin/pursuit?matchmode=and&cat=lycos&query=preston%27s+picks

LYCOS

http://www.hotfiles.com/home.html

http://www.hotfiles.com/index.html

http://www.hotfiles.com/prespick/0498/pc.html

Agent

search.excite.com/search.gw?search=preston%27s+picks

EXCITE

http://www.hotfiles.com/prespick/0498/pc.html

http://www.hotfiles.com/prespick/.../pres0498.html

http://www.hotfiles.com/prespick/pres1097/pc.html

7 Der Anwender durchsucht die Ergebnisse in der Meta-Search-Software. Wenn er eine Seite sieht, die ihn interessiert, muß er diese Seite nur doppelklicken, um umgehend zu dieser Site zu gelangen.

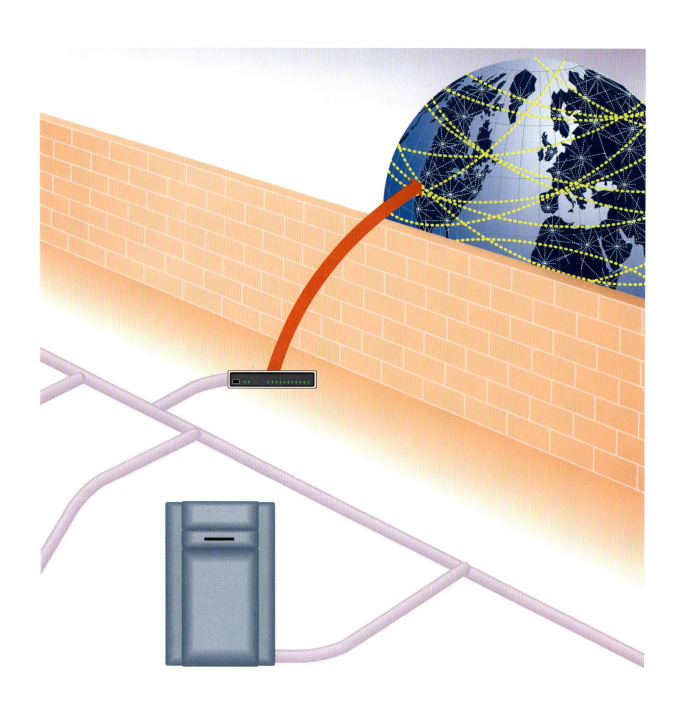

TEIL 9

SICHERHEIT IM INTERNET

DAS Internet ist naturgemäß sehr verwundbar. Es wurde entwickelt, um einen absolut freien Austausch von Informationen, Daten und Dateien zu ermöglichen. Inzwischen hat es sich weit über die kühnsten Vorstellungen seiner Designer hinausentwickelt. Die Freiheit hat natürlich ihren Preis: Hacker und Virusprogrammierer versuchen, das Internet und die Computer, die mit ihm verbunden sind, anzugreifen.

Diese Leute versuchen, in die Privatsphäre anderer einzudringen, um Datenbanken mit speziellen Informationen zu knacken oder die Daten auf ihrer Reise durch das Internet auszuspionieren. Dazu kommt, daß eine ganze Reihe der frei ausgetauschten Daten pornographische Inhalte haben.

In diesem Teil des Buches behandeln wir einige sicherheitsrelevante Themen. Wir werden sehen, wie verschiedene Werkzeuge funktionieren, die entwickelt wurden, um Transaktionen über das Internet sicherer zu machen und empfindliche Daten von Unternehmen zu schützen. Wir werden uns auch dem etwas heiklen Thema Pornographie und Redefreiheit zuwenden. Dabei werden wir sehen, wie es durch Programme möglich ist, Kinder von Pornographie fernzuhalten.

Wir erklären die Funktionsweise von Firewalls. Viele Firmen, die mit dem Internet verbunden sind, bewegen in ihren Netzen viele sensible Informationen. Diese Firmen wollen natürlich ihre Netze vor Angriffen von außen schützen. Die Lösung dieser Aufgabe stellen Firewalls dar. Dadurch können die Mitarbeiter der Firma das Internet nutzen, ohne daß die Möglichkeit besteht, aus dem Internet heraus auf die Computer der Firma zuzugreifen.

Dann beschäftigen wir uns mit der Funktionsweise von Viren und wie diese aufgespürt werden können. Jedes Programm, das Sie aus dem Internet herunterladen, kann mit einem Virus infiziert sein, der dann wiederum Ihren Computer infizieren kann. Sie werden erfahren, wie diese kleinen Datenkiller arbeiten, und wir werden uns mit Antiviren-Software beschäftigen, mit deren Hilfe sich Viren aufspüren und vernichten lassen.

Ein Kapitel behandelt Verschlüsselungssysteme. Jeden Tag werden über das Internet enorme Datenmengen verschickt. Darunter findet sich alles – von der persönlichen E-Mail bis hin zu Firmendaten oder auch Kreditkartendaten und andere sehr sensible Daten. Solche Daten sind ein „gefundenes Fressen" für Hacker. Da all diese Informationen über öffentliche Router laufen, können sie leicht abgefangen und entziffert werden. Um zu verhindern, daß sich jeder diese Informationen ansehen kann, wurden ausgefeilte Verschlüsselungssysteme entwickelt, so daß nur der jeweilige Sender und der Empfänger den Inhalt der Datenpakete erkennen.

Zum Schluß werden wir uns ausführlich Themen rund um die Pornographie und die Redefreiheit widmen. Im Internet gibt es Leute, die pornographisches Material verteilen. Auf der anderen Seite gibt es Menschen, die diese Leute und Organisationen, die den Zugriff auf solche Materialien ermöglichen, am liebsten ins Gefängnis stecken würden. Wenn man sich mit Gesetzen dieser Art beschäftigt, trifft man zwangsläufig auch auf Themen, die mit der Redefreiheit zu tun haben. Um dem Problem der Pornographie entgegenzutreten, entwickeln und verkaufen Firmen Programme, die es Eltern ermöglichen, ihre Kinder von obszönem und pornographischem Material im Internet fernzuhalten. Sie werden erfahren, wie eines der verbreitetsten dieser Programme funktioniert.

KAPITEL

35

So funktionieren Firewalls

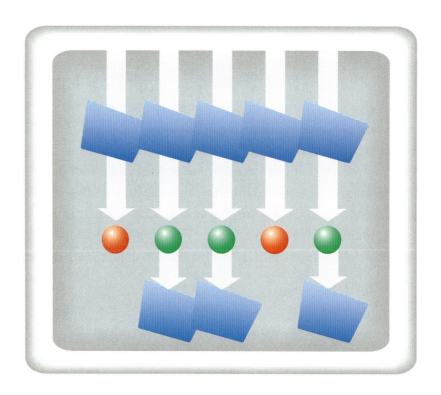

IMMER wenn eine Firma ihr Netzwerk mit dem Internet verbindet, birgt dies Gefahren in sich. Wegen der Offenheit des Internet ist jedes Firmennetzwerk verwundbar, das mit dem Internet verbunden ist. Hacker könnten theoretisch in das Firmennetz eindringen und auf vielfältige Art und Weise Schaden anrichten. Sie könnten z.B. wichtige Daten stehlen oder beschädigen. Die Lösung dieses Problems liegt nicht darin, daß man einfach auf eine Verbindung des Firmennetzes mit dem Internet verzichtet, sondern indem man Firewalls errichtet, um das Netzwerk zu schützen. Firewalls gestatten es den Mitarbeitern der Firma, das Internet zu benutzen, halten aber gleichzeitig Hacker und andere aus dem Internet davon ab, Zugang zum Firmennetz zu bekommen und dort Schaden anzurichten.

Firewalls sind Hardware-Software-Kombinationen, die aus Routern, Servern und verschiedenen Programmen aufgebaut werden. Sie befinden sich an der verletzlichsten Stelle, der Verbindung des Firmennetzes zum Internet. Es gibt viele verschiedene Firewall-Arten. Die meisten von ihnen weisen aber einige gemeinsame Elemente auf.

Eine der einfachsten Firewall-Arten beinhaltet das Packet Filtering (Paketfilterung). Hierbei kontrolliert ein Screening Router den Header eines jeden Datenpakets, das zwischen Internet und Firmennetz ausgetauscht wird. Die Header der Datenpakete beinhalten bestimmte Informationen, unter anderem die IP-Adresse des Senders und Empfängers und das Protokoll, mit dem das Paket übertragen wurde. Aufgrund dieser Informationen weiß der Router, welcher Internet-Service benutzt wurde (z.B. FTP oder Telnet), um die Daten zu senden. Der Router entscheidet, ob er bestimmte Pakete durchläßt oder zurückweist. Der Router könnte z.B. nur E-Mails durchlassen und alle anderen Dienste blockieren. Er könnte aber auch Pakete, die von fragwürdigen Absendern stammen, zurückweisen.

Ein anderes Element, das die meisten Firewalls gemeinsam haben, ist der sog. Bastion Host. Das ist ein Server, der alle Anforderungen aus dem Internet an das Firmennetz (z.B. FTP-Anfragen) bearbeitet. Bastion Hosts sind gegenüber Angriffen gut gesichert. Sollte aber dennoch jemand eindringen können, ist nur dieser Host betroffen und nicht das gesamte Netzwerk.

Proxy-Server sind ein weiteres Element, das in den meisten Firewalls verwendet wird. Wenn jemand innerhalb einer Firma einen Server im Internet erreichen will, schickt sein Computer eine Anforderung an den Proxy-Server, der dann den Internet-Server kontaktet. Der Proxy-Server sendet anschließend die Daten, die er von dem Server im Internet erhalten hat, an den Rechner im Firmennetzwerk. Durch diese Schleuse können Proxy-Server zur Sicherheit beitragen und gleichzeitig den gesamten Verkehr zwischen dem Internet und dem Firmennetzwerk protokollieren.

So funktionieren Firewalls

Firewalls sind spezielle Systeme, die Angriffe aus dem Internet auf ein Firmennetz verhindern und gleichzeitig sicherstellen sollen, daß keiner der Angestellten auf Internet-Ressourcen zugreift, die für das Firmennetzwerk gefährlich sein könnten. Es gibt viele Firewall-Arten. Die hier vorgestellte Art verwendet eine Screened-Subnet-Architektur – eine ausgesprochen sichere Firewall.

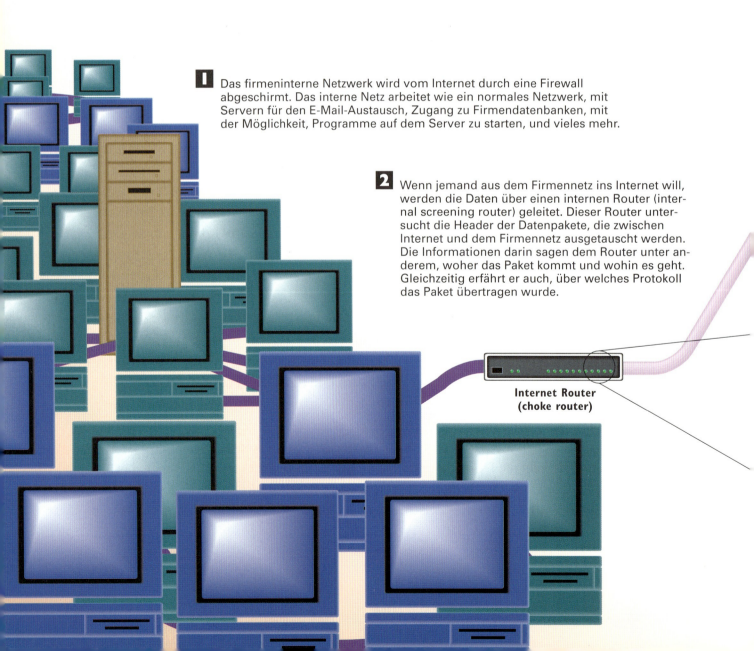

1 Das firmeninterne Netzwerk wird vom Internet durch eine Firewall abgeschirmt. Das interne Netz arbeitet wie ein normales Netzwerk, mit Servern für den E-Mail-Austausch, Zugang zu Firmendatenbanken, mit der Möglichkeit, Programme auf dem Server zu starten, und vieles mehr.

2 Wenn jemand aus dem Firmennetz ins Internet will, werden die Daten über einen internen Router (internal screening router) geleitet. Dieser Router untersucht die Header der Datenpakete, die zwischen Internet und dem Firmennetz ausgetauscht werden. Die Informationen darin sagen dem Router unter anderem, woher das Paket kommt und wohin es geht. Gleichzeitig erfährt er auch, über welches Protokoll das Paket übertragen wurde.

Internet Router (choke router)

Internet

Firewall

6 Datenpakete, die aus dem Internet kommen, werden von einem Exterior Screening Router (auch Zugangs-Router genannt) nach den gleichen Regeln untersucht, wie das der interne Router tut. Dies bringt zusätzliche Sicherheit und schützt das Netzwerk, selbst wenn der interne Router versagt. Es kann sogar sein, daß dieser Router nach zusätzlichen Regeln arbeitet, die den Bastion Host schützen sollen.

Externer Router (Zugangs-Router)

5 Der Bastion Host ist nicht direkt an das Firmennetzwerk angeschlossen, wodurch die Sicherheit zusätzlich erhöht wird. Wäre der Bastion Host mit dem Firmennetz direkt verbunden, hätte ein Eindringling sofort Zugang zu allen Rechnern des Netzwerkes und allen Diensten. Da sich der Bastion Host in einem Nebennetzwerk befindet, ist er isoliert, und ein Eindringling kann nicht in das Firmennetz gelangen.

Bastion Host

4 Ein Bastion Host in der Firewall ist die erste Anlaufstelle für Dienste, die aus dem Internet in das Firmennetz wollen, z.B. E-Mail oder der Zugang zu der FTP-Site der Firma. Der Bastion Host ist ein besonders geschützter Server, in den sehr viele Sicherheitsvorrichtungen eingebaut sind. Er stellt auch die einzige Möglichkeit dar, aus dem Internet in das Firmennetz zu gelangen. Bastion Hosts können auch als Proxy-Server konfiguriert werden – in der nächsten Illustration werden diese genauer erklärt.

Internes Netzwerk

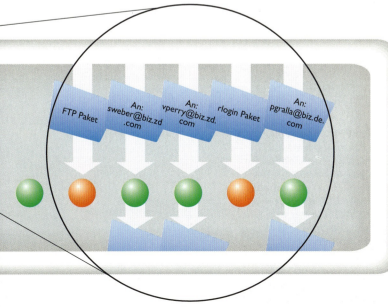

An:
FTP Paket
sweber@biz.zd.com
An:
vperry@biz.zd.com
rlogin Paket
An:
pgralla@biz.de.com

3 Aufgrund der Informationen aus dem Header läßt der Router manche Pakete durch, andere dagegen blockiert er. Er wird zum Beispiel die Ausführung von Diensten wie rlogin verhindern. (Ähnlich wie bei Telnet kann sich bei rlogin jemand an einem anderen Computer anmelden. Problematisch ist allerdings, daß bei rlogin die Paßwortabfrage umgangen werden kann.) Der Router kann auch so konfiguriert sein, daß er nur den E-Mail-Verkehr zuläßt. Genauso wird er verhindern, daß irgend jemand auf fragwürdige Internet-Ressourcen zugreift. Die Spielregeln hierfür legt der Systemadministrator fest.

So funktionieren Proxy-Server

Ein Proxy-Server ist eine Server-Software, die auf einem Host (wie beispielsweise dem Bastion Host) der Firewall läuft. Es handelt sich dabei um eine Schleuse zwischen den Computern des geschützten Netzwerkes und dem Internet. Da nur dieser eine Proxy-Server und nicht sämtliche Computer des Netzwerkes mit dem Internet Daten austauschen, kann hier die Sicherheit gewahrt werden. Ein einzelner Server kann sicherer gemacht werden, als Hunderte einzelner Computer in einem Netzwerk.

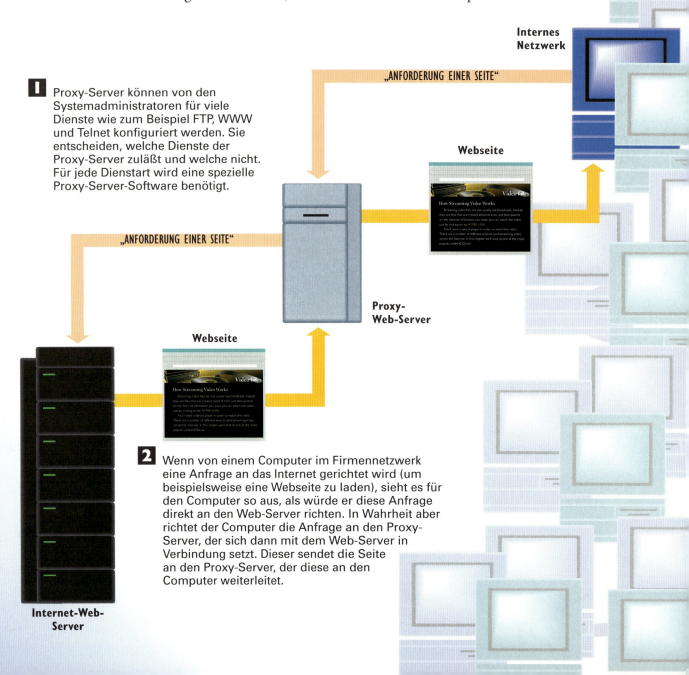

Internes Netzwerk

„ANFORDERUNG EINER SEITE"

1 Proxy-Server können von den Systemadministratoren für viele Dienste wie zum Beispiel FTP, WWW und Telnet konfiguriert werden. Sie entscheiden, welche Dienste der Proxy-Server zuläßt und welche nicht. Für jede Dienstart wird eine spezielle Proxy-Server-Software benötigt.

Webseite

„ANFORDERUNG EINER SEITE"

Proxy-Web-Server

Webseite

2 Wenn von einem Computer im Firmennetzwerk eine Anfrage an das Internet gerichtet wird (um beispielsweise eine Webseite zu laden), sieht es für den Computer so aus, als würde er diese Anfrage direkt an den Web-Server richten. In Wahrheit aber richtet der Computer die Anfrage an den Proxy-Server, der sich dann mit dem Web-Server in Verbindung setzt. Dieser sendet die Seite an den Proxy-Server, der diese an den Computer weiterleitet.

Internet-Web-Server

3 Mit Proxy-Servern kann der Verkehr zwischen dem Firmennetzwerk und dem Internet protokolliert werden. Ein Telnet-Proxy-Server kann jede einzelne Eingabe, die während einer Telnet-Session erfolgte, und die entsprechende Reaktion des Internet-Servers aufzeichnen. Des weiteren können Proxy-Server auch jede IP-Adresse, Datum und Uhrzeit jedes Zugriffes, URLs, Anzahl der übertragenen Bytes und so weiter festhalten. Diese Informationen können zur Analyse von Angriffen auf das Netzwerk verwendet werden.

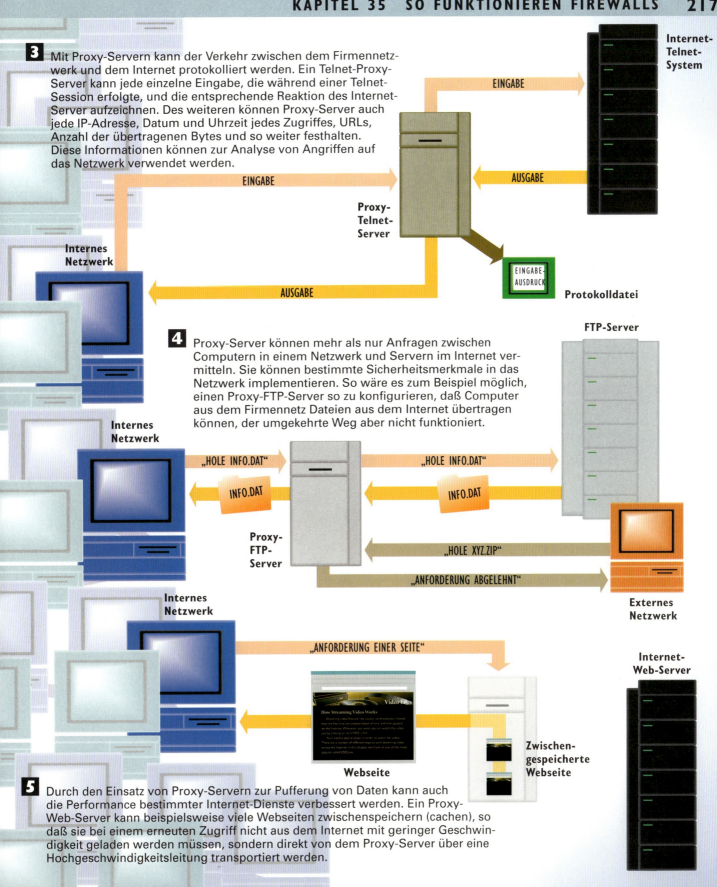

Internet-Telnet-System

EINGABE

AUSGABE

Proxy-Telnet-Server

Internes Netzwerk

EINGABE

AUSGABE

EINGABE-AUSDRUCK

Protokolldatei

FTP-Server

4 Proxy-Server können mehr als nur Anfragen zwischen Computern in einem Netzwerk und Servern im Internet vermitteln. Sie können bestimmte Sicherheitsmerkmale in das Netzwerk implementieren. So wäre es zum Beispiel möglich, einen Proxy-FTP-Server so zu konfigurieren, daß Computer aus dem Firmennetz Dateien aus dem Internet übertragen können, der umgekehrte Weg aber nicht funktioniert.

Internes Netzwerk

„HOLE INFO.DAT"

„HOLE INFO.DAT"

INFO.DAT

INFO.DAT

Proxy-FTP-Server

„HOLE XYZ.ZIP"

„ANFORDERUNG ABGELEHNT"

Externes Netzwerk

Internes Netzwerk

„ANFORDERUNG EINER SEITE"

Internet-Web-Server

Webseite

Zwischengespeicherte Webseite

5 Durch den Einsatz von Proxy-Servern zur Pufferung von Daten kann auch die Performance bestimmter Internet-Dienste verbessert werden. Ein Proxy-Web-Server kann beispielsweise viele Webseiten zwischenspeichern (cachen), so daß sie bei einem erneuten Zugriff nicht aus dem Internet mit geringer Geschwindigkeit geladen werden müssen, sondern direkt von dem Proxy-Server über eine Hochgeschwindigkeitsleitung transportiert werden.

KAPITEL 36

So arbeiten Viren

DAS Internet ist, wie der Rest der Welt auch, kein absolut sicherer Ort. Wenn Sie Dateien aus dem Internet herunterladen, besteht die Möglichkeit, daß Ihr Computer von einem Virus infiziert wird.

Viren sind kleine, heimtückische Programme, die Ihren Computer befallen. Sie können auf viele verschiedene Arten Schaden anrichten und beispielsweise Dateien und Programme löschen oder einfach alles, was sich auf der Festplatte befindet, zerstören. Nicht alle Viren richten Schaden an. Manche zeigen nur ärgerliche Botschaften an. Die Folge ist: Haben Sie sich einen Virus „eingefangen", möchten Sie diesen natürlich schnellstens wieder loswerden.

Das Internet ist nicht der einzige Ort, an dem Sie sich einen Virus auf den Computer holen können. Auch Dateien von einem Online-Service, aus einer Mailbox, einem lokalen Netzwerk oder sogar gepackte Software, die Sie im Laden kaufen, können einen Virus enthalten.

Der Ausdruck „Virus" wird für sehr viele verschiedene Programmtypen verwendet. Herkömmliche Viren hängen sich selbst an Programm- bzw. Datendateien an, infizieren dann Ihren Computer, vermehren sich und beschädigen irgendwann Daten, Dateien oder die ganze Festplatte. Viren greifen normalerweise bestimmte Bereiche des Computers an: die ausführbaren Dateien, das Dateisystem, den Boot- bzw. Systembereich und die Datendateien. Beispielsweise kursieren bestimmte Viren, die sich an eine Word-Datei anhängen und immer dann ausgeführt werden, wenn ein bestimmtes Makro gestartet wird.

Trojanische Pferde sind Programme, die wie nützliche Programme aussehen, eigentlich aber die Daten auf Ihrer Festplatte zerstören sollen. Zum Beispiel könnte es sich um ein Programm handeln, das wie ein Finanztaschenrechner aussieht, in Wirklichkeit aber alle Dateien mit der Endung .DOC auf Ihrer Festplatte löscht.

Würmer sind spezielle Programme, die speziell dafür geschrieben wurden, Netzwerke wie beispielsweise das Internet zu infizieren. Sie reisen von einem Computer im Netz zum nächsten und vermehren sich dabei. Der berüchtigtste Wurm von allen wurde am 2. November 1988 ins Internet gebracht und hat sich seitdem auf viele Internet-Hosts kopiert, um letztendlich das Internet in die Knie zu zwingen.

Der beste Weg, seinen Computer vor Viren zu schützen, ist der regelmäßige Einsatz einer Antiviren-Software. Davon gibt es verschiedene Arten. Ein Scanner überprüft nur, ob sich Viren auf Ihrem Computer befinden, wohingegen ein Virenkiller die Viren von Ihrer Festplatte entfernt. Daneben gibt es noch Wächterprogramme, die aufpassen, daß infizierte Programme nicht gestartet werden und den Computer davor bewahren, infiziert zu werden.

So infizieren Viren einen Computer

Ihr Computer kann durch Dateien aus dem Internet mit einem Virus infiziert werden. Viren werden immer für einen bestimmten Computertyp geschrieben (z.B. PC oder Macintosh), da die infizierten Dateien nur auf einem Typ laufen. Bis vor kurzem dachte man, daß nur Programmdateien betroffen wären. Inzwischen ist aber klar, daß auch Datendateien infiziert werden können.

Virus

3 Viren können Programme oder Datendateien beschädigen, so daß diese nicht mehr korrekt funktionieren, gar nicht mehr funktionieren oder sogar Schaden anrichten. Sie können alle Dateien auf der Festplatte löschen, das Dateisystem und die Systemdateien, die Ihr Computer zum Starten braucht, verändern oder anderweitigen Schaden anrichten.

1 Ein Virus verbirgt sich in einem ganz normalen Programm. Dort bleibt er so lange untätig, bis das Programm ausgeführt wird. In den meisten Fällen wird ein Virus als erstes andere Programme auf Ihrer Festplatte infizieren, sobald das Programm, in dem er sich befindet, gestartet wird. Dies geschieht, indem er sich selbst in diese Programme kopiert.

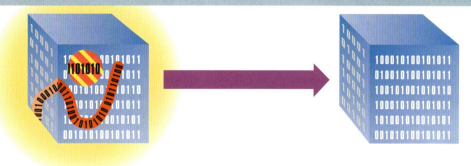

5 Virenkiller desinfizieren Programme bzw. entfernen Viren aus der Software. Manchmal ist es möglich, den Virus zu entfernen, ohne das infizierte Programm zu beschädigen. In anderen Fällen muß das Programm gelöscht werden, um den Virus zu zerstören.

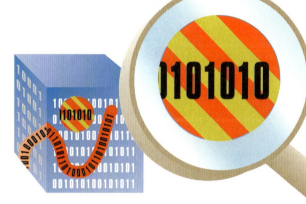

4 Scanner sind Programme, die die Dateien auf Viren hin überprüfen und Alarm schlagen, wenn sie Viren finden. Diese Programme arbeiten nach unterschiedlichen Methoden. Eine Methode ist es, die Programme nach aussagekräftigen Virus-Kennzeichnern zu durchsuchen. Eine andere Methode überwacht die Dateigröße der Programmdateien. Manche Antiviren-Programme arbeiten ständig im Hintergrund und überprüfen die Programme auf Viren.

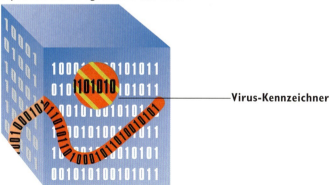

Virus-Kennzeichner

2 Manche Viren plazieren Nachrichten, Virus-Kennzeichner (englisch: v-markers oder virus markers), in jene Programme, die sie infizieren. Die Kennzeichner helfen dem Virus beim Organisieren seiner Aktivitäten. Jeder Virus hat einen eigenen Kennzeichner. Wenn ein Virus diesen Kennzeichner in einem anderen Programm entdeckt, weiß er, daß dieses schon infiziert ist und er sich mit diesem Programm nicht weiter beschäftigen muß. Wenn der Virus keine Dateien ohne Kennzeichner mehr findet, kann das ein Hinweis darauf sein, daß alle Dateien infiziert sind. An diesem Punkt beginnt der Virus eventuell damit, den Computer zu beschädigen.

KAPITEL
37

Verschlüsselungs-methoden

JEDES Datenpaket, das über das Internet verschickt wird, kommt mit vielen öffentlichen Netzwerken in Berührung. Diese Datenpakete können an jeder Stelle der Reise von einer x-beliebigen Person angesehen werden, sind also nicht privat. Trotzdem werden über das Internet auch sehr vertrauliche Informationen transportiert, wie z.B. Firmendaten oder Kreditkartennummern. Solange es keinen Weg gibt, diese vertraulichen Daten zu schützen, wird das Internet kein sicherer Ort für Geschäfte und private bzw. persönliche Korrespondenz sein.

Informatiker haben Methoden entwickelt, um vertrauliche Daten sicher zu übertragen. Die Informationen müssen verschlüsselt werden, d.h., sie müssen so verändert werden, daß nur der Empfänger damit etwas anfangen kann. Auf der anderen Seite müssen die Informationen wieder entschlüsselt werden können, d.h., die Informationen müssen vom Empfänger wieder in die Ausgangsform gebracht werden. Es gibt viele komplexe Systeme, die eine solche Ver- und Entschlüsselung ermöglichen. Derartige Systeme werden Kryptosysteme genannt.

Um zu verstehen, wie diese Kryptosysteme funktionieren, muß man das Konzept der „Schlüssel" verstehen. Schlüssel sind geheime Werte, die von Computern zusammen mit komplexen mathematischen Formeln (den Algorithmen) zur Ver- und Entschlüsselung von Nachrichten verwendet werden. Die Idee dahinter ist, daß nur jemand mit einem passenden Schlüssel eine verschlüsselte Nachricht auch entschlüsseln kann.

Es gibt zwei verschiedene gebräuchliche Verschlüsselungsverfahren: Secret-Key-Verschlüsselung (auch symmetrische Verschlüsselung genannt) und Public-Key-Verschlüsselung (auch asymmetrische Verschlüsselung genannt). Das bekannteste Secret-Key-Verschlüsselungssystem ist der Data Encryption Standard (DES). Das verbreitetste Public-Key-Verschlüsselungssystem heißt RSA.

Bei der Secret-Key-Verschlüsselung wird nur ein einziger Schlüssel zur Kodierung und Dekodierung der Nachricht verwendet. Aus diesem Grund müssen sowohl Sender als auch Empfänger den gleichen Schlüssel besitzen. Im Gegensatz dazu werden bei der Public-Key-Verschlüsselung zwei Schlüssel verwendet: ein öffentlicher Schlüssel und ein geheimer Schlüssel. Jeder Teilnehmer hat einen öffentlichen Schlüssel und einen geheimen Schlüssel. Der öffentliche Schlüssel (englisch: public key) ist frei zugänglich, während der geheime Schlüssel (englisch: private key) auf dem Computer des Teilnehmers geheimgehalten wird. Mit dem öffentlichen Schlüssel können Nachrichten kodiert werden, aber nur mit dem geheimen Schlüssel lassen sich diese Nachrichten wieder dekodieren und lesen.

Viele Firmen arbeiten daran, Secret-Key-Verschlüsselungssysteme im Internet in großem Rahmen für z.B. geschäftliche Transaktionen zu nutzen. Dies bedeutet, daß unter Umständen sehr viele Schlüssel erzeugt werden müssen. Das Thema Sicherheit spielt eine immer größere Rolle, da mehr und mehr Geschäftsvorgänge ins Internet verlagert werden.

So funktionieren Kryptosysteme

Kryptosysteme lösen das Problem des freien Zugangs im Internet. Mit RSA, einem Kryptosystem, das nach dem Public-Key-Verfahren arbeitet, ist es möglich, Nachrichten sicher über das Internet zu übertragen. Für dieses System ist es notwendig, daß jeder einen öffentlichen Schlüssel und einen geheimen Schlüssel besitzt. Daten, die mit dem geheimen Schlüssel kodiert wurden, können nur mit dem öffentlichen Schlüssel dekodiert werden und umgekehrt. Diese Illustration ist ein Beispiel dafür, wie Public-Key-Systeme funktionieren. Dabei wollen Gabriel und Mia eine vertrauliche Nachricht austauschen. Ihre öffentlichen Schlüssel haben sie bereits ausgetauscht.

1 Gabriel will eine vertrauliche Nachricht an Mia über das Internet senden. Hierfür braucht Mia eine Möglichkeit, die Nachricht zu entschlüsseln. Gleichzeitig muß sie auch feststellen können, ob die Nachricht auch wirklich von Gabriel stammt und nicht von einem Betrüger. Zuerst bearbeitet Gabriel die Nachricht mit einem Algorithmus, der Hash-Funktion genannt wird. Diese Funktion erzeugt eine Art „digitalen Fingerabdruck" der Nachricht. Dieser stellt sicher, daß die Nachricht auf dem Weg zu ihr nicht verändert wurde.

2 Gabriel verschlüsselt nun den digitalen Fingerabdruck mit seinem geheimen Schlüssel. Dadurch entsteht eine eindeutige digitale Unterschrift, die nur mit seinem geheimen Schlüssel erzeugt werden konnte.

3 Nun erzeugt Gabriel einen Zufallsschlüssel und verschlüsselt damit die Nachricht und seine digitale Unterschrift. Von diesem Schlüssel benötigt Mia eine Kopie, um die Nachricht dekodieren zu können. Dieser Zufallsschlüssel ist der einzige Schlüssel überhaupt, mit dem man die Nachricht dekodieren kann, und momentan besitzt nur Gabriel diesen Schlüssel.

4 Gabriel kodiert nun mit Mias öffentlichem Schlüssel den Zufallsschlüssel. Das Ergebnis wird als digitaler Briefumschlag bezeichnet. Den Zufallsschlüssel kann nur Mia dekodieren, da er ja mit ihrem öffentlichen Schlüssel kodiert wurde – es paßt also nur ihr geheimer Schlüssel.

5 Gabriel sendet nun eine Nachricht über das Internet, die aus mehreren Teilen besteht: der vertraulichen Nachricht, der verschlüsselten digitalen Unterschrift und dem verschlüsselten digitalen Briefumschlag.

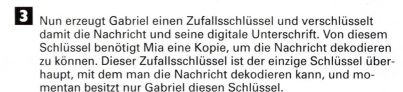

+ **=**

6 Mia erhält die Nachricht. Sie dekodiert den elektronischen Umschlag mit ihrem geheimen Schlüssel und erhält dadurch den Zufallsschlüssel, mit dem Gabriel die Nachricht verschlüsselt hat.

Original-Nachricht

Hash-Funktion

7 Mia verwendet den Zufallsschlüssel, um die Nachricht zu dekodieren. Sie kann jetzt die vertrauliche Nachricht lesen. Bis jetzt ist aber noch nicht sicher, daß die Nachricht auch von Gabriel stammt bzw. ob sie auf dem Weg zu ihr verändert wurde.

 + **=**

Digitaler Fingerabdruck

Öffentl. Schlüssel

Privater Schlüssel

8 Mit dem öffentlichen Schlüssel von Gabriel dekodiert sie die digitale Unterschrift. Dadurch erhält sie den digitalen Fingerabdruck der Nachricht.

Öffentl. Schlüssel

Privater Schlüssel

Digitale Unterschrift

9 Mit diesem digitalen Fingerabdruck überprüft Mia, ob die Nachricht von Gabriel ist und ob sie auf dem Weg zu ihr verändert wurde. Hierzu wendet Sie den gleichen Algorithmus – die Hash-Funktion – auf die entschlüsselte Nachricht an, wie es Gabriel getan hat. Dies erzeugt einen neuen Fingerabdruck.

 + **=**

Zufallsschlüssel

Verschlüsselte Nachricht

10 Mia vergleicht die beiden Fingerabdrücke miteinander – den aus der empfangenen Nachricht und jenen, den sie gerade erzeugt hat. Wenn beide exakt übereinstimmen, kann sie sicher sein, daß Gabriel die Nachricht verfaßt hat und diese zwischenzeitlich von niemandem verändert wurde.

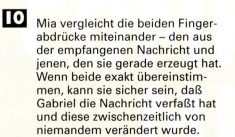

Verschlüsselte digitale Unterschrift

Verschlüsselter Zufallsschlüssel

38
Pornographie und Kontrollmöglichkeiten für Eltern

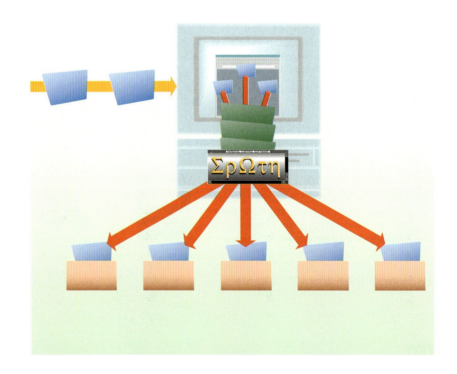

DIE Eigenart des Internet, einen freien, ungebundenen Informationsfluß zwischen vielen Leuten zu ermöglichen, hat ihm viele schlechte Kritiken eingebracht. Vieles davon resultiert aus der Tatsache, daß erotisches und auch pornographisches Material verfügbar ist. Es gibt im Internet alles – von Bildern bis zu Diskussionsforen über Themen, die viele Leute nicht akzeptabel finden.

In Wahrheit stellen diese Inhalte nur einen sehr kleinen Teil dessen dar, was im Internet verfügbar ist. Aber allein die Tatsache, daß diese Dinge für jeden, der sie sehen will (einschließlich Kinder) verfügbar sind, hat die Leute aufgebracht. Dies geht sogar soweit, daß sich unter anderem der amerikanische Kongreß bemüht, bestimmte Inhalte aus dem Internet zu verbannen.

Gesetze sind allerdings nicht die Lösung für dieses Problem. Selbst wenn es solche Gesetze gäbe, muß jeder, der das Internet und seine Technologie verstanden hat, akzeptieren, daß sie nicht durchführbar sind. Die wahre Lösung liegt in der Technologie selbst: Software, die es Eltern ermöglicht, ihren Kindern den Zugang zu solchem Material zu verwehren.

Eine ganze Reihe von Firmen entwickeln und vertreiben solche Programme wie z.B. Surf-Watch, CyberNanny und CyberPatrol. Sie arbeiten zwar nicht alle nach dem gleichen Prinzip, doch alle überprüfen den Inhalt der Sites und sperren den Zugang zu ungeeignetem Material.

Online-Anbieter wie CompuServe, America Online und T-Online haben verschiedene Möglichkeiten, um nicht einwandfreies Material im Internet unzugänglich zu machen.

Mit diesem Thema beschäftigt sich auch eine Gruppe namens PICS (Platform for Internet Content Selection). Diese Gruppe versucht, Eltern die Kontrolle darüber zu geben, auf was ihre Kinder Zugriff haben. PICS versucht, einen Industriestandard zu entwickeln, mit dem es möglich ist, Software zur Beurteilung von Sites und Dokumenten im Internet zu erstellen. Diese Software soll die Inhalte nach deren Eignung für Kinder bewerten. Dieses Beurteilungssystem trägt ebenfalls den Namen PICS.

Firmen machen sich auch darüber Gedanken, welche Dinge ihre Mitarbeiter über die Firmennetze ansehen. Diese Firmen sind der Auffassung, daß das Anwählen und Darstellen von Material, das mit sexuellen Dingen zu tun hat, als sexuelle Belästigung gewertet werden könnte. Daneben wollen viele Firmen auch nicht, daß ihre Angestellten während der Arbeitszeit sich mit derartigen Dingen beschäftigen. Aus diesen Gründen leasen inzwischen viele Firmen die gleiche Software, die Eltern kaufen. Nur werden diese Programme in den Firmen nicht auf den einzelnen Computern installiert, sondern auf einem Server, der für jeden Computer die Daten, die aus dem Internet kommen, überprüft.

So arbeiten Kontrollprogramme

Mit bestimmten Kontrollprogrammen können Eltern verhindern, daß ihre Kinder auf Teile des Internet zugreifen, die sexuelle oder für sie ungeeignete Themen enthalten. Diese Software wird direkt auf dem Computer installiert, den die Familie nutzt, und blockiert den Zugang zu verschiedenen Sites. Es gibt viele unterschiedliche Varianten dieser Programme. Diese Illustration beschreibt eines der ersten und auch der beliebtesten – SurfWatch.

1 Wenn Eltern nicht wollen, daß ihre Kinder auf ungeeignetes Material zugreifen, installieren sie SurfWatch auf dem Computer, mit dem die Kinder im Internet surfen. Sobald ein Kind die Internet-Software startet, klinkt sich SurfWatch in den TCP/IP-Stack – Winsock oder MacTCP (je nachdem, ob es sich um einen PC oder einen Macintosh handelt) – ein und kontrolliert die ankommenden Daten.

2 Das SurfWatch-Modul untersucht jede URL, die am TCP/IP-Stack ankommt. Dabei sucht es insbesondere nach fünf URL-Typen: http, nntp, ftp, gopher und IRC. Jeder dieser URL-Typen kommt in seine eigene „Schachtel". Alle anderen Dinge, die aus dem Internet kommen, können ungehindert passieren.

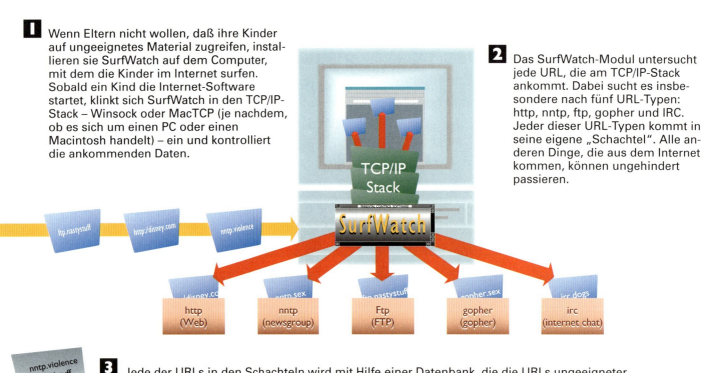

3 Jede der URLs in den Schachteln wird mit Hilfe einer Datenbank, die die URLs ungeeigneter Sites enthält, überprüft. Wenn SurfWatch eine ungeeignete URL findet, werden die Daten nicht zum TCP/IP-Stack durchgelassen. SurfWatch benachrichtigt das Kind, daß die Site zurückgewiesen wurde. SurfWatch hat eine Datenbank ungeeigneter Sites.

4 Wenn sich eine URL nicht in der Datenbank befindet, überprüft SurfWatch die Informationen mit einer Methode namens Mustererkennung. Dabei vergleicht es die Wörter in dem Dokument mit Schlüsselwörtern in einer Datenbank, die darauf hinweisen, daß eine Site nicht einwandfreies Material enthält. Oftmals verwenden die Leute, die solche Sites erstellen, bestimmte Wörter, um die Aufmerksamkeit auf diese Site zu lenken.

5 Mit PICS steht SurfWatch eine dritte Methode zur Verfügung, um Sites und Dokumente zu überprüfen. Wenn SurfWatch mit diesem System eine URL entdeckt, die zu einer Site mit nicht einwandfreiem Material führt, verhindert es die Übertragung der Daten und benachrichtigt das Kind davon.

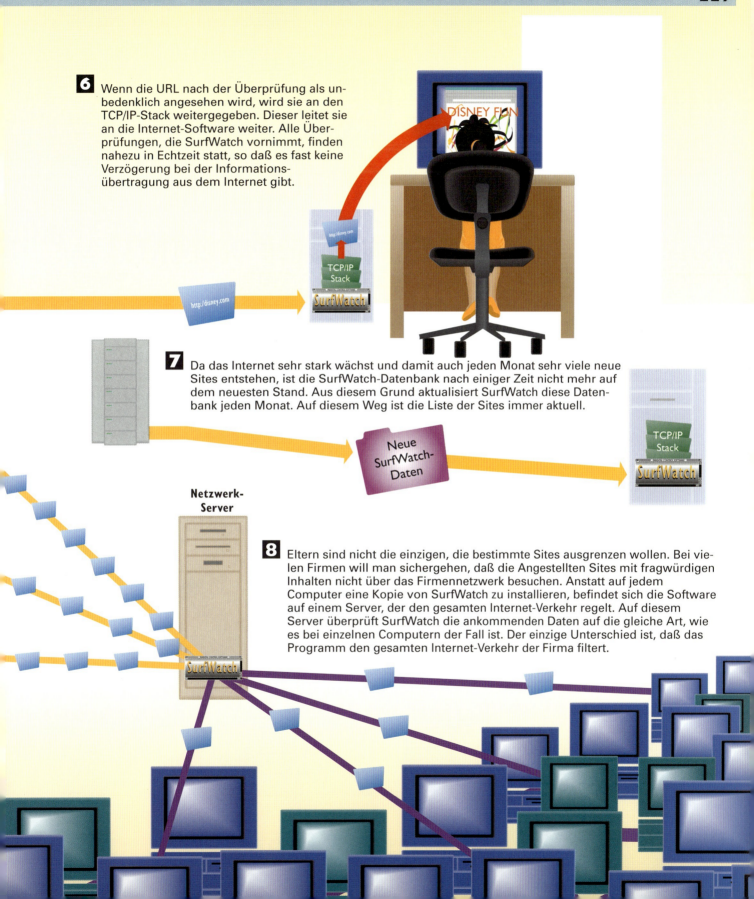

6 Wenn die URL nach der Überprüfung als un-
bedenklich angesehen wird, wird sie an den
TCP/IP-Stack weitergegeben. Dieser leitet sie
an die Internet-Software weiter. Alle Über-
prüfungen, die SurfWatch vornimmt, finden
nahezu in Echtzeit statt, so daß es fast keine
Verzögerung bei der Informations-
übertragung aus dem Internet gibt.

7 Da das Internet sehr stark wächst und damit auch jeden Monat sehr viele neue
Sites entstehen, ist die SurfWatch-Datenbank nach einiger Zeit nicht mehr auf
dem neuesten Stand. Aus diesem Grund aktualisiert SurfWatch diese Datenbank jeden Monat. Auf diesem Weg ist die Liste der Sites immer aktuell.

Neue
SurfWatch-
Daten

TCP/IP
Stack

**Netzwerk-
Server**

8 Eltern sind nicht die einzigen, die bestimmte Sites ausgrenzen wollen. Bei vie-
len Firmen will man sichergehen, daß die Angestellten Sites mit fragwürdigen
Inhalten nicht über das Firmennetzwerk besuchen. Anstatt auf jedem
Computer eine Kopie von SurfWatch zu installieren, befindet sich die Software
auf einem Server, der den gesamten Internet-Verkehr regelt. Auf diesem
Server überprüft SurfWatch die ankommenden Daten auf die gleiche Art, wie
es bei einzelnen Computern der Fall ist. Der einzige Unterschied ist, daß das
Programm den gesamten Internet-Verkehr der Firma filtert.

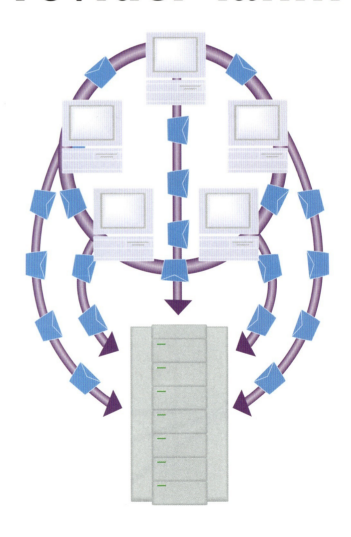

Kapitel

39

So legen Hacker Internet-Provider lahm

Zu den beliebten Zielscheiben von Hackern zählen auch Internet-Provider – Firmen, die davon leben, Anwendern den Zugang zum Internet zu verkaufen. Ein Hacker mag dafür mehrere Gründe haben: Vielleicht ist er wütend auf den Internet-Provider oder auf jemanden, der diesen Internet-Provider benutzt, oder er attackiert den Provider einfach, weil es ihm Spaß macht.

Eine der häufigsten Angriffsformen gegen Internet-Provider ist das „Smurfing" oder sogenannte „Smurf-Angriffe". Das Smurfing überschwemmt den Internet-Provider mit einer solchen Flut an Müllpaketen, daß die gesamte vom Internet-Provider verwendete Leitungskapazität aufgebraucht wird und die Teilnehmer des Internet-Providers nicht mehr in der Lage sind, Daten zu senden oder zu empfangen und Internet-Dienste wie E-Mail, Websuche etc. auszuführen.

Für ihre Smurf-Angriffe mißbrauchen die Hacker den verbreiteten Internet-Dienst Ping (Packet Internet Groper). Ein Ping wird normalerweise verwendet, um festzustellen, ob ein bestimmter Computer oder Server gegenwärtig ans Internet angeschlossen ist und funktioniert. Erhält ein Computer oder Server ein Ping-Paket, sendet er ein Antwortpaket an den Absender dieser Ping-Aufforderung zurück und signalisiert ihm somit: „Ja, ich funktioniere und bin ans Internet

angeschlossen." Bei einem Smurf-Angriff geben die Hacker falsche Rücksendeadressen für Ping-Anforderungen an, so daß die Antwortpakete nicht an sie, sondern an die Internet-Provider, die sie sich als Opfer ausgesucht haben, zurückgesendet werden. Die Hacker wissen ans Internet angeschlossene Netzwerke so zu verwenden, daß ihre Ping-Anforderungen verstärkt übertragen werden, und daß jede einzelne Ping-Anforderung viele Male vergrößert wird. Auf diese Weise können Hacker ans Internet angeschlossene Netzwerke so nützen, daß der Internet-Provider mit einer Unmenge an Antwort-Ping-Paketen überflutet wird und die Kunden des Internet-Providers die Providerdienste nicht mehr benutzen können. Bei einem Smurf-Angriff können gleichzeitig mehrere ans Internet angeschlossene Netzwerke verwendet werden.

Internet-Provider haben Schwierigkeiten, Smurf-Angriffe abzuwehren, weil die Ping-Antwortpakete von legitimen Netzwerken und nicht von Hackern stammen. Der Internet-Provider muß zuerst herausfinden, woher die Ping-Antwortpakete tatsächlich kommen, muß dann mit jedem dieser Netzwerke Kontakt aufnehmen und darum bitten, das Senden der Ping-Antwortpakete einzustellen. Was das Ganze noch schwieriger gestaltet, ist die Tatsache, daß auch viele Kunden Ping-Anforderungen an den Internet-Provider senden, wenn der Internet-Provider lahmgelegt ist, um festzustellen, ob er noch aktiv und mit dem Internet verbunden ist – die Internet-Provider haben dann das Problem, die legitimen Ping-Pakete von den Smurf-Paketen zu trennen.

So attackieren Hacker Internet-Provider mit Smurf-Angriffen

Bei einem Smurf-Angriff oder Smurfing greifen Hacker einen Internet-Provider an, indem sie ihn mit einer solchen Menge an Müllpaketen überfluten, daß die Kunden des Internet-Providers den Dienst nicht mehr benutzen können. Heute ist das eine der am meisten verbreiteten Hacker-Angriffe im Internet.

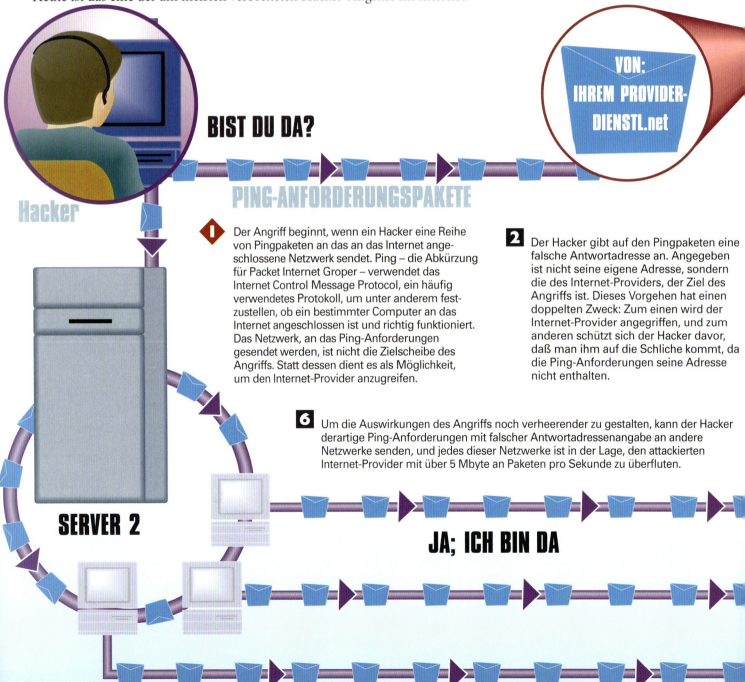

BIST DU DA?

VON: IHREM PROVIDER-DIENSTL.net

Hacker

PING-ANFORDERUNGSPAKETE

1 Der Angriff beginnt, wenn ein Hacker eine Reihe von Pingpaketen an das an das Internet ange-schlossene Netzwerk sendet. Ping – die Abkürzung für Packet Internet Groper – verwendet das Internet Control Message Protocol, ein häufig verwendetes Protokoll, um unter anderem fest-zustellen, ob ein bestimmter Computer an das Internet angeschlossen ist und richtig funktioniert. Das Netzwerk, an das Ping-Anforderungen gesendet werden, ist nicht die Zielscheibe des Angriffs. Statt dessen dient es als Möglichkeit, um den Internet-Provider anzugreifen.

2 Der Hacker gibt auf den Pingpaketen eine falsche Antwortadresse an. Angegeben ist nicht seine eigene Adresse, sondern die des Internet-Providers, der Ziel des Angriffs ist. Dieses Vorgehen hat einen doppelten Zweck: Zum einen wird der Internet-Provider angegriffen, und zum anderen schützt sich der Hacker davor, daß man ihm auf die Schliche kommt, da die Ping-Anforderungen seine Adresse nicht enthalten.

6 Um die Auswirkungen des Angriffs noch verheerender zu gestalten, kann der Hacker derartige Ping-Anforderungen mit falscher Antwortadressenangabe an andere Netzwerke senden, und jedes dieser Netzwerke ist in der Lage, den attackierten Internet-Provider mit über 5 Mbyte an Paketen pro Sekunde zu überfluten.

SERVER 2

JA; ICH BIN DA

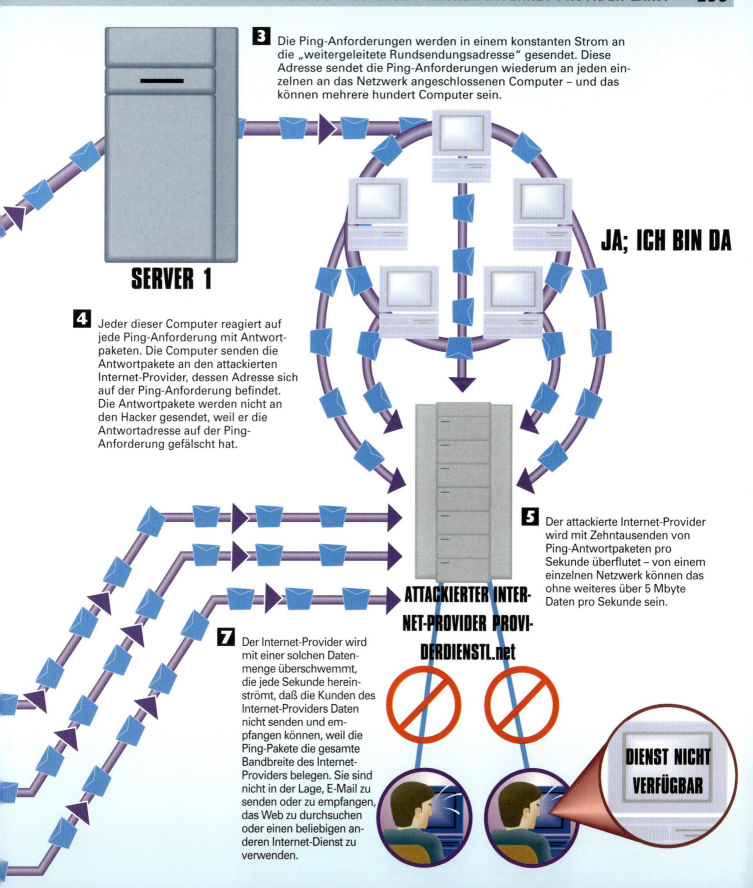

3 Die Ping-Anforderungen werden in einem konstanten Strom an die „weitergeleitete Rundsendungsadresse" gesendet. Diese Adresse sendet die Ping-Anforderungen wiederum an jeden einzelnen an das Netzwerk angeschlossenen Computer – und das können mehrere hundert Computer sein.

SERVER 1

JA; ICH BIN DA

4 Jeder dieser Computer reagiert auf jede Ping-Anforderung mit Antwortpaketen. Die Computer senden die Antwortpakete an den attackierten Internet-Provider, dessen Adresse sich auf der Ping-Anforderung befindet. Die Antwortpakete werden nicht an den Hacker gesendet, weil er die Antwortadresse auf der Ping-Anforderung gefälscht hat.

5 Der attackierte Internet-Provider wird mit Zehntausenden von Ping-Antwortpaketen pro Sekunde überflutet – von einem einzelnen Netzwerk können das ohne weiteres über 5 Mbyte Daten pro Sekunde sein.

ATTACKIERTER INTERNET-PROVIDER PROVI-DERDIENSTL.net

7 Der Internet-Provider wird mit einer solchen Datenmenge überschwemmt, die jede Sekunde hereinströmt, daß die Kunden des Internet-Providers Daten nicht senden und empfangen können, weil die Ping-Pakete die gesamte Bandbreite des Internet-Providers belegen. Sie sind nicht in der Lage, E-Mail zu senden oder zu empfangen, das Web zu durchsuchen oder einen beliebigen anderen Internet-Dienst zu verwenden.

DIENST NICHT VERFÜGBAR

STICHWORTVERZEICHNIS

INFOGENIE

Brauchen Sie Hilfe in der Online-Welt?

Sie nutzen das Internet privat oder beruflich und haben eine Frage zur Funktionsweise bzw. zu den vielfältigen Möglichkeiten dieses populären Mediums? Oder wollen auch Sie endlich online gehen, wissen aber nicht, wie Sie auf dem schnellsten und günstigsten Weg ins Netz kommen?

Diese und alle anderen Unklarheiten rund ums World-Wide-Web beseitigen die Experten der Telefonhotline INFOGENIE*Internet,* die Sie unter der Telefonnummer **01 90 / 824 642** erreichen. Egal, ob es um den richtigen Provider, die technische Verbindung zum Netz, Browser, Suchmaschinen oder die Sicherheit im Netz z.B. beim e-Commerce geht, bei INFOGENIE*Internet* finden Sie einen kompetenten und unkomplizierten Ansprechpartner. Das fachliche Know-how unserer Berater wird durch eine **umfangreiche Wissensdatenbank** ergänzt, die ständig auf den neuesten Stand gebracht wird. Wir verfügen darüber hinaus über einen leistungsstarken Second-Level-Support, der Ihnen offen gebliebene Fragen innerhalb von 24 Stunden beantwortet.

Sollten Sie also Fragen zum Internet oder Probleme bei Installation bzw. Betrieb Ihres Online-Zugangs haben, dann rufen Sie einfach bei INFOGENIE*Internet* an. Die Experten stehen Ihnen unter der Telefonnummer **01 90 / 824 642** an **7 Tagen** in der Woche von **7 bis 24 Uhr** zur Verfügung. Das Gespräch kostet branchenübliche 3,63 DM pro Minute. Die Gebühren werden mit Ihrer Telefonrechnung eingezogen. Weitere Kosten entstehen nicht.